Elisabeth Neufeld-Picciani
mit Oliver Domzalski

Plötzlich Gutsherrin

Vom Anpacken, Neuanfangen und dem guten Leben auf dem Land

Wilhelm Heyne Verlag
München

FSC
www.fsc.org
MIX
Papier | Fördert
gute Waldnutzung
FSC® C014496

Penguin Random House Verlagsgruppe FSC® N001967

Originalausgabe 06/2023

Dieses Werk wurde vermittelt durch die Agentur Brauer.
Redaktion: Sophie Dahmen
Umschlaggestaltung: wilhelm typo grafisch,
unter Verwendung von Fotos von Pascal Bünning (6)
und Privatarchiv Elisabeth Neufeld-Picciani (12)
Satz: Satzwerk Huber, Germering
Druck: GGP Media GmbH, Pößneck
Printed in Germany
ISBN: 978-3-453-60654-8

www.heyne.de

Für Mama.

*Als Dank für ihre bedingungslose Liebe, Fürsorge,
Gebete, Freude, Hilfsbereitschaft, Mut,
Tapferkeit und ihre beständige Herzlichkeit.
Du bist die stärkste Frau, der ich begegnet bin.*

She believed she could, so she did.

Unbekannt

Inhalt

Vorwort

Liebe Leserin, lieber Leser,

ich begrüße dich herzlich auf Volzrade. Ich lade dich dazu ein, mich ein Stück des Weges zu begleiten, den ich in den letzten Jahren gehen durfte.

Ich habe meine Aufgabe gefunden und angenommen: Ein Fleckchen Erde zu gestalten, auf dem nicht nur mein Mann Bruno und ich ein wundervolles Zuhause gefunden haben, sondern wo auch all unsere Familienmitglieder, Gäste, Freunde und Nachbarn jederzeit herzlich willkommen sind.

Diese Aufgabe erfüllt mich mit tiefer Begeisterung und Dankbarkeit, und ich erfülle sie mit Hingabe und Freude. 24/7 im Einsatz zu sein, ist nicht immer leicht, aber immer schön. Meistens sind die Tage zu kurz, um all meine Punkte auf der To-do-Liste zu erledigen, aber ich habe gelernt, dass das okay ist. Ich bin auf dem Weg, und der Weg ist das Ziel.

Ich genieße den Moment, wenn ich Gäste beim Check-in begrüße, den kurzen Schnack mit den Nachbarn am Gartenzaun während der Gartenarbeit und das zufriedene Lächeln der Gäste im Gartenstuhl in der Abendsonne.

Glücklich tanze ich vor lauter Freude durchs Haus, wenn meine Visionen nach und nach Gestalt annehmen und aus einem traurigen Raum ein Gästezimmer wird, in dem sich jeder wohlfühlen kann.

Ich danke den Ahnen der Familie von Pentz, die diesen Ort vor Jahrhunderten geschaffen haben und deren Energie, Geschichte, Leben und Lieben hier immer noch zu spüren sind.

Komm mit, ich freue mich.

Prolog:
Das Sommerfest 2015

»Du, Frau Neufeld, kauf mal nich zu viele Würstchen. Da kommen nur ein paar Leute. Wenn überhaupt.« Rosemarie Müller, genannt Rosi, ist unsere Mieterin und zugleich unser Kontakt ins Dorf. Und sie ist skeptisch. Sie kennt ihre Mecklenburger und deren Zurückhaltung gegenüber Zugewanderten. Vor allem, wenn es Wessis sind.

Im vergangenen Sommer, 2014, sind wir eingezogen. Aber in den ersten Monaten gab es eher wenig Verbindungen zum Dorf. Allenfalls ein vorsichtiges Beäugen. Wir wollten nichts überstürzen, sondern sowohl den Leuten des Dorfs als auch uns selbst Zeit geben, ein Gefühl füreinander zu bekommen. Außerdem mussten wir erst mal unsere Wohnräume im Gutshaus herrichten lassen. Das Leben im Dauerstaub einer Baustelle war keine gute Voraussetzung für gesellschaftliche Aktivitäten irgendeiner Art. Aber vor ein paar Tagen habe ich zu meinem Mann Bruno gesagt: »Jetzt, wo der Sommer kommt, könnten wir uns doch mal dem Dorf vorstellen und von unserer Idee mit der Ferienvermietung erzählen. Damit gar nicht erst irgendwelche Gerüchte entstehen. Die Leute müssen wissen, was wir vorhaben mit … ihrem Schloss.« Bruno grinste. Untereinander sprechen wir immer nur vom »Gutshaus« oder einfach vom »Haus«. Oder von der »Grande Dame«. Aber wie viele mecklenburgischen Dorfbewohner nennen die Volzrader das größte und repräsentativste Gebäude ihres Orts gerne und mit Stolz »dat Schloss«. Und ihre Blicke richten sich – mal skeptisch, mal erwartungsvoll – auf die imposanten alten Gebäude. Auch wenn es in vielen Ortschaften Ruinen sind. Oder Prachtbauten im Dornröschenschlaf.

Doch einfach mal aus Neugier und Interesse vorbeikommen und schauen, so wie meine rheinischen Landsleute es längst getan hätten, ist nicht die Art der Mecklenburger. Wenn ich mich darüber wundere, lacht Bruno nur. »Ich bin Schwabe. Ich versteh die. Würde ich auch nie machen. Aber hinter den Gardinen wird getuschelt, darauf kannst du wetten. Hier schlüpft keine Maus raus, ohne dass alle davon erfahren.« Ich lächle: »Ja, das ist mir klar. Der Dorffunk hier funktioniert eins a.«

Rosi Müller, die frühere Kindergärtnerin des Dorfs, lebt seit fünfzig Jahren in einer der Wohnungen im Gutshaus. Und sie soll selbstverständlich bleiben. Sie ist eine patente, herzliche Frau und weiß viel über die Geschichte des Hauses. »Und außerdem«, habe ich neulich zu Bruno gesagt, »kennt sie uns nun schon lange genug und wird ihren Verwandten …« – »also dem halben Dorf«, warf Bruno lachend ein – … »und Bekannten …« – »also der anderen Hälfte« – »… erzählt haben, dass wir ganz normale Leute sind.«

»Genau«, meint Bruno. »Weder Ökos noch Bios noch Adlige. Und auch nur ein bisschen bekloppt – sonst hätten wir den maroden alten Kasten ja nicht gekauft.«

Ich will jetzt Nägel mit Köpfen machen. »Dann sollen die Leute uns mal persönlich erleben und erfahren, was wir planen. Ich schlage vor, dass wir ein Grillfest machen. Und alle Dorfbewohner einladen. So 120 sind das wohl.«

Passend zur Grillidee ist Bruno sofort Feuer und Flamme – und verlässt sich wie immer völlig darauf, dass ich die Organisation übernehme. Das ist auch in Ordnung so – seine Unternehmensberatung fordert ihn genug, und er ist sehr viel unterwegs. Das Gutshaus ist unser Projekt, aber meine Aufgabe. Mein neuer Beruf. Und meine Leidenschaft. Und so sitze ich an diesem frühsommerlich-frischen Morgen bei einem Kaffee mit der skeptischen Frau Müller zusammen, weil sie mir Tipps geben soll: Welchen Schnaps trinkt man hier, was soll es außer Grillwürsten zu essen geben, wie viele Kinder werden kommen, wo kann ich Tische und Bänke leihen und so weiter? Aber sie wiegt den Kopf und rät zur Planung auf kleiner Flamme. Doch ich antworte ihr fröhlich: »Weißt du, Rosi, ich glaub schon, dass die kommen werden. Und das ist mir auch wichtig. Und wenn ich nachher die Würstchen drei Wochen lang selber essen muss – ich rechne mal mit allen.«

Mit dieser »Wird-schon-klappen«-Art habe ich schon oft Menschen genervt. Aber noch öfter habe ich sie mitgerissen. Ich kann da auch einfach nicht aus meiner Haut. Ich packe gerne an und lege los – das würde sich nicht vertragen mit einer pessimistischen Grundeinstellung.

Aber damit ich mich nicht im Bau von Luftschlössern (oder Luftgutshäusern) verliere, habe ich zum Glück auch ein paar pragmatische Gene von meinen Eltern bekommen.

Und mit Bruno als Mann den härtesten Verhandlungspartner, den man sich vorstellen kann. So behält Lissi schön Bodenkontakt, wenn ihre Gedanken losfliegen.

Drei Wochen später laufen die Vorbereitungen auf Hochtouren. Morgen ist es so weit. Ich habe die Einladungen persönlich in jedes Haus gebracht und überall ein paar Worte mit den Leuten gewechselt. Sie nahmen den Zettel mit der ortsüblichen Vorsicht entgegen – daraus konnte ich nichts ableiten, was die Besucherzahl angeht. Aber meine beiden Söhne, die ich ebenfalls eingeladen und als Helfer eingespannt habe, transportieren unverdrossen von der Feuerwehr Tische und Bänke für 120 Leute herüber, mähen den Rasen kurz und stellen einen Pavillon auf (obwohl der Wetterbericht eigentlich zu meinem angeborenen Optimismus passt). Und ich bin froh über den Kontakt zur örtlichen Feuerwehr und darüber, dass sie uns so gerne mit Gerätschaften aushilft. Saft, Bier und Korn stehen bereit, ebenso die Würstchen und die Frikadellen.

Inzwischen ist auch Brunos Mama Dina mit ihrem Mann Rolf eingetroffen. Und ich beginne mich gerade zu fragen, ob das eine gute Idee war. Während ich gut gelaunt ein letztes Mal die Planung durchgehe, poltert Rolf plötzlich los: »Du hast doch keine Ahnung, wie man so was macht! Da kommt sowieso keiner!« Ich funkle den badischen Grummelkopp entgeistert und wütend an. Aber er macht ungerührt weiter: »Das wird ein Fiasko. Du blamierst dich doch vor den Leuten!« Offenbar stehen meine Nackenhaare jetzt sichtbar zu Berge, und Dina spürt, dass ihr Mann kurz vor dem Rausschmiss steht, denn sie raunt mir zu: »Nicht ausrasten. Ich hab ihn im Griff.« Um des lieben Friedens willen und vor allem, um Bruno nicht in Verlegenheit zu bringen, atme ich dreimal tief durch und lasse Rolfs Genörgel einfach unkommentiert.

Am nächsten Tag soll er den neuen Grill aufbauen. Und obwohl er auch hier jeden Fehler, den er macht, auf den Hersteller, auf uns oder den lieben Gott schiebt und man aus seiner Richtung permanent hört: »Des passt net! Des geht net! Des wird nix!«, nehme ich Bruno beiseite und zische ihm zu: »Sorg dafür, dass er den ganzen Tag beschäftigt ist. Wenn der sich hier langweilt und nachher schlechte Laune verbreitet, kann ich für nichts garantieren.«

Und dann ist das Fest in vollem Gange. Es ist ein milder Sommerabend, alle sind satt geworden, niemand hat sich geprügelt – und bis auf drei Bewohner sind alle gekommen! Kleinkinder und Greise inbegriffen. Und die drei Abwesenden haben sich ausdrücklich und mit Bedauern entschuldigt.

Die Leute sitzen zusammen an den langen Tischen und plaudern so angeregt, wie ich es Mecklenburgern gar nicht zugetraut hätte. Und dann entdecke ich mittendrin: Rolf. Er ist bester Stimmung und scheint sich wunderbar zu amüsieren. Ich gehe hin, lege ihm eine Hand auf die Schulter und sage: »Na, Rolf? Biste zufrieden? Haben wir doch ein schönes Fest, oder?« Und er brummt zurück: »Na ja. Hat ja geklappt.« Und schüttelt dann den Kopf: »Dass die alle gekommen sind …«

Dasselbe sagt auch Rosi Müller am nächsten Morgen voller Verwunderung. Und sie erzählt, dass einige Gäste sie gefragt hätten, wo denn das Sparschweinchen stehe, damit sie was für die Würstchen reintun könnten. Ich sage: »Die waren wohl neugierig, Rosi, deshalb sind sie gekommen. Und im Übrigen waren sie doch eingeladen. Wie kommen die denn auf die Idee mit dem Sparschwein?« Rosi antwortet: »Na wegen früher. Da war das auch immer so. Wir von der Kinderkrippe haben immer ein Sommerfest organisiert. Aber irgendwann nach der Wende ist das eingeschlafen.«

Bruno nickt: »Jetzt verstehe ich auch, warum ein paar Leute zum Abschied recht forsch gesagt haben: ›Das machen wir jetzt immer, ja? Das war schön!‹ Die haben das Sommerfest vermisst!«

Ich nicke nachdenklich, während Bruno ganz treuherzig sagt: »Na dann … machen wir das jetzt eben jedes Jahr! Ist doch super!«

Ich will kurz aufbegehren und ihn fragen, wer denn das organisieren soll. Aber dann entscheide ich mich doch dafür, lieber zufrieden zu schmunzeln. Was könnten wir Besseres tun, als das Fest, bei dem das ganze Dorf zusammenkommt, mit unserem Haus zu verbinden? Schließlich braucht es nicht nur, wie in dem afrikanischen Sprichwort, ein ganzes Dorf, um ein Kind zu erziehen. Auch unser Gutshaus braucht das ganze Dorf, um zu erblühen.

Aber wie sind wir überhaupt hierher geraten? Wie hat das Haus uns gefunden? Alles begann im Jahr 2010.

Teil 1:
Wir finden das Haus – das Haus findet uns

Aufgeben oder Aufgabe?

Ich liege auf dem Rücken und starre die Zimmerdecke an. Hier auf den harten Dielen ist es noch am ehesten erträglich. Den Kopf zu drehen, um zur Abwechslung mal die Wände anzugucken, traue ich mich nicht. Jede Bewegung könnte wieder diesen höllischen Schmerz da unten in der Lendenwirbelsäule auslösen.

So also fühlt es sich an, wenn einem mal so richtig der Stecker gezogen wird. Bandscheibenvorfall. Nichts geht mehr. Die dynamische Lissi, die alles im Leben ein paar Jahre früher erledigt hat als andere, ist mal eben auf Tempo null runtergebremst worden. Wenn ich mir jetzt eine Tasse Tee machen wollte, würde allein das Aufstehen etwa zehn Minuten dauern. Und irgendwann würden die Nachbarn die Polizei rufen, weil sie bei den Schreien denken, hier würde eine Frau misshandelt. Und sowieso würde ein Tee nur bedeuten, dass ich irgendwann aufs Klo muss. Allein die Vorstellung, mich auf die Toilette zu hocken, treibt mir Schmerztränen in die Augen. Also lieber nicht bewegen. Ich weiß, ich müsste es tun. »Mobilisierung« hat der Orthopäde das genannt. Aber ich bin heute mal ein Weichei. Ich bleibe einfach liegen und denke über mein Leben nach. Wie bin ich hierhergekommen? Und wo soll es mit mir hingehen? Wenn das Gehen wieder geht?

Ich bin 36 Jahre alt und habe schon manches von dem durch, womit andere Frauen in diesem Alter erst anfangen. Meine Kinder sind achtzehn, siebzehn und vierzehn. Ich war mit achtzehn verheiratet und bin seit zehn Jahren geschieden. Ich bin in Kirgisistan geboren, in Neuwied aufgewachsen, habe in meinen acht Bielefelder Jahren eine Wohnung und ein Haus saniert und lebe jetzt in Köln. Ich arbeite als alleinerziehende Mutter vierzig Stunden pro Woche in einer Werbemittelfirma und habe dort keinerlei Karrierechancen. Ich habe mich früh von meinem Elternhaus gelöst – und bin unendlich froh, meine Eltern zu haben und zu lieben. Ich lasse mich nicht unterbuttern, wenn die Schule meines Jüngsten mir erzählen will, dass mein Sohn ADHS habe und ich als junge, alleinerziehende Mutter ohne Uni-Abschluss der Aufgabe nicht gewachsen sei – aber wie die meisten Mütter frage ich mich trotzdem, ob ich gut genug bin.

Wenn ich an den letzten Elternsprechtag denke, kommen mir die Tränen: »Ach, Frau Neufeld, wir wissen ja, wie schwer es ist für Alleinerziehende. Aber Ihr Sohn ist nun mal recht auffällig im Unterricht.« Da ist mir der Kragen geplatzt: »Moment mal! Bei Marcel ist die Mutter den ganzen Tag zu Hause, es ist genug Geld da, die haben alle Zeit der Welt – und er hat dieselben Ausraster wie mein Sohn. Das hat nichts mit alleinerziehend zu tun. Bleiben Sie bitte bei den Fakten!« Mal wieder war ich in meinem starken Gerechtigkeitsgefühl nicht zu stoppen gewesen und habe mich gewehrt: »Sie sagen, mein Sohn habe ADHS. Ich sage, Sie machen den falschen Unterricht und langweilen ihn.«

Als ich ihnen vorwarf, die Schuld nur bei dem Kind und seinem Zuhause zu suchen statt bei sich selbst, waren sie wirklich angepisst. Aber ich hatte schon die ganze Zeit gespürt, dass sie mir nicht zutrauten, viel über Erziehung zu wissen. Ich war ja wie überall die Jüngste.

War dieser Elternsprechtag der Auslöser für meinen Zusammenbruch, der sich als Bandscheibenvorfall getarnt hat? Mag sein. Aber sicher nicht der eigentliche Grund. Ich spüre: Meine erste Ehe drückt noch immer wie eine tonnenschwere Last. So viel Groll kann auf Dauer kein Rückgrat der Welt tragen. Kein Wunder also, dass mir die Bandscheibe geplatzt ist und seitdem zwei Lendenwirbel auf meinen Rückennerven Walzer tanzen.

Und noch etwas beschäftigt mich: Ich denke ziemlich oft an diesen Mann, den ich neulich kennengelernt habe. Bruno heißt er. Aber wie alle interessanten Männer ist er natürlich verheiratet. Da geht nix. Also bleibe ich erst mal hier liegen. Und suche vergeblich nach dem Sinn des Ganzen. Ich bin Lissi und ich bin stark. Ich bin Lissi und ich weiß nicht weiter.

Einige Wochen später: Frau Segeberg, die Therapeutin, schaut mich etwas ratlos an. So schwierig hatte sie sich ihre Klientin offenbar nicht vorgestellt. Heute ist die vierte Sitzung – und wir stecken in der Sackgasse.

Letzte Woche habe ich ihr erstmals etwas mehr über das Ende meiner ersten Ehe erzählt, und es fiel mir sichtlich schwer. Die Therapeutin zog fragend die Augenbrauen hoch, als ich ihr stockend auch vom Auszug meines ältesten Sohnes erzählte. Dass mir damals schier das Herz gebrochen ist, erwähnte ich nicht, und meine Tränen hielt ich auch jetzt lieber zurück.

Frau Segeberg hat das heute noch mal aufgegriffen – in dem sanften Psycho-Jargon, den ich eigentlich nicht ausstehen kann: »Ich spüre eine große Wut bei Ihnen. Woher kommt diese Wut?« Bei so was stehen mir zwar alle Haare zu Berge, aber ich habe mich ja auf die Therapie eingelassen. Außerdem hat sie recht: Auch zehn Jahre nach der Scheidung bin ich immer noch wütend.

»Es ist schwer zu erklären. Ein verzwickter Mix. Durch die Krankheit und das Verhalten meines Ex-Mannes wurde mein damaliges, recht traditionelles Lebensbild von Ehe – Kindern – Eigenheim zerstört. Wenn ich in der Schule nach meinem Berufswunsch gefragt wurde, habe ich immer geantwortet: ›Ich möchte gern vier Kinder haben.‹ Klar – ich habe ja selbst sogar fünf Geschwister, und ich liebe große Familien. Mein Englisch- und Erdkundelehrer, der trotz Cordsakko mit Lederflicken drauf und oller Ledertasche eine wirklich coole Socke war, sagte darauf: ›Mensch, Elisabeth, du musst mal ein bisschen moderner denken! Du bist klug und talentiert; du musst eine Sprache lernen und Dolmetscherin werden. Oder studieren.‹ Aber ich wusste damals nicht, welcher Beruf mich faszinieren würde. Und eine frühe Ehe mit Kindern bot die Chance, aus der Enge meines Elternhauses auszubrechen und meinen eigenen Weg zu finden.

Aber zugleich bin ich wütend, weil ich mich in die Rolle des Hausmütterchens habe drängen lassen. Mit Mitte zwanzig war mir das zu wenig. Mein Kinderwunsch hatte ja nie bedeutet, dass ich nicht berufstätig sein wollte. Ich wollte alles und dachte, ich schaffe alles. Aber mit meiner Eigenständigkeit und meiner selbstbewussten Art kann nicht jeder umgehen. Ich sah keinen anderen Ausweg mehr, als zu gehen. Zurück nach Neuwied, mit den beiden Kleinen. Mein ältester Sohn kam ein Jahr später nach – er war zuerst bei seinem Vater geblieben, entschied sich dann aber um, weil er seine Geschwister vermisste. Die Trennung und anschließende Scheidung widersprach völlig meinen Träumen, meinen Überzeugungen und meiner Erziehung. Es war eine Niederlage gegenüber meinen Eltern, eine richtig heftige Bruchlandung und der Tiefpunkt meines Lebens.«

Das alles mal so zu erzählen, tut mir gut. Ich merke, dass ich noch immer daran zu knabbern habe. Und nun bin ich gespannt, was Frau Segeberg mir vorschlagen wird, damit ich das alles endlich mal abhaken und nach vorne schauen kann. Aber sie hat leider was ganz anderes im Sinn. Sie will nicht, dass ich nach vorne schaue, sondern erst mal in den Rückspiegel.

»Frau Neufeld, ich denke, wir können jetzt einen Schritt in die Tiefe gehen. Ich möchte mit Ihrer Beziehung zu Ihrer Mutter beginnen. Ich glaube, hier werden wir im Laufe der Zeit auf die versteckten Wurzeln Ihrer Wut stoßen. Also lassen Sie uns …«

Ich kann es nicht fassen. Ja, ich brauche Werkzeuge. Aber sicher keinen Spaten. Ich will nicht graben und offenlegen, sondern abschließen und weitergehen. Und so haue ich mit dem diplomatischen Feingefühl dazwischen, das immer dann zum Einsatz kommt, wenn Lissi etwas partout nicht will: »Das bringt jetzt aber mal gar nix hier. Ich hab keine Zeit für so'n Scheiß.«

Erstarrt schaut sie mich an. Aber ich bin nicht mehr zu stoppen. »Frau Segeberg, ich will das alles nicht noch mal aufarbeiten und alte Wunden aufreißen. Ich will es nach zehn Jahren endlich hinter mir lassen. Vernarbte Wunden soll man nicht öffnen, um drin herumzuwühlen. Ich suche nach einem Weg, den Groll loszuwerden. Weil er mich daran hindert, zu sehen, was das Leben noch für mich bereithält. Aber ich will die Gründe für den Groll jetzt nicht wiederbeleben und monatelang auf kleiner Flamme weiterköcheln lassen. Ich will das Gegenteil!«

So klar dürfte das Missverständnis zwischen einer Therapeutin, die es sicher gut meint, und einer Klientin, die etwas ganz anderes erwartet hat, selten auf den Punkt gebracht worden sein.

Frau Segeberg zuckt ratlos mit den Schultern. Den entscheidenden Satz »Dann beenden wir das hier besser jetzt« überlässt sie klugerweise mir.

Wieder ein paar Wochen später. Ich sitze mit meiner Freundin Uschi in einem Café und blinzle in die Sonne. Uschi redet nicht lange um den heißen Brei: »Dir geht es viel besser, oder? Wie hast du das geschafft?« Ich lächle: »Ja, es geht mir besser. Gott sei Dank.« Die letzten Worte habe ich nicht so beiläufig ausgesprochen, wie man das üblicherweise tut. Uschi hat es bemerkt und schaut mich etwas unsicher an. So reagieren die meisten, wenn das Thema Glaube aufkommt: Als sei es etwas Unanständiges.

Aber sie weiß, wie wichtig die Religion in meiner Familie ist, und traut sich nachzufragen: »Das hat was mit … äh … Gott zu tun?«

»Ja, sicher«, antworte ich, und hoffe, dass ich dabei nicht zu erleuchtet klinge. Schon merkwürdig: Die Leute gehen bedenkenlos zur Therapie und lassen sich durch psychologische Fragen dazu anregen, tief in sich hineinzuhorchen, um sich dann selbst zu helfen. Aber wenn jemand dasselbe tut, indem er über die Fragen eines Seelsorgers nachdenkt oder in der Bibel liest, kommt es den Leuten wie Aberglaube vor.

»Nachdem ich die Psychotherapie abgebrochen hatte, hab ich erst mal ein paar Sachen angepackt. Mich mehr um mich selbst gekümmert, mit dem Rauchen aufgehört, auf meinen Rücken gehört und mit Sport angefangen.«

»Und deine Bandscheibe?«

»Ich habe einen wunderbaren Arzt in Düsseldorf gefunden, der mich umgehend operiert hat. Dann kamen vier Wochen Reha, und danach konnte ich wieder anfangen zu arbeiten. Und ich brauche vor allem keine Schmerztabletten mehr. Zum Glück.«

Uschi schaut mich beeindruckt an. »Aber dir geht es auch mental besser, oder? Wie hast du das hinbekommen?«

»Ach, das war … ich habe Yoga für mich entdeckt, das hatte der Doc mir empfohlen. Das tut mir extrem gut. Und die Yogalehrerin hat mir dann mal so einen Workshop empfohlen, da bin ich hingegangen. Das war echt eine Offenbarung, Uschi. Ein Yin-Yoga-Wochenende mit heilenden Übungen. Danach konnte ich viel klarer darüber nachdenken, was mir fehlt und was mich bedrückt. Ich habe sehr viel gelesen. Und nachgedacht. Und bin so wieder beim Glauben gelandet. Den hatte ich jahrelang vernachlässigt. Das war alles so blöd mit meiner Familie und meiner Ehe verquickt, dass ich Abstand brauchte. Aber damit habe ich mir wahrscheinlich selbst am meisten geschadet.«

»Geschadet? Wirklich?« Uschi, die religiös eher Analphabetin, aber empathisch ist, versucht offenbar gerade zu begreifen, wie ernst der Glaube für gläubige Menschen ist.

»Na okay, sagen wir: Ich habe mir selbst etwas vorenthalten. Eine wichtige Facette des Lebens. Meines Lebens. Meine Seele kann halt nicht ohne Gott.«

Uschi lächelt und sieht dabei fast ein wenig neidisch aus.

Ich traue mich, noch ein wenig mehr zu erzählen: »Mir ist klar geworden, dass Gott sich auch nicht groß anders verhält als eine Freundin, die man vernachlässigt. Nachdem ich mich ewig nicht bei ihm gemeldet habe, hat er irgendwann auch aufgehört, zu kommunizieren. Aber zum Glück war er immer da – auch, als ich ihn wieder … na ja: angerufen habe. Er hat einfach ganz ruhig und geduldig auf mich gewartet.«

»Und seitdem geht es dir besser?«

»Oh ja. Weil ich etwas verstanden habe: Um die Last meiner Wut auf meinen Ex loszuwerden, muss ich ihm vergeben.«

»Vergeben?! Diesem Ar…?« Uschi ist empört. Ihr Blick flattert. Kein Wunder – sie hat sich wirklich oft genug meine Tiraden anhören müssen, war solidarisch mit mir und hat ein entsprechendes Bild von diesem Mann.

»Ja. Ich habe vergeben. Mir, meinem Ex-Mann, dem Schicksal.«

Uschi nickt nachdenklich und wird wieder ruhiger. Sie legt ihre Hand auf meine. »Die Hauptsache ist, dass es dir wieder besser geht. Ich hab mir nämlich echt Sorgen gemacht um dich.«

Ich schaue sie dankbar an: »Wie gut, dass du auch noch da bist. Danke fürs Warten.«

Und nach einer kurzen Pause sinniere ich: »Krisen bringen einen voran. Wenn man es zulässt.«

Worauf Uschi trocken erwidert: »Na ja, du hattest ja auch keine andere Wahl, als es zuzulassen.«

Ich muss lachen: »Touché!«

Uschi fragt: »Du sagst, die Krise habe dich vorangebracht. Wohin denn genau?«

Ich zucke die Achseln. »Ich habe keinen Schimmer. Aber das macht mich nicht mehr so nervös wie früher. Irgendwas muss sich ändern – und wird es auch. Aber was? Weißt du, darauf habe ich noch keine Antwort. Aber ich kenne jetzt immerhin die Frage.«

Gespannt schaut Uschi mich an. »Und?«

»Die Frage heißt: Wo ist meine Aufgabe?«

Vierzig Quadratmeter Küche?
Die Suche (2013)

Bruno schenkt uns Wein nach, blickt einen Moment nachdenklich vor sich hin und überrascht mich dann mit einer Frage: »Was würdest du machen, wenn du ganz allein entscheiden könntest?«

Meine Antwort kommt völlig spontan, ohne Nachdenken: »Alte Häuser renovieren und sanieren. Sie retten und schön einrichten.«

Ich bin einen Moment völlig überrumpelt. Und zwar von mir selbst. Und dann bekomme ich eine Gänsehaut. »Die … die Aufgabe! Das ist sie! Ist sie das?«, flüstert eine Stimme in mir.

Seit meiner Krise sind jetzt drei Jahre vergangen. Und es ist viel passiert – einerseits. Meine Kinder sind aus dem Haus. Und vor allem bin ich Ende 2010, nachdem er sich hatte scheiden lassen, mit Bruno zusammengekommen. Und nun sitzen wir in einem gemütlichen kleinen Restaurant in der Kölner Südstadt und überlegen, wie wir nach drei Jahren wunderbarer Partnerschaft aus unserer Fernbeziehung ein echtes Zusammenleben machen können.

Andererseits ist sehr wenig passiert in den drei Jahren. Ich arbeite immer noch recht uninspiriert und immer noch vierzig Stunden pro Woche in der Firma, ich gehe regelmäßig zum Yoga, und ich habe mit meinen vierzig Jahren viel Energie und Kraft, die ungenutzt sind.

Mein erster Vorschlag war trotzdem ein typisch passives Frauending: »Ich ziehe zu dir, Liebster! Ich komme nach Süddeutschland.« Der Moment, mich aus meinem Kölner Leben zu lösen, ist perfekt. Meine Kinder müssen jetzt ihre eigenen Wege finden. Und mich hält hier nichts mehr außer der Nähe zu Neuwied, also meinen Eltern und Geschwistern. Weiter im Büro Papier hin- und herzuschieben ist jedenfalls kein Lebenstraum von mir. Also habe ich vorhin leichten Herzens geflötet: »Ich folge dir dahin, wo du bist.«

Aber zum Glück ist Bruno ganz anders als mein erster Mann. Er weiß genau, dass es mich nicht ausfüllen würde, in einer Wohnung oder einem Haus zu hocken und auf seine Rückkehr zu warten. »Das ist ja lieb vor dir, Lissi. Aber es würde weder dich noch mich auf Dauer zufrieden machen. Du brauchst doch eine eigene Aufgabe!«

Peng! Da ist das Wort schon wieder! Seit fünf Jahren geistert es durch meinen Kopf.

»Außerdem habe ich doch wechselnde Einsatzorte. Wir müssen also gar nicht in der Stuttgarter Gegend wohnen. Da war ich doch nur aus alter Gewohnheit und wegen meiner ersten Ehe. Und meine Frau hockte zu Hause und wurde immer unzufriedener, während ich durch die Weltgeschichte gondelte. Das sollten wir beide uns ersparen, oder? Mir genügt es, wenn ein Flughafen oder ein Bahnhof in der Nähe ist. Also: Wo willst *du* sein und was willst *du* machen? Jetzt, wo das Projekt ›Kinder‹ durch ist?«

Mir kommen fast die Tränen. »Womit habe ich diesen Mann nur verdient?«, denke ich kurz. Und haue mir dann innerlich auf die Finger. Ich arbeite daran, nicht in das geringe Selbstbewusstsein zurückzufallen, das ich anfangs ihm gegenüber hatte. Ich war alleinerziehend und hatte einen langweiligen Sachbearbeiterinnen-Job ohne Karrierechancen, während er ein eleganter, erfolgreicher, selbstbewusster Mann war. Aber dieses Gefühl des Defizits hat sich gelegt. Inzwischen weiß ich sehr genau, was er an mir hat. Und dass es mein Tatendrang, mein Selbstbewusstsein und mein Lissi-hafter Kampfgeist sind, die ihn faszinieren. Und nicht meine Bereitschaft, das Muttchen zu geben.

Und nun ist plötzlich das mit den alten Häusern aus mir herausgesprudelt. Eigentlich hatte ich in den letzten Monaten darüber nachgedacht, doch noch ein Studium der Innenarchitektur anzufangen. Das hatte mir der Berufsberater beim Arbeitsamt in Neuwied nach meiner Scheidung empfohlen. Ich hatte damals keinerlei Selbstvertrauen und dachte, er verkohlt mich. Aber er sagte ganz ernsthaft: »Sie müssen Ihr Abi nachholen und dann studieren. Insgesamt dauert das sechs Jahre.«

Sechs Jahre ohne eigenes Arbeitseinkommen, alleine mit drei Kindern – das war damals leider völlig illusorisch. Wie mein Leben sich wohl entwickelt hätte, wenn es möglich gewesen wäre …?

Ich schrecke aus meinen Gedanken, als die Kellnerin an den Tisch kommt und nach Dessertwünschen fragt. Ich kann nicht widerstehen und bestelle mir eine Crème brulée. Das Knacken des karamellisierten Deckels passt irgendwie zu dem Durchbruch, der hier gerade passiert. Bruno beschränkt sich auf einen Grappa.

Ich nicke sinnierend und wiederhole meinen Satz von vorhin: »Alte Häuser renovieren und sanieren. Das macht

Spaß, da schafft man was und kann Altes erhalten. Und ich kann das.«

Uiuiui, Lissi, du nimmst den Mund ja ganz schön voll. Aber ich habe nun mal während meiner ersten Ehe zweimal eine Sanierung organisiert und geplant – eine Wohnung und ein Haus. Und die Faszination für alte Gebäude hatte ich schon immer. Die Ausflüge mit der Familie zu den Burgen des Rheintals waren für mich das Schönste. Und genauso hatte ich es noch früher geliebt, wenn ich meine Mutter zu den älteren Leuten begleiten durfte, die sie in deren Zuhause pflegte. Oft waren das herrliche alte Villen. Nachdem ich einen Vorlesewettbewerb gewonnen hatte, entstand die Idee, dass ich den Leuten etwas vorlesen könnte, und ich weiß noch, wie ehrfürchtig ich die alten Möbel und herrlichen Treppenhäuser bestaunte.

Dass ich alte Dinge so mag, hat ein Freund mal damit in Zusammenhang gebracht, dass wir als Aussiedler in der neuen Heimat ohne Familienerbstücke lebten. Von den drei Koffern, die meine Eltern damals mitnehmen durften, ist nur ein einziger in Neuwied angekommen. Sogar die Tischwäsche und das alte Geschirr haben sich die Diebe vom sowjetischen Zoll unter den Nagel gerissen. Es ging uns also so ähnlich wie allen Geflüchteten: Es gab in unserem Zuhause nichts Materielles, das eine Verbindung zu früheren Generationen schuf. Und diesen Phantomschmerz spürte ich möglicherweise, wenn ich Altes bestaunte und erhalten wollte.

In Neuwied gab es während meiner Kindheit noch die alte Rasselstein-Villa, die auf dem Gelände eines Industrieunternehmens stand, an dem wir sonntags auf dem Weg zur Kirche immer vorbeifuhren. Sie war ziemlich heruntergekommen, und ich fragte meine Eltern immer wieder: »Warum wird das Haus nicht renoviert?« Ich habe ein paar Jahre lang sogar dafür gebetet, dass sich jemand findet, der es macht. Eines Tages erfuhr ich, dass die Villa zum Verkauf stand – für eine D-Mark! Ich weiß noch, wie ich meine Eltern genervt habe: »Die eine Mark haben wir doch! Und dann machen wir sie wieder heil.« Damals fehlte mir noch der Blick dafür, dass das Teure nicht der Kauf ist, sondern die Sanierung …

Die Rasselstein-Villa verfiel mehr und mehr und wurde 2002 schließlich abgerissen. Heute ist dort ein Parkplatz. So was tat mir schon immer in der Seele weh.

Einige Monate später verbringen wir das Wochenende in Brunos Wohnung bei Stuttgart.

»Das mit der Biomilch find ich ja schön und gut – aber den Milchschäumer kannst du dann abschaffen.« Ich balanciere das kleine Tablett mit den beiden Kaffeepötten ins Schlafzimmer, wo Bruno gerade allmählich wach wird, und schüttle den Kopf angesichts des kümmerlichen Versuchs einer Schaumkapuze auf dem Heißgetränk. Dabei hat doch genau der italienischstämmige Schwabe, dem ich gerade den Kaffee ans Bett bringe, mir erklärt, dass das Wort »Cappuccino« von dieser »Kapuze« aus Schaum kommt. (Viel mehr Italienisch kann er aber lustigerweise nicht – der italienische Vater spielte keine Rolle in seinem Leben.) Als ich es mir gemütlich gemacht und mein iPad hochgefahren habe, stupse ich den dösenden Mann neben mir an: »Auf, auf! Häuser gucken! Außerdem wird dein Kaffee kalt.« Bruno setzt sich ächzend auf und angelt mit dem Fuß nach einem seiner Hausschuhe. »Erst mal Zähneputzen«, murmelt er. Als er neben dem Bett steht, reckt er sich genüsslich. Ich beschließe, ihn ein bisschen zu schocken: »Weißt du schon das Neueste? Nach meinen aktuellen Berechnungen muss allein die Küche mindestens vierzig Quadratmeter haben.« Kopfschüttelnd verschwindet Bruno ins Badezimmer, taucht aber wenige Sekunden später mit der Zahnbürste im Mund wieder auf. Sein Gesicht ist ein einziges, aufforderndes Fragezeichen. Ich erkläre, was dahintersteckt: »Unsere Kinder sind zwar bald alle aus dem Haus, nehmen aber trotzdem regen Anteil an unseren Überlegungen, wo wir künftig wohnen werden. Weißt du ja. Und das Wichtigste scheint ihnen zu sein, dass wir gemeinsam und gemütlich an einem großen Tisch sitzen können, und zwar dort, wo auch gekocht wird. Haben sie gestern Abend so verkündet. Und wenn ich mal rechne: Fünf Kinder plus je ein Partner, dann wir beide, deine Mutter und ihr Mann, meine Eltern … dann sind das schon sechzehn Leute. Geschwister, Tanten und Onkel sind da noch gar nicht mitgerechnet. Und Enkelkinder auch nicht.« Ich krame im Bücher- und Zeitschriftenstapel, der neben meinem Bett liegt, und fische ein Blatt Papier heraus: »Ich hab mal 'ne Skizze gemacht, wie die Küche aussehen müsste – und kam auf vierzig Quadratmeter. Minimum.« Mit unschuldigem Blick halte ich dem amüsiert dreinschauenden Bruno die Zeichnung hin. Und muss selbst lachen, als mir einfällt, wie groß meine aktuelle Wohnung in Köln ist, in der ich jahrelang mit meinen beiden jüngsten Kindern gewohnt habe: 79 Quadratmeter.

Bruno meint: »Ist doch schön, welche Prioritäten unsere Kinder setzen.« Ich bin nicht ganz sicher, ob das sarkastisch gemeint ist oder ob er sich ehrlich freut – wahrscheinlich ist es eine Mischung aus beidem. Und auch wenn es sich kurios anfühlt, unser künftiges Zuhause ausgehend von den Dimensionen der Wunschküche zu planen und zu suchen, gefällt mir, wie unsere Kinder denken. Zumal ich es überhaupt nicht mag, allein in der Küche zu stehen und das Essen irgendwann ins Esszimmer zu tragen. Kochen und essen gehören zusammen, und beides sollte ein Gemeinschaftserlebnis sein.

Bruno ist schon im Planungsmodus: »Denken wir mal weiter: Wie groß muss ein Gebäude sein, das eine solche Küche verträgt? Und die Familie, die an diesem Riesentisch sitzen und essen soll, muss ja dann auch irgendwo schlafen. Fünf Schlafzimmer brauchen wir also mindestens. Bedeutet: eine Riesenvilla. Oder einen Bauernhof.«

Beim Wort »Bauernhof« überläuft mich ein leichter Schauer und ich kuschle mich an ihn. »Wenn du ›Bauernhof‹ sagst, denke ich sofort ›Masseria‹«, sage ich leise. Einen Moment lang ist das Gefühl wieder da, das mich vor einigen Wochen während unserer Italienreise wie aus dem Nichts überfallen hatte. Wir waren durch Apulien gereist und hatten uns ein paar zum Verkauf stehende Häuser angesehen. Weil wir erst mal nichts ausschließen wollten – auch nicht den »Stiefelabsatz« im fernen Süditalien.

Alte Häuser und Möbel haben ja eine ungeheure Energie und strahlen sie auch aus. Deshalb mag ich sie so. Aber manchmal ist diese Energie auch negativ. An einem der Tage in Apulien haben wir eine verlassene und ausgebrannte Masseria, also ein Gehöft, aufgesucht, das zum Verkauf stand. Schon bei der Anfahrt, beim Blick aus der Ferne, hatte ich plötzlich ein rabenschwarzes Gefühl in mir. Da standen riesige schwarze Palmen – sie waren angesengt. Und als wir um die letzte Kurve bogen und das ausgebrannte Haus vor uns sahen, musste ich anhalten und ganz schnell aus dem Auto aussteigen. Ich fühlte mich, als schnüre mir etwas die Luft ab, und ich bekam einen Heulkrampf wie noch nie. Das Haus hatte so eine negative, traurige Aura. Ich konnte körperlich spüren, wie viel Leid dort geschehen war. Bruno fragte: »Meinst du, das kriegt man wieder hin?« Worauf ich mit zitternder Stimme antwortete: »Ich glaube nicht, dass die Liebe meiner ganzen Familie ausreicht, um diese düstere Aura wieder rauszukriegen. Und ich will jetzt bitte sofort hier weg!« Ich war dann den ganzen Tag fix und fertig, so sehr hat mich diese Atmosphäre des Todes und des Leids mitgenommen. Dabei konnte man noch erkennen, dass es mal ein schönes, rosa gestrichenes Haus gewesen war.

Ich schüttle mich ein weiteres Mal und schiebe die Erinnerung weg. Dennoch frage ich mich, ob ein Bauernhof wirklich eine gute Idee wäre. »Was würde ich denn da machen, wenn die Kinder wieder abgereist sind und du auch unterwegs bist?« Bruno erwidert: »Dann vermietest du die Schlafzimmer eben.« Ich grüble: »Also eine Art Pension?

Das ist kein schlechter Gedanke. Aber was erwarten Leute, die auf einem Bauernhof Urlaub machen?« Bruno weiß, was ich meine: »Gackernde Hühner, deren Eier es zum Frühstück gibt. Einen Kuhstall, in dem die Kinder das Melken üben können. Niedliche Ferkelchen. Pferde oder wenigstens Ponys. Stinkende Misthaufen. Alte Trecker.« Ich nicke: »Genau. Und stehst du auf so was? Ich jedenfalls nicht.« Bruno nimmt meine Hand: »Und das genügt schon als Argument. Selbst wenn ich gerne Bauer spielen würde (was nicht der Fall ist) – hier geht es zwar um unser Projekt, aber um deine Aufgabe. Nicht vergessen.«

Das ist das Wunderbare an Bruno: Er schiebt mich immer wieder auf den Pfad zurück, den ich mir allein nicht zugestanden hätte. Er selbst würde durchaus auch neu bauen – aber er weiß, dass mich das nicht zufrieden machen, sondern langweilen würde. Ich schaue ihn an: »Ich finde es großartig, Liebster, wie viel Zeit wir uns genommen und was wir gedanklich alles durchgespielt haben. Aber müssen wir nicht allmählich mal Nägel mit Köpfen machen?«

Ich hatte viel Zeit gehabt, in Ruhe nach dem zu suchen, was ich tatsächlich will. Damit wir nicht in die gleiche Falle tappen wie Leute, die denken »Ach, ich könnte auch gut in Thailand leben«, weil sie Urlaub mit Leben verwechseln. Und dann sind sie dort kreuzunglücklich. Weil sie nicht geklärt haben, ob sie wirklich in Thailand sein wollen – oder nur weg von dem, was sie hatten, weil sie sich einfach nach irgendeiner Veränderung sehnten. Aber so langsam will ich wissen, wo mein Platz ist. Mein Zuhause. »Meine Geschwister spotten ja gerne, dass ich noch nie eine Wohnung zweimal gestrichen hätte. Aber ich habe eigentlich gar kein rastloses Wesen. Und ich hab's mir keineswegs ausgesucht, so oft umzuziehen.«

Bruno grinst: »Und ich dachte schon, ich sei mit Frau Beethoven verheiratet. Der Ludwig van soll es ja nie länger als ein halbes Jahr irgendwo ausgehalten haben und ist angeblich siebzigmal umgezogen.« Ich schüttle mich: »Gott bewahre! Ein Kollege hat mir mal erzählt, dass er sich eine neue Wohnung sucht, sobald er nachts das erste Mal im Dunkeln aufs Klo gekommen ist, ohne irgendwo gegenzustoßen; dann werde es ihm zu langweilig. Der ist nicht mein Vorbild.«

Die äußeren, also geografischen Kriterien unserer Suche sind klar: Außer der nicht zu großen Entfernung zu einem Flughafen oder Bahnhof soll das Objekt auch nicht zu weit weg sein von der Kölner Gegend und der Familie in Neuwied. Das muss in einer Tagesreise bequem zu machen sein. Deshalb fiel Apulien weg. Und auch Vorpommern, wo es durchaus preiswertere Gutshäuser mit traumhaftem Potenzial gibt. Aber von da sind es acht Stunden bis Neuwied, das ist zu viel.

Und eines ist mir im Laufe der Suche immer klarer geworden: Ich will nichts, was nur für mich oder uns da ist. Kein repräsentatives, steriles, unbelebtes Haus. Ich will einen Ort schaffen, an dem Menschen sich begegnen, sich erholen und eine schöne Zeit haben können. Ein lebendiges Zuhause.

Und wie es so geht im Leben: Genau, als ich solche Gedanken wälze, erscheint beim Scrollen ein neues Angebot. Ein Gutshaus in Mecklenburg. Nahe der Elbe. Ich stoße Bruno an: »Guck mal, könnte das hier was sein?«

Wie naiv muss man sein? Die erste Begegnung (März 2014)

Was ist denn heute nur los mit mir? Ich bin flatterig wie noch nie, wenn wir irgendwo hinfahren und ein Haus erstmals sehen werden. Dabei waren wir beim Begutachten der Internetanzeige vor ein paar Tagen, beim morgendlichen Cappuccino, keineswegs euphorisch gewesen, sondern recht nüchtern in der Beurteilung: Lage recht gut, Raumaufteilung für unsere Pläne geeignet, aber das Haus von außen eher unattraktiv und der Zustand bedenklich. Immerhin fanden wir, dass es sich lohnt, mal hinzufahren. Und während wir die L 06 nach Süden in Richtung Elbe entlanggleiten und das Städtchen Lübtheen hinter uns lassen, schlägt mein Herz bis zum Hals. Sind sicher die Hormone, denke ich, und versuche mich selbst ein wenig herunterzudimmen. Bruno hingegen sitzt wie immer seelenruhig neben mir am Steuer. Er ist zum Glück ein wunderbarer Fahrer. Aber manchmal sogar zu ruhig. Als wir das Schild »Willkommen in Niedersachsen« passieren, rolle ich genervt mit den Augen. »Mensch, ich sag doch schon die ganze Zeit, dass deine Anneliese sich vertan hat und endlich mal ein Update braucht.« Anneliese nenne ich sein Navi, weil das Ding so alt ist wie der Name. Vorhin bei Braunschweig hab ich schon nix gesagt, als wir an der Baustelle einmal im Kreis gefahren sind. Aber jetzt werde ich ungeduldig. Doch er vertraut nun mal lieber seinem Navi als mir und meinem iPhone, was nicht nur heute zu Diskussionen führt. Denn manchmal wäre es eben doch praktisch, wenn der Schwabe und Finanzcoach sich ein aktuelles Navi leisten würde. Das hätte vor einem Kilometer gesagt: »Links abbiegen und der L 06 weiter folgen«. Jetzt also wenden. Aber bevor er das tut, zeige ich nach vorne: »Da hinten irgendwo fließt die Elbe. Die Gegend gefällt mir schon mal. Was meinst du?«

»Hä?«, macht er zerstreut. Für die Landschaft um uns herum hat er gerade keinen Blick. Und auch meine Nerven beruhigt dieses Hinauszögern des entscheidenden Moments nicht gerade. Der entscheidende Moment ist der, in dem das Haus erstmals vor uns steht. Dann geht der innere Daumen entweder nach oben oder nach unten. So wie damals bei der abgebrannten Masseria in Apulien. Und normalerweise sind meine Gefühlsausschläge zwar stärker als Brunos, aber sie gehen in dieselbe Richtung. Was also bedeutet mein flatteriges Gefühl heute?

Endlich haben wir Volzrade erreicht. Ein sehr kleines, unscheinbares Dorf entlang der »Neuen Dorfstraße«. Und dann geht rechts die Straße zum Gutshaus ab. Wir biegen ein, schauen auf das Haus – und sprechen genau gleichzeitig aus, was uns durch den Kopf geht.

Bruno: »Ach du Scheiße! Lass uns gleich wieder abhauen.«

Elisabeth: »Oh mein Gott, ist das schöööön!«

Wir sehen einander verblüfft an und müssen dann laut loslachen. Insbesondere bei mir entlädt sich die Anspannung in einem Lachanfall, der erst endet, als mir die Tränen aus den Augen fließen.

Ich glaube, Bruno hätte tatsächlich gewendet und wäre trotz der langen Anfahrt gleich wieder nach Hause gefahren, wenn ich nicht so euphorisch reagiert hätte. Und ich weiß auch genau, was er meint. Optisch macht das Haus nun wirklich nicht allzu viel her. Ein rechteckiger, weitgehend schmuckloser Kasten mit dem typischen grau-braunen DDR-Putz. Und es wirkt trostlos und vernachlässigt. Ungeliebt. Was also hat mich gepackt, als ich es sah? Einmal ist es so ein warmes Bauchgefühl. Bruno kennt es schon von unseren Reisen, dass ich plötzlich irgendwohin zeige und sage: »Guck mal, das Haus da, das ist so ungeliebt. Das will geliebt werden.« Wenn es nur das wäre, könnte man es als etwas schräge Form eines Helfersyndroms abtun und müsste es nicht ernst nehmen. Mitgefühl mit einem Haus! Aber da ist noch etwas anderes. Ich habe offenbar eine gewisse Gabe. Ich kann in einem heruntergekommenen Gebäude das sehen, was man daraus machen kann. Und was es einmal war. Ich bin anscheinend besser als andere in der Lage, graue Fassaden, herumliegenden Schutt, schreckliche Wandfarben und Gardinen, unpassende Fenster und Türen und so weiter zu übersehen beziehungsweise sie mir wegzudenken. Ich räume gedanklich alles Störende zur Seite und sehe Räume und Blickachsen, auch wenn sie durch eingefügte Wände brutal zerschnitten und verstellt worden sind.

Und ich sehe »richtige«, also passende Möbel, Türen, Fenster, Bodenbeläge und Tapeten, auch wenn da noch »falsche« sind. Oder gar keine. Das Wort »Vision« kommt ja von »videre«, dem lateinischen Wort für »sehen« – und für diese Fähigkeit bin ich das beste Beispiel.

Deshalb necke ich Bruno jetzt und sage: »Ich sehe was, was du nicht siehst.« Verwirrt beugt er sich nach vorne und schaut suchend durch die Windschutzscheibe. Ich schüttle den Kopf. »Kalt.« Er zuckt ratlos die Achseln. Ich lege meine Hand auf seine und sage: »Ich sehe unser Zuhause. Auch wenn du es nicht glaubst. Aber hier könnte ich ein Zuhause schaffen.« Er spürt, dass ich das ernst meine. Und so steigen wir aus, um uns die Sache näher anzuschauen.

Leider folgt jetzt aber ein Schock auf den nächsten. Vor dem Haus steht ein gelbes Anti-Atom-Kreuz. An der Tür hängt ein zerschlissenes Polit-Plakat – so als wäre das hier eine WG und kein ehrwürdiges Gutshaus. Der Park hinter dem Haus ist von Unkraut überwuchert. Aber da sind Bäume, höher und älter als das Haus, die meinen Blick auf sich ziehen. Man ahnt noch die frühere, schön gestaltete Anlage. Aber es liegt viel hässliches Zeugs herum, und statt Rasen sieht man nur zerwühlte Erde, weil der Vorbesitzer hier Pferde gehalten hat. Und dann kommt, wie verabredet, der Makler und führt uns durch das Haus. Wir haben März und es ist klamm hier drinnen. Es wird sehr sparsam geheizt, was dem Haus sicher nicht gut bekommt. Das Gebäude steht fast komplett leer – nur eines der vier Apartments im ersten Stock, in denen einst die Gutsherren herrschaftlich wohnten, ist seit vielen Jahrzehnten an eine Frau Müller vermietet. Sie zeigt uns später, als wäre es das Normalste von der Welt, dass sie überall Eimer aufgestellt hat, weil es reinregnet. Das Dach ist undicht. Und sie erzählt, dass sie in der DDR-Zeit jeden Winter Decken vor die verrottenden Holzfenster legen musste, weil es so kalt hereinzog. Nach 1994 wurden die Fenster erneuert – aber sie sind aus Kunststoff und müssten schon wieder ausgetauscht werden. Und die Türen haben fast alle die typischen Plastikklinken aus DDR-Produktion.

Eigentlich ist alles furchtbar, und jedes Detail spricht gegen einen Kauf, schon aus finanziellen Gründen. Aber je länger wir im Haus sind, desto stärker breitet sich eine warme Energie in mir aus: die des Hauses. Und so paradox es klingt angesichts der ersten Eindrücke: Ich spüre, dass dies ein schöner Ort ist. Beziehungsweise wieder werden will. Und ich spüre, dass es meine Aufgabe ist, dieses Haus wieder schön zu machen und zum Leben zu erwecken. Indem wir hier unseren Plan verwirklichen: ein Landhotel für Feriengäste. Im Moment ist das ein völlig unvorstellbarer Gedanke – aber ich spüre, dass er genau hier Realität werden soll.

Ich muss daran denken, was Charlie Chaplin einmal einem Reporter geantwortet hat. Der hatte gemeint, es sei doch ungeheures Glück gewesen, dass er als Ersatz für einen ausgefallenen Künstler einspringen musste und bei dieser Gelegenheit entdeckt worden sei. Woraufhin Chaplin sagte: »Ja, ich hatte das große Glück, mich mein Leben lang auf diesen Moment vorzubereiten.« Genau dieses Gefühl habe ich auch gerade. Mein ganzes kompliziertes Leben mit all seinen Umwegen war die Vorbereitung auf diese

Aufgabe: Rette und erhalte dieses Haus und hauche ihm wieder Leben ein.

Bruno zeigt an diesem Tag wahre Größe. Natürlich spüre ich, dass ihm immer mulmiger wird angesichts des Zustands. Schließlich soll das gesamte Kapital für Kauf und Sanierung von ihm kommen, und auch gegenüber der Bank ist er alleine dran. Wir sind ja nicht mal verheiratet. Das Leuchten in meinen Augen und meine Visionen beobachtet er mit erkennbarer Skepsis – bei ihm ist der Funke noch nicht übergesprungen. Und doch nimmt er mich nach dem Rundgang durchs Haus beiseite. »Du willst es, oder?«

»Ich mag es jedenfalls. Sehr. Du bist aber nicht überzeugt, oder?« Bruno wiegt den Kopf. »Nein, bin ich nicht. Das, was der Makler sagt, von wegen mit 30 000 Euro und ein bisschen Farbe wird es hier wieder schön – das kauf ich ihm nicht ab.«

Ich stimme ihm zu. »Ja, so naiv bin ich auch nicht mehr, das wird 'ne Stange Geld kosten. Aber ich kann …«

»Lass gut sein, komm, wir fahren noch zu dem anderen Objekt«, unterbricht Bruno mich entschlossen. Auf der Fahrt kann ich ihm jedoch gar keine Ruhe lassen und blubbere ihn voll mit Plänen und Wünschen und Vorteilen und Pluspunkten und was ich alles machen könnte. Die Nachteile kennt er ja selber. Als wir bei dem anderen Haus ankommen, im Alten Land bei Hamburg, sind wir erstaunlich schnell einer Meinung: Das kommt für uns nicht infrage. Wir übernachten in Lüneburg und machen uns einen schönen Abend. Ich habe es aufgegeben, ihn zu belabern, und wir suchen uns ein nettes Lokal zum Essen.

Aber nach der Heimkehr mache ich mich sofort an die ersten Zeichnungen und Pläne für das Haus. Warum? Weil ich die Hoffnung noch nicht aufgebe. Es lässt mich nicht los. Ich muss mich ständig zurückhalten, weil es mich juckt, Bruno noch mal umzustimmen. Aber ich weiß, dass ich mit zu viel Druck eher das Gegenteil erreichen würde.

Zwei Wochen später dann sitzen wir beim Italiener zusammen und er fragt mich beiläufig, ob ich mir zu dem »alten grauen Kasten in Meck-Pomm« denn schon ein Konzept überlegt hätte. Juhuuu!!!!!! Und jetzt sprudelt alles aus mir heraus, was ich seit zwei Wochen ausbrüte: Welche Räume könnten wie genutzt werden, wo wäre unsere Küche. Wie wunderschön es werden könnte: der Park mit Trauungen, und es gäbe Kuchen für die Gäste. Alle Ideen müssen jetzt raus.

Bruno ist weiterhin sehr zurückhaltend und fragt, ob ich wirklich weiß, was da auf uns und auf mich zukäme. Gut, dass ich es nicht allzu genau weiß, so kann ich unbefangener JA sagen. Und nachdem wir noch eine Weile rumgesponnen haben, meint Bruno, er werde es mal durchrechnen. Okay. Wir sind einen Schritt weiter.

Am folgenden Freitagabend, nach seiner Rückkehr von einer anstrengenden Arbeits- und Reisewoche, frage ich ihn aufgeregt, wie es nun weitergehen solle mit unserem Haus. Bruno schmunzelt: »Na ja, wie man das so macht: Wir müssen mit der Bank reden und wohl noch mal hinfahren. Und dann sicherlich einen Gutachter bestellen. Ich bin ja schließlich kein Millionär, der sich mal eben ein Herrenhaus kauft.«

Ja! Ja! Ja! Es geht weiter! Ich kann meine Begeisterung kaum zügeln.

Aber Bruno drückt gleich wieder auf die Euphoriebremse: »Denk dran: Was die Arbeitsbelastung angeht, ist es vor allem dein Projekt.«

Ich kriege wacklige Beine. »Aber … ich will, dass es irgendwann auch deins ist.«

»Keine Sorge, Lissi.« Er nimmt meine Hand und schaut mir tief in die Augen. »Wenn wir es machen, stehe ich voll und ganz hinter dir. Vom ersten Tag an.« Und grinsend fügt er hinzu: »Und ich gebe meinen Senf dazu, darauf kannst du dich verlassen. Also?«

»Was wäre denn der nächste Schritt?«, frage ich mit etwas dünnem Stimmchen. Die Verantwortung, die ich, die wir gerade auf uns laden, liegt schwer auf meinen Schultern. Aber zugleich bin ich aufgeregt wie ein Kind am Heiligabend kurz vor der Bescherung.

»Du telefonierst morgen früh erst mal mit dem Makler, fragst nach, ob es überhaupt noch zu kaufen ist, und dann handelst du den Preis runter.«

»Im Netz steht es jedenfalls noch zum Verkauf. Ja, ich rufe morgen an. Und kündige uns für nächstes Wochenende an.«

Am Ende unseres zweiten Besuchs in Volzrade und einer kurzen Vergewisserung zwischen uns spricht Bruno die goldenen Worte zum Makler: »Bitte bieten Sie das Haus nicht weiter an. Wir erwägen ernsthaft, es zu kaufen, und werden als Nächstes einen Gutachter beauftragen.« Auf der Heimfahrt schweigen wir erst einmal eine Weile. Jeder hängt seinen Gedanken nach. Für die meisten Familien ist der Bau oder Kauf eines Einfamilienhauses das größte finanzielle Abenteuer, das sie sich vorstellen können – wenn sie es sich überhaupt leisten können. Und wir sind im Begriff, ein heruntergekommenes Riesenhaus mit drei Etagen von jeweils 400 Quadratmetern und mit weit über zwanzig Räumen zu kaufen. Und zwar nicht, um unseren Namen dranzuschreiben und uns »Herrenhaus-Besitzer« nennen zu können. Und auch nicht, um es, wie der Vorbesitzer, alleine zu bewohnen; das wäre Wahnsinn und nicht sehr nachhaltig. Sondern um es zu beleben und zu bewirtschaften. Wir wollen Feriengäste empfangen – und zugleich Platz für unsere Eltern, Geschwister, Kinder, Enkel und Neffen haben, wenn es Familienzusammenkünfte gibt. Deshalb kommt ein dauerhaftes Vermieten von Wohnungen nicht infrage. Aber Ferienwohnungen sind für unseren Plan ideal.

»Schauen wir mal ganz nüchtern«, beginnt Bruno nach einer Weile, und reißt mich aus meinen Gedanken. Wie ein Seehund kommt er plötzlich an die Oberfläche, mitten aus seinen Überlegungen. Ich warte gespannt, wo er gerade ist mit seinen Kalkulationen. »Im Erdgeschoss würden wir unsere eigenen Wohnräume schaffen, im Bereich rechts von der großen Treppe. Und vielleicht ein oder zwei Gästezimmer für die Familie, auch wenn leer stehende Räume immer Geld kosten. Dann sind da links im Erdgeschoss die beiden kleinen Wohnungen, das Miniapartment, der frühere Einkaufsladen und die frühere Bibliothek. Und im Obergeschoss gibt es vier Apartments. Die müssen das Geld bringen. Aber in einem wohnt ja noch diese Frau Müller, da müssen wir mal schauen.«

Ich unterbreche ihn: »Die soll bitte bleiben. Solange sie mag. Sie wohnt schon so lange dort. Und sie kennt das Haus.«

»Einverstanden«, sagt Bruno. »Also rechnen wir mal nicht mit ihrer Wohnung als Ferienapartment. Meinst du, mit den Einkünften aus dem Rest trägt sich das Haus trotzdem?«

»Sicher nicht vollständig«, gebe ich sofort zu. »Am Anfang buttern wir natürlich ordentlich zu. Schon für die Sanierung. Aber ich denke schon ein bisschen weiter …«

Jetzt kommt der heikelste Moment. Ich weiß, dass meine Visionen andere Menschen oft überfordern. Selbst den mir so vertrauten Bruno.

»Ich weiß, dass es momentan irrsinnig klingt. Aber ich würde gerne ein Café einrichten. Wo die Leute auch gemeinsam frühstücken können, statt jeder für sich in der Ferienwohnung. Das wäre eine zusätzliche Einnahmequelle. Da könnten auch Leute kommen, die nicht bei uns Urlaub machen. Ausflügler, Radwanderer und natürlich die Leute aus dem Dorf und aus der Gegend. Ich kann ja gut kochen und backen und habe in Bielefeld schon als Kaltmamsell gearbeitet. Und ich sehe auch im Dachgeschoss Potenzial. Ich …«

Brunos scharfes Einatmen unterbricht meinen Satz. Bisher hat er sich bemüht, meinem Wortschwall ruhig zuzuhören und mich nicht zu unterbrechen. Aber ich spüre, dass er sich seit dem Wort »Dachgeschoss« sehr zusammenreißen muss, um nicht loszupoltern. Wir wissen beide aus Erfahrung, wie schlimm und ausweglos es sich anfühlt, wenn man in einem mit 130 dahinrollenden Stahlkäfig eingesperrt ist und dicke Luft herrscht.

Mit mühsamer Beherrschung fragt er: »Potenzial?! Im Dachgeschoss?! Ich hab mich da kaum reingetraut und habe jetzt schon Angst, da irgendjemanden durchzuführen. Weil sie uns dann wahrscheinlich in die Klapse stecken als Strafe für den Kauf dieses Hauses. Stell dir doch mal die Banker vor, wenn die das sehen! Da oben kannst du vielleicht einen Dracula-Film drehen, wenn der Hauptdarsteller nicht schreiend wegrennt, aber doch keine Räume für Gäste einrichten!«

Ich merke, dass ich jetzt zügig zurückrudern muss, und lege meinen Arm auf seinen. »Das ist ganz sicher nicht der erste Punkt auf unserer Agenda. Und auch nicht der zweite oder dritte. Also ich stimme dir zu: Die Kalkulation sollten wir erst mal nur mit den Apartments im Obergeschoss machen.«

»Und mit den beiden Wohnungen unten.«

»Schauen wir mal«, sage ich so gelassen wie möglich. »Da kommt ja unser Café hin.« Aber innerlich denke ich: Hoffentlich nimmt der nicht die nächste Ausfahrt und liefert mich in einer Nervenklinik ab.

Einige Wochen später beugen wir uns noch mal über die beiden Gutachten, die wir haben anfertigen lassen. In der Zwischenzeit haben wir herumfantasiert, Pläne geschmiedet und uns oft bange angeschaut. Wir waren zwei weitere

Male im Haus, haben fotografiert, ausgemessen und diskutiert. Wir schwanken zwischen Vorfreude – die Parkgestaltung! Die Einrichtung der Apartments! Die Kuchentheke im Café! – und dem Gefühl (vor allem bei Bruno) »Wir sollten es lieber bleiben lassen.«

Wir haben auch schon Kontakt zu Banken aufgenommen – und sind zumindest nicht sofort vom Hof gejagt worden. Aber ohne Gutachten lassen sie sich natürlich auf nichts ein. Sie sehen die Geschichte ganz realistisch als Risikofinanzierung und als Liebhaberei, aber sie wollen schon wissen, welchen Wiederverkaufswert das Haus nach einer Rundum-Sanierung überhaupt erreichen kann. Wir haben optimistisch verkündet, dass wir damit rechnen, im Sommer 2015 erstmals Einnahmen aus der Ferienvermietung zu erzielen.

Auch in Richtung des Landesdenkmalschutzamts in Schwerin haben wir schon die Fühler ausgestreckt. Denn natürlich steht das Haus unter Denkmalschutz. Aber was andere Käufer – wie wohl auch den Vorbesitzer – vielleicht zu fortgesetztem Schimpfen und Stöhnen veranlasst hätte, macht uns momentan gar nicht so viel aus. Denn das Amt und wir haben ein gemeinsames Anliegen: Wir wollen, dass das Haus nach der Sanierung möglichst nahe am Originalzustand vor 1945 ist. Erbaut wurde es ursprünglich 1838–1840, aber auch die Umbauten von 1863 und 1930 gehören zu seiner Geschichte.

Und nun haben wir also das Gutachten, das klären soll, ob die Substanz des Hauses ausreicht, um etwas anderes damit zu machen, als es abzureißen. Ergebnis: Es ist wirklich fünf vor zwölf. Und das bedeutet, dass unsere bisherigen Planungen und Ideen reichlich naiv waren. Wir werden ganz sicher im nächsten Sommer kein fertiges Feriendomizil haben, sondern eine Großbaustelle. Denn der entscheidende Rat des Gutachters lautet: »Macht das Haus von oben und unten dicht. Und denkt erst danach an den Innenausbau.«

Dass das Dach ein Problem ist, war uns klar, seit wir bei der ersten Besichtigung die Eimer sahen, die im großen Saal und bei Frau Müller standen und Wasser auffingen. Das geht schon seit Jahren so, und laut Frau Müller werden es jedes Jahr mehr. Inzwischen gab es eine Begehung des Dachs. Sie ergab nicht nur fehlende oder löchrige, uralte und mürbe Dachziegel, sondern auch fehlende Regenrinnen und teilweise vergammelte Balken. Die Bank hat bereits zur Kenntnis genommen, dass alleine die Dachsanierung so viel kosten wird wie der Bau manch eines Einfamilienhauses. Aber dank seiner erfolgreichen Firma ist Bruno kreditwürdig. Und der Sachbearbeiter seiner Hausbank scheint Spaß gefunden zu haben an unserem Irrsinnsprojekt und hat signalisiert, dass es an der aufwendigen Sanierung der Hülle nicht scheitern würde.

Und auch der Keller war uns als Problem bewusst. Wir haben ihn beim ersten Mal nicht vollständig besichtigen können. Begründung des Maklers: »Sie haben keine Gummistiefel dabei.« Da schwante uns bereits Böses. Wie schlimm es wirklich ist, wissen wir mittlerweile. In einem Raum wachsen Pilze aus der Wand und das Schwitzwasser läuft die Wände runter. An der Außenwand neben dem

Raum endet ein Abwasserrohr seit Jahren etwa einen Meter über dem Boden. Das Regenwasser lief also einfach unter das Fundament und suchte sich dann seinen Weg, indem es im nicht isolierten Steinboden nach oben stieg und das Gehen im Keller zu einer Rutschpartie machte. Draußen lief das Wasser an einigen Stellen direkt an der Fassade herunter. Das Ergebnis: Der riesige Keller ist nass. Es ist klar, dass das gesamte Fundament trockengelegt werden muss. So viel zum Thema Parkgestaltung, Café und weitere Traumtänzereien.

Bruno schaut mich an. »Und? Machen wir es trotzdem?«

»Müssen wir. Die Grande Dame braucht uns. Das Haus muss wieder geliebt und belebt werden.«

Die *Grande Dame* – das ist inzwischen mein Kosename für das Haus. Und Bruno kann schon etwas damit anfangen.

Das Haus wirkt auf mich wie eine in die Jahre gekommene vornehme Dame, die mal glanzvolle Zeiten hatte. Sie war fein, aber zugleich energisch und bodenständig. Sie war sehr rührig und zugleich gesellig. Ich verbinde sie mit viel Tanz und Gelächter, mit Diners und Gästen im historischen Speisesaal und so weiter. Das habe ich bei meinen bisherigen Besuchen im Haus gespürt, obwohl es momentan weiß Gott nichts Festliches an sich hat. Und ganz abwegig ist es ja nicht, dass hier einst ein »großes Haus« geführt wurde – die Guts- und Herrenhäuser waren in der Regel der gesellschaftliche und kulturelle Mittelpunkt der Gegend. So wie *Downton Abbey* in der gleichnamigen Serie.

Und nun ist die Grande Dame so etwas wie unser sechstes Kind. Wir haben Verantwortung für sie übernommen. Na ja, vielleicht ist sie eher eine alte, alleinstehende, gehbehinderte Tante. Wir sind jedenfalls pflegende Familienangehörige. Und wir haben eine Verpflichtung.

Lissi: »Also machen wir es echt?«

Bruno: »Ja, wir machen es. Aber erst freuen, wenn die Tinte trocken ist.«

Lissi: »Okay, ich ruf den Makler an. Und du die Bank.«

Familie Flodder. Die Zeit nach 1945

2019. Heute ist Geschichtsstunde. Unser guter Hausgeist Rosi, wie wir sie inzwischen nennen dürfen, hat einen älteren Herrn aus Lübtheen eingeladen, der uns etwas erzählen soll über das Haus, vor allem die DDR-Jahre. An einem gerade mal ausreichend warmen Junitag sitzen wir, alle in langärmligen Jacken, an einem etwas wackligen Gartentisch im Park. Jeder Stuhl sieht anders aus. Aus dem Haus dröhnt ab und zu das dumpfe Rattern eines Presslufthammers – der Hotelbereich ist gerade dran und parallel dazu das Café und die Toiletten im Untergeschoss. Drinnen könnten wir gar nicht reden – zu viel Lärm und Staub.

Günter, wie der Gast sich unkompliziert vorgestellt hat, ist ein kräftiger, etwas rotgesichtiger, sehr rüstiger Mann Ende siebzig. Vom Typ her gehört er zu den DDR-Bürgern, die den Laden überhaupt bis 1989 am Laufen gehalten haben. Damit ist nicht das politische System gemeint, sondern der Alltag, dessen Bewältigung viel mit Ausbildung und Verantwortungsgefühl zu tun hatte. Günter hat Klempner und Installateur gelernt – und zwar noch bei einem Handwerker alter Schule. Deshalb hat es ihn geschmerzt, mitzuerleben, wie die Häuser und die gesamte DDR-Wirtschaft nach und nach vor die Hunde gingen – unter anderem wegen des staatlich organisierten Desinteresses der Mieter und der »Werktätigen«. Günter klingt verbittert, als er sagt: »Den Leuten in den Fabriken und Kombinaten war es in den 70ern und 80ern weitgehend egal, was ihr Betrieb eigentlich produzierte, ob die Arbeit wegen Materialmangels oder Organisationsversagens mal wieder ruhte und ob gepfuscht wurde, weil die Hälfte der Belegschaft besoffen war. Oder ob die Wände im Treppenhaus nass waren. War ja nicht ihres.«

In dieser Zeit war Günter in der kommunalen Verwaltung tätig. »Die Wohnungsverwaltung hat in jedem Jahr beraten, was mit dem alten Gebäudebestand des Kreises geschehen soll. Und jedes verdammte Jahr stand das Gutshaus Volzrade auf der Abrissliste. Die Gegend war abgelegen. Der Truppenübungsplatz war gleich nebenan, und hier ist ja fast schon Grenzgebiet. Also war es früher. Deswegen war hier alles noch strenger überwacht als sowieso schon. Niemand wollte hierhin. Und das Haus vernünftig zu erhalten, hätte Unmengen an Geld gekostet. Das nicht da war. Die Parteiheinis meinten auch, das sei doch ein ›Junkerbau‹ und gar nicht erhaltenswert. Also geschah nur das Allernötigste. Und oft nicht mal das. Habt ihr ja gesehen, dass das Dach schon lange undicht ist. Die alten Fenster habt ihr zum Glück ja nicht mehr erlebt. Immerhin war das Haus bewohnt und wurde deshalb im Winter geheizt. Bei Leerstand wäre es irgendwann nicht mehr zu retten gewesen.«

Mir wird noch im Nachhinein schlecht bei dem Gedanken, dass unser Haus hätte abgerissen werden können, weil sich niemand seiner annahm. Und frage: »Wie kam es, dass man es trotzdem erhalten hat?«

Günter grinst. »Waren ja Mieter drin.«

Rosi Müller murmelt: »Die hätte man ja anderswo unterbringen können. Gab doch die Platte.«

Irgendwie habe ich das Gefühl, dass die beiden sich gerade die Bälle zuspielen und sich darauf freuen, die nun folgende Geschichte möglichst spannend zu machen.

»Ja«, schalte ich mich ein, »man hat doch oft Menschen aus Altbauten in die neuen Wohnblocks umgesiedelt, hab ich gelesen. Und die waren doch oft auch froh über fließend Warmwasser und eine warme Toilette in der Wohnung statt des kalten Gemeinschaftsklos auf halber Treppe oder dem Plumpsklo draußen, so wie hier.«

»Tja«, meint Günter geheimnisvoll, »wenn man die Leute in der Stadt haben wollte, hat man das so gemacht.«

Mein Gesicht ist immer noch ein Fragezeichen, obwohl mir gerade etwas dämmert. Rosi hat mal ein paar Andeutungen gemacht über eine kinderreiche Familie – die Flodders –, die früher hier gewohnt hat. Sie war sehr diskret, aber irgendwie klang es merkwürdig.

»Ach komm«, sagt Rosi, »die Babs hatte das Herz doch auf dem rechten Fleck.«

Günter ist weniger diplomatisch: »Wichtiger war wohl, was sie zwischen den Beinen hatte.«

Rosi und ich werden rot – wir müssen gleichzeitig nach Luft schnappen und kichern.

»Was?!?«, frage ich.

»Tja«, sagt Rosi verlegen, »wie drücke ich das jetzt aus? Die Babs war ein eher einfacher Mensch. Und nicht sehr wählerisch, was Männer anging.«

Günter schnaubt. »Ja, so kann man es nennen. Vierzehn Kinder hatte sie. Und vermutlich gab es dazu auch vierzehn Väter. Von denen aber keiner bei ihr lebte. Einer aus dem Dorf hat mir mal erzählt, dass sie nie was anhatte unter ihrer Kittelschürze.«

»Ach, Günter, diese Geschichten immer. Da hattet ihr in der Stadt wohl zu viel schmutzige Fantasie. Aber dass die Kittelschürze ihre Dienstkleidung war, das stimmt.«

»Dienst – dass ich nicht lache. Die hat doch nichts gearbeitet, oder?«

»Na wie denn auch, mit vierzehn Kindern? Das ist wohl genug Arbeit.«

Ich habe staunend zugehört und frage: »Lebten die alle hier? So riesig sind die Wohnungen ja nun nicht.«

Rosi lacht: »Sie hatte am Ende ja auch zwei davon. Irgendwo musste sie die Kinderschar ja stapeln. War alles voller Doppelstockbetten bei ihr.«

»Und dass sie den ganzen Tag rauchend am Fenster stand und die Landarbeiter abgelenkt hat, stimmt auch nicht?«, fragt Günter etwas gereizt.

»Ach, lass doch mal gut sein, Günter. Die Frau entsprach sicher nicht dem, was man unter ›sozialistischer Moral‹ verstand. Und wenn sie sich Lebensmittel oder Geld geliehen hat, durfte man nicht erwarten, dass sie es zurückgab. Aber …«

»Jedenfalls wissen Sie jetzt, warum das Haus nicht abgerissen wurde«, wendet Günter sich mir zu. »Die Leute, die hier wohnten, wollte in der Stadt niemand haben.«

Ich muss mal wieder staunen über die Raffinesse der Grande Dame. Sie hat sich selbst gerettet, indem sie – sicherlich naserümpfend und pikiert – Menschen beherbergt hat, die zum früheren herrschaftlichen Charakter des Hauses so überhaupt nicht passten. In eine ähnliche Kategorie gehört der »Konsum« (mit Betonung auf der ersten Silbe), also der Einkaufsladen im Erdgeschoss. Er lockte am Zahltag Männer an, die ihren Lohn in Bier und Schnaps anlegten und schon am helllichten Tag volltrunken auf der Eingangstreppe lagen. Aber auch der Konsum hielt das Haus am Leben.

Aus den Unterlagen und durch Rosis Erzählungen haben wir bereits manches aus der Geschichte unseres »Schlosses« rekonstruieren können. Es hat massiv gelitten – und zwar nicht unter Kriegsschäden oder gezielter Zerstörung, sondern durch Vernachlässigung. Die Leidensgeschichte begann etwa 1940. Zunächst konnten kriegsbedingt die notwendigen Instandhaltungen nicht mehr gemacht werden. Nach 1945 dann wurden die Gutsherren, also die seit dem 14. Jahrhundert hier ansässige Familie von Pentz, enteignet und vertrieben; das Anwesen ging ins Eigentum der Stadt Lübtheen über. Die großen Wirtschaftsgebäude aus den 1920ern wie die Molkerei und der Schafstall wurden abgerissen und dienten als Steinbruch zum Bau vieler Eigenheime – davor war das Dorf noch kleiner als heute und »Volzrade« fast identisch mit der Gutswirtschaft. Das Gutshaus selbst wurde nach 1945 zum Zentrum des Dorflebens. Im Erdgeschoss war, wie gesagt, der Konsum untergebracht, außerdem der Dorfgemeinschaftsraum und eine kleine Bibliothek. In den Wohnräumen und sogar im Keller wurden nach 1945 zuerst Flüchtlinge aus den ehemals deutschen Ostgebieten untergebracht, später dann überwiegend kinderreiche Familien. Somit wissen wir jetzt auch, was mit den fehlenden Teilen des Treppengeländers passiert ist: Die Winter waren wohl kalt hier.

Rosi Müller erzählt unter dem amüsierten Nicken von Günter:

»Oben im Dachgeschoss gab's ja auch zwei Wohnungen. Und auf dem Flur dazwischen stand eine Toilette. Ohne Sichtschutz. Das war wohl so was wie der Nachttopf, damit man nicht wegen jeder Kleinigkeit im Dunkeln runter auf den Hof zum Plumpsklo musste. Aber wenn Vadder Hubert da oben mal einen abgelassen hat, hatten alle was vom Rosenduft …«

Ich schüttle mich kurz und frage dann weiter: »War denn da oben geheizt?« Allzu oft haben wir das düstere, verwinkelte und muffige Dachgeschoss noch nicht aufgesucht, deshalb weiß ich nur, dass es da oben schlimm aussieht, nachdem die letzten Mieter 1994 ausgezogen sind.

»Ja, mit selbst gebauten Öfen haben sie da geheizt. Mit Briketts und Holz. Immerhin gab's Kaminabzüge. Aber die mussten alles da hochschleppen, das hat man sich zweimal überlegt, wenn's nicht allzu kalt wurde. Und das Dach war undicht und nicht gedämmt. Auch die Zimmerdecken nicht. Eigentlich war das unzumutbar, da oben zu wohnen. Ich weiß, wovon ich rede – meine Tochter Dagmar hat da oben mal gewohnt. Gab nichts anderes.«

Günter schaltet sich wieder ein – mit seinem Fachwissen als Installateur. »Es gab ja hier schon ziemlich früh fließend Wasser im ganzen Haus. Ganz oben auf dem Dachboden hat man in den 1930ern oder so ein Bassin gebaut, in das Wasser gepumpt wurde. Durch den Druck kam das dann überall hin. Schlaues System. Aber irgendwann hatte das Bassin ein Leck – und niemand hat sich drum gekümmert. Unten gab es ja inzwischen die örtliche Wasserleitung. Also sickerte da jahrelang Wasser aus dem Bassin ins Dach, bis es endlich mal entfernt wurde. Habt ihr ja gesehen, wie das den Balken bekommen ist.«

Entgeistert frage ich nach: »Aber ist denn nie jemand von der Stadt gekommen und hat nach dem Rechten gesehen?«

Rosi lacht bitter: »Da oben? Da haben die sich gar nicht hingetraut. Das war ja so versteckt. Die Gabi, die da auch mal gewohnt hat, sagte immer: ›Bis zu uns sind lästige Besucher nie gekommen.‹ Nee, die Leute konnten da oben machen, was sie für richtig hielten. Aber ob das immer gut fürs Haus war?«

Tja, denke ich, wo nicht mal Nervensägen hinfinden, da taucht auch keine Hausverwaltung auf. Aber es ist schon erschütternd, zu erfahren, wie sehr das Haus jahrzehntelang sich selbst überlassen wurde. Letztlich ist es ein Spiegel der ganzen DDR-Tragödie: Man hatte einiges an Vorkriegssubstanz übernommen und dann so lange gewirtschaftet und gewurschtelt, bis es nicht mehr ging. Etwas instand zu halten oder zu erneuern, dafür reichte die Energie meist nicht.

Aber es lag nicht nur am ineffizienten Wirtschaftssystem, dass so vieles verfiel, sondern auch an der Einstellung. Niemand sah und verstand das Haus als Ganzes und kümmerte sich um seine Erhaltung. Niemand fühlte sich verantwortlich – auch nicht für den Park: Jede Mieterpartei hatte eine Parzelle für den Anbau von Kartoffeln und so weiter – aber die meisten nutzten die Fläche auch als Müllkippe für alles Mögliche, von der Autobatterie bis zum Kühlschrank. Man kann deshalb fast froh sein, dass große Teile des ursprünglich viel größeren Parks irgendwann abgetrennt wurden. Heute ist das Wäldchen als Biotop geschützt und prägt den Übergang von unserem »Gutshauspark« zur Landschaft um Volzrade.

Die absurd niedrigen Mieten waren sicher sozial, suggerierten aber auch, dass das Haus und der Park nichts wert seien. Und nach 1990 musste die Stadt plötzlich betriebswirtschaftlich denken: keine oder nur minimale Mieteinnahmen, also auch keine Investitionen in den Erhalt des Gebäudes.

Und dann kam, wie der rettende weiße Ritter auf dem Pferd, Hugo von Pentz. Der Nachfahre der alten Gutsbesitzer-Familie kaufte das Gutshaus 1994 wieder zurück. Ihm ist es zu verdanken, dass der Besitz nicht vollends und unwiderruflich verfiel. Unter anderem ersetzte er die morschen Originalfenster von 1838 (!) und baute die vordere Prachttreppe wieder auf. Dass seine Mittel und vielleicht auch seine Kenntnisse begrenzt waren, sehen wir ihm nach und denken dankbar an ihn. Er kam, ganz Kavalier, der Grande Dame wirklich im letzten Moment zu Hilfe. Fünfzehn Jahre lang bemühte er sich um den Erhalt des Hauses, bis seine Erben es 2009 an unseren Vorbesitzer verkauften. Und jetzt dürfen wir Teil dieser Geschichte sein.

Teil 2:
»Nicht anfassen! Sonst wird's teuer!« – die Sanierung

Nix für Prinzessinnen: Wohnen auf der Baustelle

»Natürlich freue ich mich immer, wenn du mich besuchst, Schwesterchen, das weißt du. Aber im Moment … Du machst dir keine Vorstellung, wie es hier aussieht und wie ich lebe. Ich schlafe auf einer Matratze auf dem Boden, meine Sachen sind in zwei IKEA-Regalen und in Pappkartons. Der Rest unseres Hausrats ist irgendwo im Erdgeschoss eingelagert. Meine Dusche ist eine Ecke der Küche und das Wasser spritzt direkt aufs Parkett. Die Entlüftung des Klos ist ein Fenster, das zum Treppenhaus geht, nicht nach draußen. Die Küche besteht aus zwei ollen Kochplatten. Und alles, alles ist voller Staub. Du solltest meine Haare sehen. Ich sehe aus wie ein Schrat. Es ist herrlich und mir geht's blendend, aber Besuch ist gerade keine gute Idee. Ehrlich gesagt bin ich froh, dass Bruno nur am Wochenende hier ist, weil er diesen Zustand nicht länger als zwei Tage aushalten würde. Ich fürchte, deinen Besuch müssen wir auf den Herbst verschieben.«

Meine Schwester Erika kommt während meiner sprudelnden Rede überhaupt nicht zu Wort – aber sie scheint zum Glück zu verstehen, dass es mir gut geht. Und sie nimmt die Ausladung nicht persönlich, sondern lässt sich in allen Einzelheiten erzählen, wie der aktuelle Stand der Dinge ist.

Dass ich so wohne, wie ich wohne, war die einzige Lösung. Weil es mir undenkbar erschien, so eine Baustelle zu betreuen, ohne vor Ort zu sein. Und wie sollte ich ein Zuhause schaffen, ohne das Haus zu kennen? Seit wir das Gutshaus Volzrade tatsächlich gekauft haben, bin ich so voller Tatendrang, als ob ich ganz lieben Besuch erwarten würde und noch schnell das Haus dekorieren und aufhübschen müsste. Ich würde am liebsten selber Farben und Pinsel kaufen und loslegen, wie ich das sonst immer gemacht habe. Ohne zu essen und zu trinken, bis alles glänzt und strahlt und wieder schön ist. Aber das wäre hier sehr naiv.

Wir mussten Prioritäten setzen, was die Reihenfolge der Maßnahmen angeht. Nach den Gutachten ist klar: Dach und Keller sind am dringendsten. Aber genauso wichtig sind unsere eigenen Wohnräume. Und wir müssen möglichst schnell damit beginnen, Einnahmen zu erzielen. Deshalb muss zumindest mal eine Ferienwohnung fertig werden. Wir haben entschieden, dass unser Gutshaus-Hotel nach und nach entstehen soll – und dass unsere Gäste Teil dieses »Work in Progress« sein sollen. Wer zu uns kommt, darf sehen und erleben, dass hier gerade ein ehrwürdiges Gutshaus gerettet und mit Leben erfüllt wird. Gästen, die einen ungestörten und durchgestylten Fünf-Sterne-Urlaub erwarten, werden wir nicht bieten können, was sie erwarten. Und das wollen wir auch gar nicht. Das Gutshaus war immer der Mittelpunkt eines bunten, arbeitsreichen Lebens auf dem Land und nur ab und an eine Oase der Ruhe.

Mein Plan ist also: Die Bauleitung will ich übernehmen. Dafür muss ich vor Ort sein. Allerdings müsste unsere Wohnung bis dahin wenigstens teilweise fertig sein, was nicht zu schaffen wäre. Wir haben schon die verrücktesten Varianten überlegt wie einen Bauwagen oder ein Wohnmobil. Aber ich will in unserem Haus sein. Und so kam ich auf das Apartment im ersten Stock, das zur Gartenseite hin einen schönen Blick hat und direkt gegenüber von der ersten Baustelle liegt: das Apartment »Akazie«. Aber: »Primitiv« wäre noch eine harmlose Bezeichnung für meine Übergangsbehausung.

Bruno sieht mich entgeistert an: »In dem Loch sollen wir wohnen? Wochenlang? Ist es nicht besser, du leitest die erste Phase von Köln aus?« Er ist immer noch schockiert, wenn er an unseren ersten Besuch in genau diesem Apartment zurückdenkt.

»Bruno, das wäre mir viel zu viel Fahrerei! Ich will und muss vor Ort sein. Und stell dir mal vor, es passiert etwas Unvorhergesehenes und ich hocke 500 Kilometer entfernt und kann nicht eingreifen oder entscheiden. Nein, ich muss jetzt in unser Haus. Lass uns so schnell wie möglich einziehen. Bitte!«

»Aber du wärst dann unter der Woche allein dort mit den ganzen Bauarbeitern …«

»Nein, nicht allein. Rosi Müller ist ja auch noch da. Und über sie komme ich vielleicht auch in Kontakt mit den übrigen Dorfbewohnern.«

»Mir ist aber unwohl bei dem Gedanken, dass du in dieser Bruchbude hausen musst.«

»Ist doch nur übergangsweise. Und ich bin doch nicht aus Zucker. Denk dran, ich habe schon einige Baustellen gemeistert. Das werde ich wohl noch hinbekommen!«

Damit habe ich ihn. Das sehe ich an seinem Gesicht, als er brummelnd sagt: »Da kauft man der Frau ein Herrenhaus – und sie will leben wie die letzte Magd.«

Ich lache und sage: »Am Ende hat Aschenputtel ihren Königssohn und das Schloss doch gekriegt. Also hab keine Sorge, mein Prinz. Außerdem haben wir uns doch auf den Namen Gutshaus geeinigt. Wir wollen doch keine Herren sein.«

Und so lebe ich jetzt seit Wochen auf einer Baustelle. Zum Glück ist Sommer – so komme ich mit drei Jeans und fünf T-Shirts aus. Mein Baubüro besteht aus einem Billy-Regal und einem Tapeziertisch mit einem alten PC drauf. Das Ziel für dieses Jahr heißt: Unsere eigene Wohnung (vier Zimmer im Erdgeschoss) und eine Ferienwohnung im ersten Stock sollen fertig werden. Die Arbeiten am Dach haben wir uns, abweichend von der Gutachter-Empfehlung, erst für Frühjahr 2015 vorgenommen.

»Wann kommt Chef?«
Als Frau unter Handwerkern

Für den Innenausbau haben wir ein polnischstämmiges Bauarbeiterteam aus Hamburg engagiert. Gerne hätten wir eine Baufirma aus der Region genommen, aber als es nach dem Notartermin möglichst schnell losgehen musste, kannten wir hier noch kein Unternehmen, das das hätte übernehmen können. Und unsere Truppe ist zum Glück richtig gut: Die Jungs beherrschen das Arbeiten mit Stuck, das Verputzen mit dem richtigen Material und so weiter. Wir hatten uns schon bei der ersten Besichtigung darüber gewundert, dass der Putz an vielen Stellen großflächig herunterbröckelte. Mithilfe der Gutachter fanden wir heraus, dass bei vorherigen Sanierungen leider falsche Baustoffe und Verfahren verwendet worden sind, die sich mit dem Originalputz und dem Mauerwerk nicht vertrugen. Diese Flächen müssen bis aufs Mauerwerk abgeklopft und mit den historisch richtigen Materialien erneuert werden, zum Beispiel mit Lehmputz und Kalkfarben.

Die Herausforderungen des Denkmalschutzes sind unserem Bauteam also geläufig. Nicht gewohnt sind sie es hingegen, mit einer weiblichen Bauherrin klarzukommen. Ein typischer Dialog mit Herrn Schimanski, dem Chef der Truppe, geht dann so:

Schimanski: »Wann kommt Chef?«

»Herr Schimanski: Die Chefin ist schon da. Steht vor Ihnen.«

»Wann kommt Ihr Mann, Chefin? Der Chef?«

»Am Freitag.«

»Freitag mittags oder abends?«

Zum Glück habe ich schnell einen Draht zu den Männern gefunden, und es hat sich ein freundlich-flachsender Ton etabliert, der meistens gut funktioniert. So sagte Schimanski eines Tages im Herbst zum Beispiel: »Da kommt Chefin mit Moped.«

Ich: »Hä? Ich hab doch gar kein Moped.«

»Aber Chefin geben immer Gaaaas.«

»Tja, bis Weihnachten wollen wir fertig sein. Genauer: An meinem Geburtstag am 20. Dezember will ich in meiner eigenen Wohnung duschen und Essen kochen. Die Küche kommt nämlich am 17. Bis dahin müssen wir fertig sein.«

»Aber Chefin: Das geeeeht nicht.«

»Doch, Herr Schimanski, das geeeeht.«

»Dann müssen wir sonntags arbeiten.«

»Kommt nicht infrage. Sonntags wird ausgeruht und in die Kirche gegangen. Seid ihr nicht katholisch?«

»Ja, natüüüürlich. Aber Gott zahlen schlecht. Auch nicht ganz leise arbeiten am Sonntag?«

Aber in dieser Frage bin ich konsequent. Die Sonntagsruhe, die schon die Bibel vorschreibt, ist mir heilig – auch weil die Qualität der Arbeit und die Sicherheit der Arbeiter leiden, wenn unterschiedslos jeden Tag gearbeitet wird, ohne Pause und ohne Besinnung. Ich denke an meine Oma, die den praktischen Sinn von Glaubensvorschriften sehr gut auf den Punkt bringen konnte: »Was du am Sonntag baust, reißt dir der Montag nieder.«

Außerdem brauche ich die Wochenenden auch für die Zeit mit Bruno. Er kommt meistens freitagabends spät. Wir sind dann beide so erschöpft, dass wir am Samstagvormittag lange ausschlafen. Dann machen wir eine Baustellenbegehung und nehmen uns auch mal private Zeit, die nichts mit der Baustelle zu tun hat, wie kleine Ausflüge und so weiter. All das ginge nicht, wenn Bauarbeiter anwesend wären. Da könnten wir nicht abschalten. Und das müssen wir angesichts dieser monatelangen Herkulesaufgabe dringend.

Zurück in die ersten Wochen. Abends habe ich meist ein Stündchen für mich. Und wenn ich dann nicht sofort einschlafe, genieße ich das besondere Licht des norddeutschen Sommers mit seinen langen, warmen Abenden. Manchmal radle ich die paar Kilometer bis an die Elbe, schaue auf den Strom und telefoniere dort manchmal mit Freundinnen. So wie an diesem Abend, als meine Ex-Kollegin Sabine dran ist. Sie hat sich gerade zunehmend beeindruckt angehört, was ich alles im Blick haben, koordinieren und entscheiden muss, und fragt jetzt: »Sag mal, hast du eigentlich mal eine Ausbildung in einer Baufirma gemacht, dass du dir das alles zutraust?«

Ich antworte: »Nö. Das kommt einfach so.«

»Wie – ohne jede Erfahrung?«

»Na ja, nee. Ich hab so was schon gemacht, im kleinen Maßstab. Hier mache ich jetzt sozusagen meinen Meister im Bauen. Aber gelernt habe ich schon früh.«

»Wieso? Wo? Wann?«

»Ach, meine Eltern haben eigentlich alles selbst gemacht. Kochen, Backen, Einmachen, Nähen, Gärtnern, Malern, Tapezieren. Alles eben. Erstens, weil sie keine Handwerker oder Fertigprodukte hätten bezahlen können. Und zweitens, weil sie es nicht anders kannten aus Russland. Da hieß es: Hilf dir selbst, sonst hilft dir keiner. Im Sozialismus musste man möglichst alles selbst machen. Vor allem, wenn man keinen Pfusch haben wollte.«

»Und ihr Kinder musstet immer mithelfen?«

»Musstet ... ich weiß nicht, ob ich es so nennen würde. Das klingt immer gleich so nach ›Kinderarbeit‹ und großer Empörung. Es war jedenfalls völlig selbstverständlich, dass wir sechs Kinder nicht faulenzten oder spielten, während unsere Mutter kiloweise Obst putzte. Ich erinnere mich heute auch gerne daran, wie wir dabei alle um den Tisch saßen oder im Garten gemeinsam Kirschen pflückten und uns gegenseitig im Kirschkernweitspucken übertrafen. So waren wir als Familie spürbar, haben gemeinsam etwas geschafft und Spaß gehabt. Wir haben erzählt, gelacht, gesungen – und niemand hockte allein in seinem Zimmer. Na ja, wenn ich ehrlich bin: Natürlich fand ich die Pflicht zum Mithelfen damals oft doof – aber wenn die Mutter im Winter dann eins von uns Kindern in den Keller schickte, damit es ein Glas Kirschen hochholte, wusste ich, wofür es gut gewesen war. Und heute bin ich einfach nur noch dankbar dafür, dass wir mitmachen ›mussten‹ – und dafür, was ich dabei alles gelernt habe. Wie viel ich damals ganz nebenbei aufgenommen habe, wird mir oft jetzt erst bewusst. Weil ich Dinge kann und weiß, von denen ich gar nichts geahnt habe. Das sitzt ganz tief drinnen und kommt raus, wenn ich es brauche.«

»Das klingt toll!«, sagt meine Freundin und klingt fast ein wenig neidisch. »Aber Bauarbeiten? Hast du das auch zu Hause gelernt? Als Mädchen? Du kommst doch aus einem eher … traditionell-christlichen Elternhaus, oder?«

»Oh ja!«, bestätige ich. »Allerdings! Aber mein Vater hat sich trotzdem sehr gefreut über mein Interesse an Maschinen, Materialien und Techniken. Ich war seine treueste Assistentin, als er unser Dachgeschoss ausgebaut hat. Er hat mich dann immer ›Fränzchen‹ genannt und meinte, aus mir hätte auch ein Junge werden können.«

»Also hast du nicht mit Puppen gespielt?«

»Doch, doch, klar. Aber ich hab mir eben auch selbst ein Puppenhaus gebaut, aus Kartons und Materialresten wie Teppichresten, Tapetenstücken und so weiter. Ich mochte so was einfach schon immer. Und ich hatte immer ein Bild vor Augen, wie es werden sollte. Wie es am Ende aussehen und sich anfühlen würde.«

»Okay«, sagt sie, »das war also die Lehre. Und wo hat du deine Gesellenzeit gehabt?«

Etwas gedämpfter antworte ich: »In Bielefeld.« Ich fröstele ein wenig, und weiß nicht, ob es an meiner Müdigkeit, am kühlen Abendhauch von der Elbe her oder an der Erinnerung an die Zeit meiner ersten Ehe liegt. Wahrscheinlich alles zusammen.

»Ich habe unsere erste Wohnung eingerichtet, das war natürlich unkompliziert. Dann haben wir, als das zweite Kind unterwegs war, eine Eigentumswohnung in einer alten Villa gekauft. Das war schon eher vergleichbar mit dem Gutshaus. Die Wohnung war sehr schön in der Beletage gelegen, hatte aber leider weder Küche noch Bad und nur ein Etagenklo. Deswegen war sie für uns überhaupt nur erschwinglich.«

»Ja, aber …« Sabine muss gar nicht weiterreden.

»Natürlich geht es nicht ohne Bad und Küche, mit zwei kleinen Kindern. Ich habe aber schon bei der Besichtigung gesehen, dass man das hinkriegen kann. Ich habe zu meinem heutigen Ex-Mann gesagt: ›Bisschen Farbe und Tapete, das Badezimmer einbauen, die Küche hierhin, und dann ist das hier gemacht.‹

Also haben wir die Wohnung gekauft, sind direkt eingezogen und haben sie umgebaut – geduscht wurde so lange bei der Schwiegermutter. Und ein halbes Jahr später waren Küche, Bad und Klo drin. Sah richtig gut aus.«

»Boah!«, macht Sabine nur. »War da auch Denkmalschutz im Spiel?«

»Jepp. Hilft mir heute sehr, dass ich mich damals durch den Papierkram gequält habe.«

»Wie, das hast auch du gemacht? Was hat denn dann dein …«

Ich falle ihr ins Wort, etwas zu schroff vielleicht: »Lassen wir das Thema.« Ich habe einfach keine Lust, an einem schönen Sommerabend an der Elbe Gedanken an meinen Ex-Mann und seine Probleme zu verschwenden. Also erzähle ich weiter: »Als das dritte Kind unterwegs war, haben wir gemerkt, dass ein Häuschen mit Garten besser ist als eine Wohnung. Also haben wir die Wohnung mit Gewinn verkauft.«

»Und dann?«

»Ja, dann hab ich den Um- und Ausbau des Häuschens koordiniert. Und vieles selbst gemacht. Gerade noch rechtzeitig vor der Trennung«, füge ich grimmig hinzu. »Aber dass ich in der Zeit viel über Innenausbau gelesen habe, davon profitiere ich heute sehr.«

»Tja«, meint Sabine, »so ist am Ende doch alles für irgendwas gut.«

»Ein schönes Schlusswort«, sage ich lachend. »Denn jetzt wird's gerade wirklich frisch hier. Ich radle jetzt zurück zu meinem Schloss. Morgen früh ab halb sieben rattern wieder die Presslufthämmer.«

»Dann weiter viel Erfolg«, ruft Sabine fröhlich ins Telefon. »Und lass dich nicht ärgern von den Männern.«

Der letzte Satz von Sabine hallt in mir nach. Nicht ärgern lassen – das ist gar nicht so leicht. Ich habe schon lange nicht mehr so krass zu spüren bekommen, was es bedeuten kann, eine Frau zu sein. Und ich beobachte mal wieder mit einem gewissen Neid, wie ahnungslos und selbstverständlich Männer durch die Welt spazieren – sie müssen sich über so vieles keine Gedanken machen.

Mit den meisten Handwerkern lässt sich – nach etwas Eingewöhnung – sehr gut arbeiten. Wie mit Herrn Schimanski dauert es manchmal ein Weilchen und klar, der Ton ist mitunter rau. Aber leider gilt auch: Insbesondere die Handwerker, die über fünfzig sind, akzeptieren mich nur selten als vollwertige Gesprächs- und Verhandlungspartnerin. Weder trauen sie mir Sachverstand in technischen und baulich-gestalterischen Fragen zu, noch nehmen sie mich ernst, wenn es um Preise und Konditionen geht. Ich muss jeden Tag von morgens früh bis abends spät um mein Standing kämpfen. Dass ich eigentlich ein freundlicher Mensch bin, hat anfangs ebenfalls zu Missverständnissen geführt. Die Frau, die ihnen Kaffee und Kekse hinstellt, auch mal einen Kuchen backt oder sie zum Mittagessen dazu bittet, kann aus ihrer Sicht unmöglich die Person sein, auf die sie zu hören haben, wenn es um Entscheidungen auf der Baustelle geht.

Ich habe mir angewöhnt, morgens vor dem ersten Gang zu den Handwerkern eine Stimmübung zu machen, damit ich tiefer klinge. Und mich innerlich zu straffen und zu stärken, bevor ich die Tür öffne. So als zöge ich in eine Schlacht. Außerdem bin ich grundsätzlich ungeschminkt, trage eine Brille, binde die Haare streng nach hinten und ziehe möglichst derbe, weite Klamotten an. So unsexy wie möglich.

Wie angespannt ich bin, merke ich, wenn Bruno am Freitagabend kommt. Da bin ich oft immer noch in permanenter Verteidigungsstellung. Bis er sagt: »Komm mal runter! Ich bin nicht dein Feind! Du bist nicht mehr auf der Baustelle. Du kannst die Rüstung jetzt mal ablegen.«

Sein Verständnis für meine Situation ist leider begrenzt. Momentan ist er häufig in Indien und Kanada – ich muss also definitiv alleine klarkommen. Und wenn ich ihm erzähle, wie manche Handwerker mich behandeln, lacht er nur und kann es sich offensichtlich nicht vorstellen. Er ist aus der IT-Branche selbstbewusste Frauen und respektvollere Umgangsformen gewohnt und hat häufig mit der Generation zu tun, für die Gleichberechtigung schon viel selbstverständlicher ist.

Aber er merkt vieles auch nicht, wenn es direkt vor seiner Nase passiert. Wir haben deswegen schon einmal richtig Krach gekriegt. Er hatte mal wieder lachend und beschwichtigend reagiert, als ich erzählte, dass ein Handwerker, ein echt unangenehmer Macho, sich schlicht weigerte, etwas Strittiges mit mir zu klären. Er werde auf meinen Mann warten. Die Information, dass der in Indien sei, nützte nichts. Als Bruno zu mir sagte: »Hab dich nicht so. Handwerker sind so«, wurde ich fuchsig: »Du wirst doch wohl meine Worte nicht anzweifeln.« Da wusste er, dass jetzt höchste Zeit zum Zurückrudern war.

Und dann kam ein Freitagabend, an dem er es selbst erlebte. Er wollte nur dabeistehen und zuhören, wie ich mit den Leuten die Woche rekapitulierte und die nächste plante. Aber sobald er da war, redeten sie nur noch mit ihm. Dem wahren *Cheffe*. Und sie besprachen mit ihm all das noch mal, was ich längst geklärt hatte. So als gäbe es mich gar nicht. Als ich darauf hinwies, behandelten sie mich mit der üblichen Herablassung oder ignorierten mich komplett. Ich bemerkte bei Bruno zwar ein leichtes Kopfschütteln – aber er fachsimpelte trotzdem fröhlich weiter mit den Männern. Erst als wir später zu zweit waren, sagte er – mehr amüsiert als empört – zu mir: »So richtig respektvoll sind die ja wirklich nicht zu dir.«

Ich fauchte zurück: »Und dank dir wird das nächste Woche auch so bleiben.«

Er sah mich völlig verdattert an. »Wieso denn das? Was hab ich denn gemacht?«

»Na nix! Das ist ja das Problem!«

»Hä? Was meinst du denn?«

»Ich hätte von dir erwartet, dass du vor den Handwerkern sichtbar einen Schritt zurücktrittst und klarstellst, dass ich das Sagen habe und nicht du. Es genügt bei diesen Männern nicht, dass du leise den Kopf schüttelst und ab und zu versuchst, mich wieder ins Gespräch zu holen. Das geht vielleicht bei einer Tischgesellschaft. Aber hier musst du eine klare Ansage machen. Du bist zu höflich.«

Ich musste meine Bitte in den nächsten Wochen noch zweimal wiederholen, bis er sich dazu durchrang. Es war sicher nicht leicht für ihn, sich absichtlich kleiner zu machen, aber anders konnte meine Autorität nicht gewahrt werden. Es muss klar sein, dass die Handwerker mich ernst nehmen, wenn er von Montag bis Freitag weg ist.

Und endlich schafft Bruno Klarheit. Die Gelegenheit bietet sich, als es wieder mal einen heftigen Wortwechsel mit dem schlimmsten Macho gibt, einem Trockenbauer. Als der sich bedrohlich vor mir aufbaute und begann, mich zu beschimpfen, habe ich den Raum verlassen. Daraufhin kam er zehn Minuten später hinterher, klopfte aggressiv an die Tür zu unseren Privaträumen und hielt mir wütend vor, ich hätte ihn vor seinen Leuten bloßgestellt.

»Das haben Sie schon selbst erledigt«, erwidere ich so kühl wie möglich. »Bitte sprechen Sie nicht in diesem Ton mit mir!« Woraufhin er stinksauer nicht nur von meiner Wohnungstür verschwindet, sondern gleich die Baustelle verlässt. Und seine Mitarbeiter sowie das Material mitnimmt. Wie ein bockiges Kind. Mann, bin ich wütend! So ein Idiot! So was muss ich mir doch nicht bieten lassen! Alle anderen Gewerke auf der Baustelle haben es mitbekommen und ihre Reaktion ist eindeutig anerkennend, als ich mich etwas beruhigt habe und wieder zur Baustelle zurückgehe. Ein solches Verhalten ist auch an der Baustelle eine Ausnahme und wird nicht gerne gesehen.

Der Trockenbauer kommt erst wieder, als Bruno ihn zum Gespräch bittet – und hat auch noch die Stirn, sich über mich zu beschweren. Brunos »störrische Frau« halte seine Leute durch ständiges Kontrollieren und Fotografieren vom Arbeiten ab. Dieser Auftritt genügt, um Bruno endlich zum Handeln zu bewegen. »Meine Frau hat sich völlig korrekt verhalten und getan, was eine Bauherrin tun muss. Und sie hat klug gehandelt und ist weggegangen, als Sie sie bedroht und beschimpft haben. Dass Sie ihr auch noch gefolgt sind, um sie weiter zu bedrängen, ist eine absolute Frechheit. Sie werden sich bei ihr entschuldigen.«

Patzig erwidert der Mann: »Ich wüsste nicht, wofür.« Er scheint sein Verhalten mir gegenüber tatsächlich für normal zu halten. Da tritt Bruno ganz nahe an den Mann heran. Zwanzig Zentimeter sind ihre Gesichter voneinander entfernt. Höchstens. Und jetzt sagt Bruno ganz ruhig und ohne aggressive Körperhaltung: »Dann ist Ihr Auftrag auf dieser Baustelle hiermit beendet. Sie und Ihre Mitarbeiter schließen am Montag noch die begonnene Arbeit ab, dann packen Sie Ihre Sachen zusammen und stellen uns die Rechnung für die erbrachten Leistungen. Den Rest erledigt dann eine andere Firma, deren Leute sich benehmen können. Haben Sie das verstanden?«

Ich stehe beeindruckt hinter dem Fenster, von wo aus ich das Gespräch im Garten beobachtet habe. Ich bin dankbar, aber auch ein bisschen frustriert. Denn die Verwandlung des aggressiven Polterers ist erstaunlich. Obwohl er Bruno körperlich nicht unterlegen ist, wirkt er eingeschüchtert. Mir gegenüber war er großmäulig und aggressiv – und jetzt ist er nur noch ein kleines Würstchen. Die Fronten sind geklärt und er zieht sich zurück. Es sind ganz primitive Mechanismen, die hier ablaufen. Und sie scheinen nur unter Männern zu funktionieren.

Später umarme ich Bruno. Ich spüre, dass diese Art der Machtausübung auch für ihn ungewohnt ist. Er zittert ein wenig vor Aufregung und unterdrückter Wut. Ich danke ihm mit einem leicht ironischen »Mein Retter!« und frage ihn dann, ob er meinen Frust versteht. »Ich habe mich gefühlt wie damals, wenn ich auf der Straße Ärger mit anderen Kindern hatte und meinen älteren Bruder zu Hilfe holen musste. Aber jetzt bin ich doch eine gestandene Frau.«

»Und Gutsherrin«, fügt Bruno grinsend hinzu. Aber er wirkt auch verlegen. So als dämmere ihm gerade, was es bedeutet, sich als Frau auf der Baustelle behaupten zu müssen.

Einige Tage später beobachte ich in einem Café eine Mutter mit ihrem vielleicht zweijährigen Sohn. Der Kleine ist niedlich – aber er legt schon eindeutige Macho-Allüren an den Tag und kommandiert seine Mutter geradezu herum. Und ich sehe, wie sie das einfach hinnimmt und ihm sozusagen gehorcht, anstatt ihn in die Schranken zu weisen. Ich denke mir: Wir Frauen haben aber auch einen Anteil an der Macho-Kultur. So ehrlich müssen wir schon sein. Praktisch alle Machos sind schließlich von Frauen erzogen worden. Es ist ungerecht, dass die Erziehungsarbeit ganz überwiegend an den Frauen hängt, als Mütter, Kindergärtnerinnen und Lehrerinnen – aber es ist eine Tatsache. Es sind oft Frauen, die veraltete Geschlechterrollen aufrechterhalten. Die ihren Söhnen mehr durchgehen lassen als ihren Töchtern. Die den Töchtern beibringen, im Zweifel lieber nachzugeben. Und selbst emanzipierte Frauen wünschen sich für ihren Sohnemann, auf den sie so stolz sind, oft eine Partnerin, die ihm für seine Karriere »den Rücken freihält« und ihr Enkelkinder schenkt. Wir müssen also alle an uns arbeiten. Und wir als Frauen und als Eltern haben es zumindest ein bisschen in der Hand, ob unsere Kinder liebevolle, tolerante und emanzipierte Erwachsene werden.

Bruno und ich

An das Erlebnis mit meinem Ritter Bruno muss ich denken, als ich einige Woche später mit ein paar anderen Frauen zusammensitze, die in der evangelischen Gemeinde aktiv sind. Wir wollen einen Kirchenkreis gründen, in dem biblische Texte intensiver und mit mehr Zeit besprochen werden können. Und natürlich Klatsch und Tratsch austauschen.

Wir betrachten heute den Text des Vaterunser, den man ja normalerweise gedankenlos runterleiert oder mitmurmelt. Beim Satz »Dein Wille geschehe« zeigen mehrere Frauen belustigt auf mich: »Na, bei euch ist ja wohl klar, wer die Hosen anhat und seinen Willen durchsetzt.«

Ich bin so verdattert, dass ich nicht zurückflachse, sondern ganz ernsthaft frage: »Wie kommt ihr denn darauf? Nur weil ich so eine Schnatterschnüss bin und mich nicht schnell einschüchtern lasse, setze ich mich doch nicht immer durch. Bruno lässt sich zu nichts überreden, wovon er nicht überzeugt ist. Wenn ich mir etwas wünsche, das ihm nicht einleuchtet, schreibt er es ganz hinten auf seine To-do-Liste – und macht es einfach nicht. Auch wenn es von außen so aussehen mag: Ich kriege längst nicht immer meinen Willen.«

Bruno und ich haben oft unterschiedliche Sichtweisen auf ein und dasselbe. Und nicht selten auch verschiedene Meinungen. So, wie wir auch unterschiedliche Temperamente haben und verschiedene Typen sind. All das belebt unsere Beziehung. Wären wir beide so nüchtern, rational und vorsichtig wie Bruno, wäre es schwierig, Visionen zu entwickeln.

Bruno ist eher Schwabe als Italiener. Aber er ist, wie so viele Italiener, ein Ästhet. Das gefällt mir, weil wir am Bau immer versuchen, ansprechende Lösungen zu finden. Und der Schwabe in ihm achtet darauf, dass diese Lösungen uns nicht ruinieren. Wären wir hingegen beide so überschwänglich und intuitiv wie ich, würden wir vielleicht öfter mal Schiffbruch erleiden. Das eine funktioniert nicht ohne das andere. Darin liegt unser Potenzial als Paar. Und natürlich auch das Potenzial für Auseinandersetzungen …

Dass unsere Lebenssituationen ähnlich sind, hilft natürlich – beide haben wir schon eine Ehe hinter uns und die entsprechende Erfahrung, sodass Streits nicht eskalieren, sondern jeder die Weisheit hat, rechtzeitig die Bremse zu drücken. Und Brunos Kinder sind ebenso schon erwachsen wie meine. Wir haben beide freie Bahn für unser Lebensprojekt – und investieren viel dafür. Von Bruno kommt vor allem das Geld. Ich gebe Kraft, Herz, Seele, Ideen und Kreativität hinein. Und natürlich Zeit und Arbeit. Und wir bekommen beide viel zurück.

Dass Bruno viel unterwegs ist, macht mir nichts aus. Das gibt mir die Möglichkeit, meine gesamte Zeit in dieses Projekt zu investieren. Zu zweit lenkt man sich schon viel ab – weil man ja auch Dinge zusammen tun will wie Essen, Kochen etc. Ich muss aber auch mal alleine sein, um meine Gedanken sortieren zu können.

Und weil ich schon vieles erlebt habe, kann ich warten. Wäre ich zwanzig Jahre jünger, würde ich mich vielleicht täglich fragen, wann er endlich um meine Hand anhält. Oder was mit mir nicht stimmt, dass er es nicht tut. Das habe ich hinter mir – und löse das Problem auf meine Weise, wie sich noch zeigen wird. Ich weiß, was er an mir hat. Und was er manchmal aushalten muss. Mit einer Frau, die zufrieden ist mit einem Haus in Blankenese, einer Kreditkarte zum Shoppen, einem kleinen BMW und einem teuren Schmuckstück alle paar Monate hätte er es geruhsamer. Und auch betriebswirtschaftlich wäre das besser kalkulierbar. Aber es wäre auch langweiliger. (Im Übrigen weiß er auch, was ich mit ihm aushalten muss.)

Dass Bruno es nicht immer leicht hat mit mir, dieses Schicksal teilt er mit meinen Eltern. Die habe ich mit meiner Willenskraft und meinem Eigensinn oft an den Rand der Überforderung gebracht. Gut, dass es immer eine große und bedingungslose Liebe gab zwischen uns. Aber Konflikte gab es trotzdem, wie eine Episode aus meiner Kindheit zeigen soll.

Rock oder Hose (1985)

»Lissi, kommst du bitte mal ins Wohnzimmer?« Der Ton meiner Mutter ist unverkennbar: Das wird mal wieder ein »Schwieriges-Kind-Gespräch.« Seufzend lege ich das spannende Buch weg, das ich unbedingt durchhaben will, bevor ich am nächsten Wochenende meine Großtante Tina wieder besuchen darf. Der Sonntagnachmittag ist ideal zum Lesen, gerade an so einem nasskalten Wintertag wie heute. Nach dem Gottesdienst und dem Mittagessen geht jeder bei uns seinen Neigungen nach. Tante Tina hat mir das Tor zur Welt der Bücher geöffnet. Und sie ist die Einzige, mit der ich über die Geschichten sprechen kann, die mich bewegen. Über meine Gedanken dazu. Ich will nämlich nicht nur die traditionellen, braven Mädchen- und Frauenfiguren aus der christlichen Bücherei kennenlernen, sondern Mädchen, die so sind wie ich.

Tante Tina kann ich auch die vielen Fragen stellen, die dauernd in mir aufploppen. Auch mit zwölf Jahren bin ich noch eine berüchtigte »Warum«-Fragerin. Mit drei sei das ja normal, sagen meine Eltern, aber danach müsse man sich doch mal damit abfinden, wie die Welt ist. Doch ich kann das einfach nicht. Ich frage immer nach den Gründen. Und wenn mir etwas nicht einleuchtet, dann suche ich meinen eigenen Weg. Denn die Antwort »Das war schon immer so« hat mir noch nie gereicht. Das ist schwierig für die Eltern und noch mehr für die Großeltern. Meine Oma findet einfach nur: »Du bist bockig.« Und so gelte ich als »schwieriges Kind«.

Als ich ins Wohnzimmer komme, sitzen da nicht nur meine Eltern, sondern – auf den einzigen gepolsterten Stühlen – fünf ältere Herren. Ich kenne sie. Es ist der Vorstand unserer mennonitischen, also freikirchlich-evangelischen Gemeinde. Ein Hausbesuch also. Das ist eigentlich eine gute Tradition in unserer Kirche, in der man sich umeinander kümmert. Der Vorstand sucht die zur Gemeinde gehörenden Familien regelmäßig auf, um Probleme zu besprechen und zu lösen, im Gespräch oder im Gebet. Normalerweise sind die Erwachsenen dabei aber unter sich. Warum also werde ich heute hierher zitiert? Mein Herz schlägt fühlbar schneller, als sich der Gemeindeälteste an mich wendet: »Wir sind hier, um deine Eltern zu fragen, wieso die Elisabeth in Hosen zur Schule geht statt im Rock, wie es sich gehört.« Er sagt nicht »Du«, sondern »die Elisabeth«. Das soll wohl unterstreichen, dass das hier eine Art Tribunal ist. Er fährt fort: »Deine Eltern meinen, wir sollten dich doch selbst fragen. Also?« Ich schaue meine Eltern entgeistert an. Meine Mutter hat ihr »Hab-ich-dir-doch-gesagt!«-Gesicht aufgesetzt. Ich sehe aber, dass sie innerlich zwischen allen Stühlen sitzt. Sie will es den Gemeinde-Autoritäten recht machen und ist sauer, dass ich ihr das so schwer mache. Aber zugleich will sie mir nicht ihre mütterliche Liebe und ihren Schutz entziehen. Mein Vater hingegen sieht aus wie immer in Konfliktsituationen: So, als wolle er sich gerne raushalten, aber zugleich sicher sein, dass sein Wille geschieht. Da erwacht in mir der Trotz und besiegt die Furcht angesichts der einschüchternden Riege älterer Männer. Etwas patzig antworte ich: »Weil's kalt ist.«

Aber wie ist es überhaupt zu dieser Situation gekommen? Und wieso wird eine Zwölfjährige im Deutschland der 1980er-Jahre so etwas gefragt? Nun, die Regeln unserer Glaubensgemeinschaft sind streng und oft bewusst altmodisch. Denn viele deutsche Mennoniten sind zur Zeit von Katharina der Großen nach Russland ausgewandert. Der Druck des sowjetisch-stalinistischen Systems auf Christen und auf Deutschstämmige hat dann dazu geführt, dass man sich eingeigelt und an alte Traditionen geklammert hat. Und so waren viele der Russlanddeutschen, die ab 1976 dank Helmut Schmidts Einsatz aus der Sowjetunion nach Westdeutschland kommen konnten, weitaus konservativer als ihre neuen Mitbürger – und das spiegelte sich insbesondere in den von Heimkehrern geprägten mennonitischen Gemeinden. Die liberale, tolerante und manchmal wertevergessene Spaßgesellschaft Westdeutschlands überforderte die Neuankömmlinge vielfach, sodass sie sich weiterhin abschotteten und an ihren Traditionen festhielten. Weshalb von uns Mädchen auch jetzt noch, 1985, erwartet wird, dass wir Röcke und Zöpfe tragen und uns auf eine Rolle als Hausfrau und Mutter vorbereiten.

Nun hätte ich das mit dem Rock vielleicht (noch) gar nicht infrage gestellt, wenn meine Eltern das Geld für den Bus zur Schule gehabt hätten. Aber sie finden, dass wir ruhig laufen können, sommers wie winters. Man kann ja eine Jacke anziehen, wenn es schneit. Und eine halbe Stunde Fußweg ist kein Problem für Leute, die im weiten Russland aufgewachsen sind. Weil mir der Fußweg aber zu lang und die Tasche mit den Büchern zu schwer ist, habe ich mir kleine Jobs wie Babysitten und Treppeputzen bei Nachbarn gesucht und mir kürzlich von meinem ersten selbst verdienten Geld ein Fahrrad gekauft. Und als der Winter kam, merkte ich: Im sittsamen Rock ist es mir einfach zu kalt. Außerdem hat der Rock es mir ohnehin nicht gerade leichter gemacht in der Schule. Alle anderen Mädchen tragen Hosen, daher hänseln mich alle gerne und ausdauernd wegen meiner Kleidung. Einige Jungs haben mir immer wieder den Rock hochgehoben und »Deckel hoch, der Kaffee kocht!« gerufen. Nicht gerade schön für ein Mädchen am Beginn der Pubertät. Am Ende musste ich mich mit einem der Jungs prügeln, damit er damit aufhörte – ich bin unter Brüdern aufgewachsen, wusste also, wie das geht. Als mein Lehrer, der ziemlich coole Herr Zug, mich zur Rede stellte und wissen wollte, wieso ich mit meinem christlichen Hintergrund gewalttätig werde, antwortete ich: »Ich habe ihn fünfmal gebeten, das zu unterlassen, und er hat nicht gehört. Ich musste mich verteidigen – in der einzigen Sprache, die er versteht. Was kann ich dafür, dass der so schlecht erzogen ist?« Ich wurde nicht bestraft. Und niemand hat mehr »Deckel hoch« gespielt.

Wie dem auch sei: Ich wollte nicht, dass beim Radfahren der Rock hochflog – wegen Kälte und wegen Intimsphäre. Also war ich losgegangen und hatte mir meine erste Jeans gekauft. Und nun sitzen die Herren hier und wollen wissen, wie ich dazu komme. Auf meine Erklärung, dass es kalt sei, kommt die Gegenfrage: »Wieso ziehst du dann kein warmes Kleid an?« Sie suchen offenbar verzweifelt nach einer Lösung, die zu ihrer Vorstellung von Sittsamkeit passt. Ich spüre, wie ein fast schon heiliger Zorn in mir aufsteigt, und lasse zum Erschrecken meiner Eltern alle Vorsicht und alle Furcht fahren: »Warum ist es überhaupt wichtig, was ich anhabe? In der Bibel steht, dass Gott das Herz ansieht. Ich bin im Herzen gut und gläubig und gehöre zur Kirche. Warum spielt es eine Rolle, ob ich Rock oder Hose anhabe? Gott liebt mich so oder so.«

Vollkommen verdattert schauen die Männer sich an. Sie waren auf pubertären Trotz vorbereitet und wissen, wie sie damit fertig werden. Aber zu meiner theologischen Breitseite fällt ihnen nichts ein. Sie haben keine Antwort auf meine Frage. Wie begossene Pudel erheben sie sich, verabschieden sich von meinen Eltern, schenken mir einen bekümmerten »Was-soll-aus-dir-nur-werden?«-Blick und ziehen von dannen.

Kaum sind sie weg, bricht meine Mutter in Tränen aus. »Warum nur musst du uns immer so in Schwierigkeiten bringen, Lissi? Was haben wir dir bloß getan?« Dass sie so verzweifelt ist, tut mir leid. Ihre Moral orientiert sich nun mal an Sätzen wie »Das gehört sich nicht.« Sie will immer eine gute Mutter, eine gute Christin und ein gutes Gemeindemitglied sein. Eine großartige Mutter ist sie ohne jeden Zweifel. Aber für das andere wird von ihr erwartet, dass sie die Familie im Griff hat. Sie denkt, sie müsse dafür sorgen, dass Regeln befolgt werden. Ohne Wenn und Aber. Damit, dass ihr schwieriges »Warum«-Kind ständig die Regeln hinterfragt und deren Sinn erklärt haben will, kann sie nicht umgehen. Dafür sind Regeln in ihrer Welt nicht da. Sie kann nicht aus ihrer Haut und würde nie fertigbringen, was meine Tante Nuja sagte, als sie aus Kanada zu Besuch hier war. Da ich der Tradition gemäß sogar meine Großmutter siezen musste, fragte ich sie, ob ich Sie zu ihr sagen müsse oder Du sagen dürfe. Da nahm Tante Nuja mich in den Arm und sagte: »Weißt du, Kind: Wenn wir zu unserem Herrgott Du sagen können – wer bin ich, dass ich verlangen könnte, gesiezt zu werden?« Nach diesem befreienden Erlebnis habe ich – als Erste aus der Familie – begonnen, auch meine Großmutter zu duzen. Es wurde hingenommen, und kurze Zeit später folgten alle meinem Beispiel.

Immerhin musste ich meine Eltern niemals siezen, wie es von meinen älteren Geschwistern eine Zeit lang noch erwartet wurde. Und meine Mutter siezt ihrer Schwiegereltern bis heute.

Nun steht sie vor mir und versucht es jetzt noch mal pragmatisch: »Kind, nun sag doch mal: Warum die Hose?« – Schon ziemlich genervt antworte ich: »Mama, es ist kalt. Du willst doch nicht, dass ich friere und krank werde.« – »Dann zieh doch die Hose unter dem Rock an«, schlägt sie mit flackerndem Blick vor. Sie weiß um die Sinnlosigkeit ihres Angebots, aber sie will es versuchen. Mit dem Ausbruch, der nun folgt, hat sie nicht gerechnet.

»Mamaaaa! Ich hab's echt schon schwer genug hier, als Aussiedlerkind. Die Mennoniten finden mich zu deutsch, die Deutschen halten mich für eine Russin, weil sie keine Ahnung haben. Wenn ich in der Kirche einen Rock trage, finden die Männer ihn zu kurz und glotzen. Trage ich Hosen, ist es auch falsch. Ich sitze zwischen fünf Stühlen. Wo gehöre ich hin? Wo soll ich hin? Wo will ich hin? Was darf ich? Was ist mein Leben? Wo ist mein Platz, Mama?!«

Die Anspannung des Disputs mit den Gemeindevorständen entlud sich damals in einem verzweifelten Rundumschlag. Wie viel meine Mutter davon verstanden hat, weiß ich nicht. Aber sie und ich wissen, wie viel ich meiner Familie und der mennonitischen Gemeinschaft mit ihrem Zusammenhalt trotz allem verdanke. Und meine Hosen waren von da an kein Thema mehr. Nie wieder.

Auch später gab es schwierige Phasen zwischen meinen Eltern und mir. Einen richtigen Schlag hat mir die Reaktion meines Vaters verpasst, als ich mit einer Gymnasialempfehlung nach Hause kam. Was in anderen Familien Freude auslöst, war für meine Eltern eine Überforderung.

Mein Vater sagte: »Du gehst nicht aufs Gymnasium. Meinst du, du bist was Besseres? Und du willst doch sowieso heiraten und Kinder kriegen. Wieso dann studieren?« Meine Eltern waren selbst nur vier Jahre zur Schule gegangen, und als Zuwanderer kannten und verstanden sie auch das deutsche Bildungssystem nicht. Sie waren typische Arbeiterklasse – dazu passte Studieren nicht. Sicher waren sie auch stolz, eine kluge Tochter zu haben. Aber ich sollte es nicht übertreiben. Spannend wäre es, zu wissen, wie mein Vater reagiert hätte, wenn es einer meiner Brüder gewesen wäre, der mit der Gymnasialempfehlung nach Hause gekommen wäre …

Der Vorwurf, mich für was Besseres zu halten, hat vielleicht dafür gesorgt, meine kindliche Freude daran, im Mittelpunkt zu stehen, in eine Hemmung zu verwandeln. In das Gefühl: Das steht mir nicht zu. Mein Selbstbewusstsein bekam einen Knacks, weil er mich mit diesem Satz komplett infrage stellte. Vorher, in der Grundschulzeit, war ich geradezu eine Rampensau gewesen. Ich habe in der Kirche Gedichte aufgesagt, im Kinderchor gesungen und so weiter. Vorne zu stehen machte mir nichts aus. Ich fand mich gut. Das wurde nun anders.

Das Urteil meines Vaters war lange entscheidend für mich. Bis ich mich recht radikal gelöst habe von diesem »ruhigen Patriarchen«. Bei ihm gab es kein Brüllen und kein Schlagen. Unsere Bekannten dachten, er sei ein lieber Papa, der nicht viel zu sagen habe zu Hause. Er war auch lieb. Aber auch ein Despot. Meine Mutter musste umsetzen, was er wollte. Beziehungsweise: Sie tat es. Weil sie nichts anderes kannte. Sich die Freiheit zu nehmen, die viele Frauen sich ab den 70ern eroberten, hätte ihr Angst gemacht.

Meine Meinung und die meiner Geschwister waren zu Hause nicht gefragt. Und das hat mich, das schwierige Kind, viel mehr gestört als meine Geschwister. Es gab bei uns kein

Tischgespräch auf Augenhöhe über Themen, die uns beschäftigten. Man hat nicht diskutiert – weder über elterliche Anordnungen und Verbote noch über das Leben und die Welt. Dennoch hörte ich nicht auf, nachzufragen und meine Meinung zu sagen. Als ich dann siebzehn war, sagte mein Vater an einem Abend zu mir: »Wer hat dich denn gefragt? Du hast hier gar nichts zu sagen. Du bist noch grün hinter den Ohren.« Am nächsten Tag bin ich ausgezogen.

Und natürlich haben weder meine frühe, unglückliche Ehe noch die »Schande« der Scheidung das Verhältnis zu meinen Eltern entspannter gemacht. Aber es war immer auch Liebe da. Und sie haben mich sehr viel unterstützt, vor allem durch Kinderbetreuung. Meine Kinder haben nie zu spüren bekommen, dass meine Eltern über einige meiner Lebensentscheidungen unglücklich waren.

Meine Mutter hatte zur Verbindung mit meinem ersten Mann schon früh gesagt: »Wenn du die Erfahrung brauchst, dann nimm sie dir, aber achte drauf, dass da keine Schwangerschaft und keine Ehe draus werden. Das gibt Schwierigkeiten.« Heute weiß ich, dass sie eine Vorahnung von seinen psychischen Problemen hatte oder sogar von ihnen wusste; er war ja ein Kind von Freunden, die auch einer Gemeinde angehörten – allerdings hatte er selbst nichts mit der Gemeinde zu tun. Und sie hatte recht. Hätte sie mich also deutlicher warnen müssen? Seien wir ehrlich: Vermutlich hätte ich dann gesagt: »Jetzt erfindest du sogar eine Krankheit, damit ich nicht gehe!« Oder ich hätte nach dem Motto gehandelt: »Jetzt erst recht! Ich muss ihn retten!« Und vielleicht war es ja damals tatsächlich meine Aufgabe, als stabiles, gesundes Kämpferchen an seiner Seite zu sein, um das irgendwie zu managen mit den Kindern. Mit einer ebenfalls labilen Mutter und diesem Vater wären die Kinder sicher untergegangen.

Die zunehmenden Probleme in meiner Ehe kommentierte meine Mutter dann manchmal in einer Weise, die für mich fast klang wie »Was wunderst du dich, wenn er dich schlecht behandelt, wo du ihm doch dauernd widersprichst?«

Worauf ich antwortete: »Hallo?!? Wenn er Unrecht hat, widerspreche ich!«

Und sie hatte auch Sätze drauf wie: »Es ist egal, welchen Mann man hat – die sind alle gleich!« Ich fragte mich im Stillen, woher sie das wohl wissen wollte. Sie hatte als junges Mädchen einen Mann kennengelernt, war von ihm schwanger geworden und hatte ihn geheiratet. Und anders als ich für immer bei ihm geblieben. Wo also war ihre Erfahrung?

Nach der Scheidung kam dann das »Siehst du« noch mal geballt. Die Botschaft meines Vaters war: »Wenn sie sich gefügt hätte, wär's nicht so gekommen.« Das sagte er mir aber nicht direkt, sondern nur über meine Mutter.

Und als ich zu meiner Mutter sagte: »Der hat mich geschlagen! Ich musste da weg!«, antwortete sie so was wie: »Na ja … Vielleicht hast du doch was falsch gemacht …?«

Danke für die Unterstützung, konnte ich da nur denken. Danke für nix. Und fühlte mich ganz schwach. Nachdem zuerst mein Vater und dann mein Ex-Mann mich kleingehalten hatten, dachte ich, mit mir stimme etwas nicht. Aus dem Loch musste ich nach der Scheidung erst wieder rauskrabbeln.

Aber das ist alles lange her. Ich habe meinen Frieden damit gemacht und vergeben. Mein Vater hat es so gut gemacht, wie er konnte und wusste. Er war die beste Version, die er sein konnte, und an seiner Liebe zu mir hatte ich nie Zweifel. Und bin dennoch meinen eigenen Weg gegangen.

Viele Leute laufen ja ihr Leben lang der Wunschvorstellung ihres Vaters nach. Oder sie machen ihre Eltern für alles verantwortlich, was in ihrem Leben schiefläuft – manche bis ins hohe Alter. Ich finde das ziemlich pubertär. Ab Mitte zwanzig sollte man die Verantwortung für das eigene Leben übernehmen und die Schuld für Misserfolge nicht bei anderen suchen. Das ist übrigens auch eine wichtige Voraussetzung für eine gute Partnerschaft.

Prinzessinnenkleid: die Hochzeit

»Du bedeutest mir sehr viel. Und ich möchte den Lebensweg mit dir weitergehen. Willst du mich heiraten?« Mein Herz schlägt bis zum Hals. Da sind die Ringe. Ja, nun sind sie ausgesprochen, die Worte, die mir schon so lange durch den Kopf gehen. Und jetzt? Wie wird es weitergehen? Von den nächsten Momenten hängt sehr viel ab. Ich glaube, an den Tischen neben uns ist man schon aufmerksam geworden auf das, was hier gerade geschieht. Man kennt es ja aus Filmen. Und die Kellnerin scheint auch etwas gespürt zu haben; sie hantiert im Hintergrund mit einer Champagnerflasche.

Es ist November 2015. Wir sitzen im Restaurant des Hotels am Ziegelsee in Schwerin. Es ist auf spektakuläre Weise in einen früheren Speicher eingebaut worden. Ein passender Ort für zwei Menschen, die gemeinsam ein Gutshaus gekauft haben, um es in ein Hotel zu verwandeln. Ich schaue Bruno mit klopfendem Herzen an. Er hat Tränen in den Augen. Und wie immer, wenn Emotionen hochkommen, versucht er sie mit einem »Du bist doof!« zu überspielen. Als Nächstes sagt er: »Aber nicht sofort. Und unbedingt bei uns zu Hause.« Und schließlich kommt der erlösende Satz: »Ja, ich will.« Auch bei den Leuten an den Nachbartischen löst sich die Spannung und sie applaudieren uns in rührender Weise.

Wer jetzt verwirrt ist, kennt Lissi nicht. Und ihre Ungeduld. Denn ich wollte nicht länger auf seinen Antrag warten. Für mich ist eine Heirat ein Statement nach außen: Ich entscheide mich für diesen Partner. Und zwar dauerhaft. Weil ich überzeugt bin, dass wir zueinander geführt worden sind – von Gott, vom Schicksal, wodurch auch immer. Ich habe mir schon lange gewünscht, dass wir heiraten. Um einander vor aller Welt zu versprechen, dass wir einander stützen wollen. Miteinander lernen. Die Unterschiede zwischen uns annehmen und leben. Kurz: den weiteren Weg gemeinsam gehen.

Natürlich haben wir häufiger über das Thema gesprochen. Und ich merkte, dass Bruno deutlich zurückhaltender war. Nach der Erfahrung mit seiner ersten Ehe fragte er sich (ganz anders als ich): wieso noch mal heiraten? Und in seiner flapsigen Art sagte er manchmal: »Der einzige Vor teil wäre die Steuerersparnis.« Nieder mit der Romantik. Ich sagte ihm klipp und klar: »Wenn du mich nur wegen der Steuern heiraten willst, kannst du sicher sein, dass ich Nein sage.« So war lange der Stand in Sachen Ehe.

Eine Veränderung habe ich im Sommer gespürt. Unsere neuen Freunde Mandi und Motte – von denen ich noch mehr erzählen werde – sprachen viel über ihre kirchliche Hochzeit. Und zu erleben, wie emotional der kernige Rocker Motte darüber sprach, was ihm ihre Ehe bedeutet und wie sie an ihrer Beziehung arbeiten, hat nicht nur mich, sondern erkennbar auch Bruno beeindruckt. An dem Abend durchrieselte es uns beide ganz warm, das hatte ich deutlich gespürt.

Aber es kam weiterhin kein Antrag. Klar, wir hatten mehr als genug um die Ohren mit den Bauarbeiten im Haus, und Bruno war viel auf Geschäftsreisen. Aber ich wurde langsam ungeduldig. Ich wollte in Weiß heiraten – und dafür sollte frau nicht zu alt sein.

Also pfiff ich irgendwann auf die Tradition und beschloss, selbst den Antrag zu machen. Wieso soll das immer der Mann tun? Aber dann begann sofort das Grübeln: Mit welchen Worten mache ich es? In welcher Situation? An welchem Ort? Wie vermeide ich es, ihn zu überrumpeln? Erst recht in der Öffentlichkeit? Und vor allem: Was mache ich, wenn er Nein sagt? Hat er dasselbe Vertrauen in uns wie ich? Beim Nachdenken über das Wie, Wann und Wo und über die Fallstricke begriff ich zum ersten Mal, was für eine Last da auf den Schultern der Männer liegt. Auch emanzipierte Frauen lehnen sich ja gerne zurück und überlassen diese heikle Frage dem Mann. Weil es »romantischer« sei. Man kann es auch verstehen als: »Soll er doch riskieren, sich einen Korb zu holen. Ich lieber nicht.« Na ja, ich habe es jedenfalls gewagt, mit klopfendem Herzen. Und ich habe gewonnen. Bruno gewonnen. Auf einer Designermesse hatte ich zwei schöne, leichte, elegante Ringe entdeckt und gekauft. Und dann den Tisch im Speicherhotel reserviert. Und es wurde ein sehr, sehr schöner, inniger Abend. Ein Ja zu uns als Paar. Wir strahlten mit den Kerzen um die Wette. Und spürten eine Innigkeit, die nur durch dieses Jawort möglich geworden war.

Dass Bruno als Erstes »nicht sofort« und »bei uns zu Hause« sagte, war übrigens keine Enttäuschung für mich, sondern passte bestens zu meinen Überlegungen. Weil das Haus eine Baustelle war, kam nur eine Sommerhochzeit infrage. Und welcher Ort wäre geeigneter dafür als unser Park – der bis dahin hoffentlich offizielle Außenstelle des Standesamts Lübtheen sein würde. Weil das Gutshaus ein perfekter Ort für eine Hochzeit ist.

Es stand also fest: Wir heiraten. Und zwar im Sommer 2016. Aber wie genau? Mit wem? Und was sollte ich anziehen? Als ich in die Planungen einstieg, merkte ich schnell, dass mein Kopf voller Schubladen war. Eine Pferdekutsche. Ein weißes Kleid. Ein Dresscode für Gäste. Weiße Pavillons im Park. Was man sich eben so zusammenbaut aus Filmen und so weiter. Dass ich eine glückliche Braut sein würde, stand außer Frage. Seit dem Abend am Ziegelsee schwebte ich auf Wolke sieben. Aber für die vielen praktischen Dinge hätte ich gerne einen Sparringspartner gehabt, der mir behutsam den einen oder anderen Zahn zieht. Nur: Wer sollte das sein? Bruno war zu beschäftigt und auch zu wenig interessiert an weltbewegenden Fragen wie »trägerlos und schulterfrei oder klassisch? Welche Schuhe passen dazu? Und was nehmen wir als Tischdeko?«

Im März 2016 kam dann die Rettung. Auf einer Geburtstagsfeier trafen wir Brunos Halbschwester Andrea und ihren Mann Geri und luden sie zu Ostern nach Volzrade ein. Als wir über unsere Hochzeit sprachen, fragten sie irgendwann, ob wir denn schon Trauzeugen hätten. »Nö, haben wir nicht. Ist ja nicht mehr vorgeschrieben. Brauchen wir nicht«, antworteten wir ganz forsch. Aber etwas kleinlauter schob ich dann nach: »Was machen Trauzeugen denn eigentlich?« Die beiden prusteten los – ich hatte vorher gerade davon erzählt, dass mir die Planungen über den Kopf wuchsen.

»Na bei der Vorbereitung helfen. Das ist doch das Gute an Trauzeugen.« Und dann boten die beiden sich an. Sie wollten die Aufgabe übernehmen. Wir waren dermaßen gerührt. Und dankbar. Ab sofort hatte ich bei Fragen zu Deko, Blumen, Frisuren, Gästelisten, Einladungskarten, Catering und so weiter die beste Begleitung, die ich hätte haben können. Bruno wollte dann auch hilfreich sein und erstellte am nächsten Tag eine Excelliste mit allen bisherigen Ideen – meine eher genialische Art, mit den Planungen zu jonglieren, überzeugte ihn nicht. Ihm wurde dann aber sanft signalisiert, dass eine Hochzeit kein Businessprojekt ist, das man minutiös plant.

Eine wichtige Frage lautete natürlich: Nur standesamtlich oder auch kirchlich? Mir war eine kirchliche Trauung sehr wichtig. Aber ich wusste, dass es Bruno damit anders ging. Seit er als Junge von einem katholischen Priester eine Ohrfeige bekommen hatte, weil er eine kindliche Frage zu einem Glaubensthema gestellt hatte, wollte er nichts mehr wissen von der Institution und war später auch ausgetreten. Ich hingegen hatte in Lübtheen erstmals eine kirchliche Heimat gefunden, was viel mit dem dortigen Pastor Holmer zu tun hatte. Er kommt aus einer alten Pastorenfamilie, steht aber mitten im Leben. So betreut er beispielsweise regelmäßig Suchtkranke. Und er arbeitet mit der norddeutschen Freikirche zusammen, ist also offen für eigenständige Ansätze. Eigentlich sollte es ja auch selbstverständlich sein, dass jemand, der Offenheit, Toleranz und Nächstenliebe predigt, diese auch gegenüber christlichen Brüdern und Schwestern an den Tag legt, die nicht seiner »Amtskirche« angehören. Aber es ist nicht selbstverständlich. Wir haben hier wirklich Glück mit unserem Pastor.

Ich hatte – als Voraussetzung für die bei den Mennoniten übliche Erwachsenentaufe – bereits einen Glaubenskurs bei ihm absolviert und war seit der Taufe berechtigt und entschlossen zu einer kirchlichen Heirat. Also machte ich Bruno mit Pastor Holmer bekannt – und warb vorsichtig für den Gedanken, dass man wegen eines Versagers in Gottes Bodenpersonal nicht gleich alles Kirchliche und den ganzen Glauben über Bord werfen müsse. Bruno war sehr positiv überrascht von unserem Pastor – von seiner Offenheit, von den geduldigen Antworten auf all seine Fragen, von seiner einfühlsamen, freudvollen, liebevollen, zuversichtlichen Art. Und er stimmte einer kirchlichen Trauung zu. Seit damals hat Bruno einen neuen Zugang zum Glauben gefunden und geht gerne mit zu den Gottesdiensten.

Je näher der 6. August kam, desto nervöser wurde ich. Wie sollte ich das alles schaffen, während ich parallel ja weiter Bauleiterin war? Und die Gästeliste für unser Hochzeitsfest war inzwischen auf siebzig Leute angewachsen. Wie sollte ich die unterbringen? Und was taten Andrea und Geri in dieser Stresssituation? Sie entschlossen sich kurzerhand, zwei Wochen vorher zu uns zu kommen – für eine Mischung aus Urlaub und Hochzeitsplanung. Es wurde eine herrliche Zeit – wir machten die Vorbereitung zum Teil des Fests und die Anspannung verwandelte sich in pure Freude auf unseren Tag der Liebe. Auch meine Tochter Pia war da, und später kamen auch Brunos Mutter Dina mit Mann, seine Tochter Claudia, sein Sohn Mario und seine Schwester Gabi. Abends saßen wir gemütlich beim Grillen im Park und bastelten nebenher die Tischdeko. Ich wollte am liebsten fünfzig Millionen Seidenpompons haben. Am Ende haben wir gemeinsam immerhin Hunderte davon gebastelt. Ich habe diese Gemeinschaftlichkeit genossen, wie früher beim Kirschenentsteinen in der Familie. Wir hatten alle einen Riesenspaß. Sogar einen Strandtag an der Ostsee haben wir geschafft.

Allerdings muss man sich von den eigenen Kindern ja oft den kritischsten Blick gefallen lassen. In der Phase der größten Hektik, kurz vor der Hochzeit, sagte Pia irgendwann ganz trocken: »Mama, das ist ja das reinste Trauzeugen-Bootcamp hier. Willst du da nicht ein Geschäftsmodell draus machen? Wer es überlebt, bei dir Trauzeuge zu sein, den schmeißt nix mehr um.« Offenbar bin ich als aufgeregte Braut und Cheforganisatorin der Feier nicht immer soooo entspannt gewesen. Und ich war anscheinend eine Meisterin darin, alle in die Vorbereitungen einzuspannen, die nicht bei drei auf dem Baum waren. Notfalls auch mit der Peitsche. Vor allem unsere beiden Trauzeugen habe ich wohl gut herumgescheucht. Nach der Hochzeit habe ich mich bei den beiden entschuldigt, dass ich so eine »Bridezilla« war. Aber Andrea und Geri sagten, dafür gebe es überhaupt keinen Grund. Gerade weil sie so in alles eingebunden waren, sei eine besondere, liebevolle Verbindung entstanden. Andrea meinte, wir seien alle in einer riesigen rosaroten Love-Bubble gewesen, in der es allen gut ging. Am meisten habe sie das während der Zeremonie in der Kirche gespürt. Und sie wolle es auf keinen Fall missen. Uff! Ich war erleichtert. Aber »Trauzeugen-Bootcamp« ist jetzt der Running Gag in der Familie.

Ein Highlight der Vorbereitung war die Auswahl des Brautkleids mit Pia. Als wir den Brautmodenladen in Hamburg betraten, wusste ich ganz genau, was ich *nicht* wollte: trägerlos und schulterfrei. Aber nachdem ich mehrere Kleider anprobiert hatte, die uns nicht gefielen, fragte die Verkäuferin, ob sie mal etwas vorschlagen dürfe. Und dann kam ein Kleid im Prinzessinnenstyle, lang, mit Pailletten im oberen Teil, und … schulterfrei. Dazu brachte sie einen Kranz und einen Schleier. Und dann war es genau wie in diesem Fernsehformat bei Vox. Ich sagte: »Das ist mein

Kleid!« Weil es sich total richtig anfühlte. Es war wie bei meiner ersten Begegnung mit Bruno: Der ist toll. Den will ich haben.

Auch mit Andrea war ich öfters shoppen – sie brauchte als Trauzeugin ja auch ein Kleid. Und ich bekam glitzernde Pumps. Da Andrea dafür bekannt ist, jedes Kleid anzuprobieren und beim Verlassen eines Geschäfts mit jedem Kleiderbügel per Du zu sein, langweilte Geri sich irgendwann. Er schlenderte hinüber in die Herrenabteilung – und war nach gerade mal zehn Minuten wieder zurück. Mit einer großen Tüte in der Hand. Darin: sein Anzug für die Hochzeit. »War im Angebot. Ich hab gleich drei genommen«, sagte er noch, bevor er weiter geduldig auf uns wartete.

Ein paar Tage später lieferte er das nächste Bubenstück: Für den Großeinkauf für das Fest fuhr er mit Andrea, seiner Tochter Lisa und meiner Tochter Pia nach Hamburg; dort sollten sie am Bahnhof noch eine Freundin einsammeln. Das Ganze nicht etwa mit einem Lieferwagen oder wenigstens einem Kombi, sondern mit seinem ganz normalen Mercedes. Als sie zurückkamen, lief das halbe Dorf zusammen, um das Tetris-Spiel zu bestaunen, mit dem er im Kofferraum nicht nur den Rieseneinkauf, sondern auch den gigantischen pinkfarbenen Koffer der Freundin untergebracht hatte.

Brunos Mutter Dina und seine Schwester Gabi kümmerten sich um das Geschirr. Man hat ja nicht einfach so mal passende Teller und so weiter für siebzig Gäste. Aber nach Brunos Jawort hatten wir begonnen, bei eBay gezielt nach weißem Porzellan mit Goldrand zu schauen. Wir wollten, passend zur Grande Dame, etwas mit Vintage-Shabby-Chic – auch im Hinblick auf spätere größere Events im Gutshaus. Und so hatten wir nach und nach einen schönen Schatz zusammengekauft. Wenn die Verkäufer »Hochzeit« hörten, fragten sie oft etwas bang, ob wir es etwa zum Poltern nehmen wollten. Oft war es nämlich Geschirr mit viel Geschichte, zum Beispiel ein Hochzeitsgeschenk aus den 50ern oder 60ern. Dass es jetzt bei unserer Hochzeitsfeier und auch bei weiteren auf dem Tisch stehen sollte, fanden die Verkäufer wunderbar und erzählten uns oft rührende Geschichten aus ihrem Leben, von dem sie uns jetzt ein Stück anvertrauten. Diese herzerwärmenden Begegnungen waren richtige Geschenke für uns. Manchmal ergab sich dabei auch noch ein »Beifang« wie zum Beispiel ein paar alte Stühle, ein Kronleuchter oder so etwas.

Das zusammengesammelte Geschirr wurde im Park in mehreren riesigen Bottichen gespült (Spülmaschine und Goldrand vertragen sich ja nicht) und dann poliert. Eine Heidenarbeit.

Und dann kam das Fest. Wir hatten uns gewünscht: keine Hochzeitsspiele und keine langen Reden, sondern einfach ein familiäres Sommerfest mit gutem Essen und Musik. Und so wurde es auch: ein sehr entspannter Tag ohne feste Abläufe (nur die kirchliche Trauung und ungefähre Essenszeiten standen fest), mit Sonne, guter Laune und viel Freude. Wie wir es uns gewünscht hatten. Und ich hatte den ganzen Tag Schmetterlinge im Bauch. So viel Glück an einem Tag habe ich nur dieses eine Mal erlebt: All meine Lieben waren da, die Grande Dame gab uns ihren Segen und mein Bruno und ich sagten laut und vor allen »Ja, ich will!« zueinander. Glücklicher geht nicht.

Weil wir den Vertrag zur Widmung von Volzrade zur offiziellen Außenstelle des Standesamts Lübtheen dank toller Unterstützung der Bürgermeisterin eine Woche vor unserer Heirat unterzeichnet hatten, war die erste amtliche Trauung in unserem Park die unsere. Wir saßen in Pavillons mit Tanzböden – die Terrasse war damals noch nicht fertig. Das Buffet und die Getränkebar bauten wir im Keller auf. Das war cool im doppelten Sinne – wir mussten uns keine Gedanken um die Kühlung machen, obwohl August war. Ich hatte eine dreiköpfige Swing-Combo gebucht, die herrlich entspannte, unaufdringliche, jazzige Lounge-Musik spielte.

Für das Catering hatten wir zwei Damen aus dem Dorf und zwei Servicekräfte gebucht – den Rest erledigten Freunde und Familie. Als sich am Tag vor der Hochzeit herausstellte, dass die beiden Damen nicht wussten, wie man Roastbeef macht, zog Geri während der Hochzeit kurzerhand sein Sakko aus und eine Schürze an und nahm die Sache in die Hand. Und ich bereitete am Vorabend der Hochzeit noch stundenlang Kartoffelgratin zu, das dann zum Leidwesen vieler vergessen wurde. Ziemlich verrückt. Wir hatten ja noch den Polterabend in den Knochen, zu dem wir das ganze Dorf zwei Tage vor der Hochzeit eingeladen hatten, als Ersatz für das Dorffest.

Pia überraschte uns zweifach: Zum einen hatte sie eine fantastische Hochzeitstorte gebacken – und zwar heimlich, in der Küche der Ferienwohnung. Und zum anderen hatte sie doch ein Hochzeitsspiel organisiert: Wir mussten ein Herz in ein Laken schneiden und Bruno musste mich da durchtragen. Das war etwas schwierig, weil er sich ein paar Wochen vor der Hochzeit beim Ausgraben von Wurzeln einen Bandscheibenvorfall zugezogen hatte. Und ich hatte etwa gleichzeitig eine Schulter-OP gehabt und danach bei Ärzten und bei mir selbst eine Turbo-Reha erzwungen. Ich hing also wie ein nasser Sack an Bruno. Ein göttlicher Anblick. Aber auch in diesem Moment trug uns das Glücksgefühl unserer Liebe.

Ein toller Moment war die Fahrt zur Kirche. Das mit der Kutsche hatten wir verworfen – sie hätte vom Gutshaus zur Kirche eine Stunde gebraucht. Aber auf einem Autobahnparkplatz hatte ich ein paar Wochen vor der Hochzeit einmal einen goldenen Oldtimer-Mercedes aus den 80ern gesehen und Bruno zugerufen: »Das ist unsere Hochzeitskutsche!« Während er noch den Kopf schüttelte, hatte ich den Fahrer bereits angequatscht – und tatsächlich vermietete er den Wagen manchmal für Hochzeiten, mit sich selbst als Chauffeur. Dank einer Sondergenehmigung durften wir dann auf der schon neu gepflasterten Straßenseite durch Lübtheen zur Kirche fahren, obwohl die Durchgangsstraße wegen der Erneuerung eigentlich gesperrt war.

Pastor Holmer hatte diesen Trauvers für uns ausgewählt:

Vor allen Dingen habt untereinander beständige Liebe. Denn die Liebe deckt auch der Sünden Menge. Und dient einander, ein jeder mit der Gabe, die er empfangen hat, als die guten Haushalter der mancherlei Gnade Gottes (1. Petrus 4,8 und 10).

Das sprach mir aus dem Herzen und passte perfekt. Unsere Gaben haben wir von Gottes Gnaden erhalten und müssen damit haushalten. Und sie einsetzen. Und dankbar sein. Und einander lieben. Das ist passend und wichtig für Bruno und mich, gerade weil wir so verschieden sind. Sonst verfielen wir immer wieder in das Muster: Versteh mich doch und sei so wie ich. Oder wie ich dich gerne hätte. Das funktioniert nicht. Wir müssen immer wieder verhandeln, feilschen und es akzeptieren, wenn wir unterschiedlich sind und Dinge unterschiedlich sehen. Und oft einfach annehmen, dass wir so verschieden sind. Im Englischen sagt man: We agree to disagree. Das geht nur mit großer, vorbehaltloser Liebe.

Ein sehr schönes Beispiel für unser ständiges, liebevolles Ringen war das Thema Hochzeitswalzer.

Dafür braucht man ja zwei Menschen, die tanzen können – und zwar auch miteinander. Ich habe aber nie einen klassischen Tanzkurs besucht, während Bruno ein unglaubliches Tanz- und Bewegungstalent hat. Er hat auch schon auf Meisterschaften getanzt. Würde das passen?

Als Musik haben wir »Moon River« gewählt – das Lied, das Audrey Hepburn in *Frühstück bei Tiffany* singt. Und vor der Hochzeit haben wir mit einem eigens gebuchten Tanzlehrer im Vestibül des Gutshauses trainiert. Bruno erklärte dem Lehrer gerade wortreich, dass ich leider überhaupt nicht tanzen könne, als der Lehrer mich schon packte und durch den Saal wirbelte. Ich schwebte förmlich durch die Gegend, und meine Füße taten genau, was sie mussten. Der Tanzlehrer sagte zu Bruno: »Also, Ihre künftige Frau kann tanzen. Aber können Sie denn führen?« Bruno schaute verdutzt. »Normalerweise natürlich. Aber sie ist so ein Sturkopf – die lässt sich nicht führen.« Der Tanzlehrer und ich grinsten uns an. Wir hatten ja gerade bewiesen, dass ich mich führen lasse. Es muss eben nur sanft geschehen. Am besten, ohne dass ich es merke.

Die Schwarz-Weiß-Fotos unserer Hochzeit hängen im elf Meter langen Flur unserer Wohnung. Und wenn ich mal traurig bin, schaue ich mir die mit den vielen lachenden, glücklichen Gästen an. Wenn ich Sehnsucht nach meiner Familie habe, schaue ich mir das Foto mit meiner Mutter an. Und wenn ich mal sauer auf Bruno bin, dann schaue ich mir das Foto an, auf dem wir uns voller Liebe anstrahlen. Und denke: *Vor allen Dingen habt untereinander beständige Liebe.*

Abschied und Anfang: Ein Tag im Oktober

»Nicht jetzt, Bruno! Nicht heute!«

Wir sitzen am Frühstückstisch. Aber niemand isst etwas. Meine Schwester und ich starren ins Leere. Ab und zu schluchzt eine von uns auf. Es ist der 26. Oktober 2014. Ein Sonntag.

Heute Nacht um vier Uhr kam die Nachricht, dass unser Vater gestorben ist. Es kam nicht überraschend. Er hatte Krebs. Aber jetzt ist es eben passiert. Unwiderruflich wahr.

Es ist gut, dass meine jüngste Schwester Erika hier ist. Wir trauern zusammen und trösten einander. Und ich denke weinend daran, dass mein Vater, der begeisterte Hausbauer und Handwerker, dieses Haus nie gesehen hat. Als wir einzogen, war er schon zu krank. Zu Hause zeigte ich ihm Fotos der ausgewucherten Hecken – und er sagte: »Lissi, die muss nun jemand anderes stutzen.«

Ich weiß, dass mein Vater beeindruckt war von unserer Entscheidung, ein großes Haus zu sanieren, und dass er stolz auf mich war. Ausdrücken konnte er das allerdings nicht. Mit Lob war er noch sparsamer als mit allem anderen im Leben. Er fürchtete wohl, dass man sofort nachlassen würde in seinen Anstrengungen, wenn einem jemand Anerkennung zollte. Oder er hat selbst nie viel Lob bekommen und hatte einfach keine Antenne dafür. Man musste ihn gut kennen, um zu verstehen: Wenn er nicht schimpft, dann findet er es richtig gut. Bruno kennt so was ja von seinen Schwaben: »Nicht gemeckert ist genug gelobt.«

Außerdem fand mein Vater zwar unser Vorhaben gut, nicht aber den Ort. Dass wir auf früherem DDR-Gebiet leben, machte ihn unruhig. Nach den Erfahrungen mit dem russischen Regime und dem Sozialismus wollte er vom Ostblock immer so weit weg sein wie möglich. Wir haben zum Beispiel Verwandte in Erfurt – aber vor 1990 haben wir sie nie besucht. Wenn man hinter dem Eisernen Vorhang gelebt und gelitten hat, geht man nicht freiwillig wieder dahinter, auch nicht besuchsweise.

Als wir das Haus in Mecklenburg kauften, war die gesamte Verwandtschaft skeptisch. Meine Tochter Pia eher aus kulturellen Gründen. Sie hat nur den Kopf geschüttelt und gemeint: »Mama, wat willst du da? Da is doch nix!« Aber mein Vater warnte viel handfester: »Pass auf, Kind! Da können jeden Tag die Russen wiederkommen!« Die Angst und das Trauma saßen tief bei ihm. Hoffentlich bekommt er niemals recht.

Da sitzen wir also mit unserer Trauer und unseren Gedanken. Und ausgerechnet heute, an diesem Tag des Verlusts, hat es an der Haustür geklopft. Sicher jemand aus dem Dorf. Bruno soll ihn abwimmeln. Aber jetzt steht mein Mann in der Küchentür und schaut ganz merkwürdig. Wie vom Schicksal berührt. »Lissi, du musst mal an die Tür kommen.«

»Bruno, mein Vater ist gerade gestorben! Ich will jetzt niemanden sehen.«

»Lissi, ich weiß, du bist traurig, aber du musst.«

»Nein, es geht jetzt nicht!«

Bruno geht noch mal zur Tür – und kommt wieder zurück: »Du musst kommen, Lissi. Rate mal, wer vor der Tür steht.«

Ich zucke nur mit den Achseln. Wer soll es schon sein. Ich sehe Bruno müde an.

»Lissi, es ist Curd-Friedrich von Pentz.« Ich horche kurz auf. Der Bruder von Hugo, dem letzten Erben, ist hier? Bruno insistiert: »Herr von Pentz will Guten Tag sagen. Und sein Elternhaus sehen.«

Ich lasse meinen Kopf noch weiter sinken. Eigentlich interessiert mich alles, was mit der Geschichte des Hauses zu tun hat, aber muss das wirklich ausgerechnet heute sein?

Und dann verstehe ich: Ja, muss es. Gerade heute. Und ich nehme diese Aufgabe an. Ich richte mich auf und gehe langsam zur Tür.

Drei Stunden später sinke ich in meinen Stuhl. Erschöpft, aber unendlich dankbar.

»Es war ein Geschenk, diesen Menschen kennenzulernen, oder? Gerade heute.«

»Ja«, bestätigt Bruno mit belegter Stimme. »Etwas ist heute Nacht zu Ende gegangen – und etwas anderes hat begonnen. Wir wissen jetzt so viel mehr über unser Haus.«

»Und wir haben den alten Herrn glücklich gemacht.« Ich denke an den Nachfahren der Gutsherren, die unser Haus einst erbaut haben, 1840. Dieser 93-Jährige hatte eine so straffe Körperhaltung. Man sah ihm den Reiter an. Und den Landlord alter Schule. Ein englisches Sakko mit Lederflicken auf den Ellenbogen trug er, und die unvermeidliche Cordhose. Ich liebe Cordhosen.

Wir wissen jetzt in der Tat viel mehr über die Ereignisse nach 1994. Damals hat Curd-Friedrichs Bruder Hugo von Pentz das Haus zurückgekauft und bis zu seinem Tod 2009 hier gelebt. Er wohnte dort, wo jetzt unsere Küche ist, im Erdgeschoss. Die beiden Brüder waren sehr jung gewesen, als die Gutsbesitzer 1945 vertrieben worden waren, aber wie die ganze Familie hatten auch sie immer eine enge innere Verbindung zum Haus. Und 1994 verkaufte Hugo alles, was er besaß, verließ sein gemütliches Rentnerdomizil auf Wangerooge und zog hierher, um das Haus zu erhalten.

Wir können jetzt viel besser einordnen, aus welcher Situation heraus er damals an die Arbeit ging und gehen musste. Die Kunststofffenster, die er damals einbauen ließ, haben wir bisher eher kopfschüttelnd betrachtet, weil sie einfach nicht zum Haus passen und außerdem unpraktisch sind: So riesige Fenster darf man nicht einflüglig machen, weil sie beim Öffnen viel zu viel Platz einnehmen und außerdem einfach zu schwer sind und sich schnell verziehen. Deshalb werden wir alle 92 Fenster des Hauses nach und nach austauschen gegen originalgetreue, also zweiflüglige Sprossenfenster aus Holz. Aber die Fenster, die Hugo einbaute, waren gerade noch bezahlbar – und überlebensnotwendig für das Haus. Danach hat Hugo zwei Apartments im ersten Stock vorläufig saniert, indem er zum Beispiel neue Strom- und Gasleitungen legen und Gasheizkörper einbauen ließ. Sein Plan war derselbe wie unserer: Er wollte vermieten, sowohl an Dauermieter wie Rosi als auch an Feriengäste. »Ferienwohnungen im Gutshaus« war sein Plan, und das alte Schild haben wir noch im Keller gefunden. Aber für den großen Wurf fehlten ihm die Kräfte und die finanziellen Mittel. Dennoch verdankt das Haus es nur ihm, dass es noch da ist und seine Bausubstanz für unsere heutigen Pläne noch ausreicht. Dass er damals teilweise geschmacklich danebenlag (Raufasertapete passt einfach nicht zur Grande Dame) und teilweise falsche Materialien verwendete, die nicht zusammenpassten – geschenkt. So gehört nun eben auch der Zementputz, den er statt Kalkputz verwendete, zur bewegten Geschichte dieses Hauses.

All das hat uns Curd-Friedrich berichtet. Und vor allem vieles aus seiner Kindheit und der Geschichte des Hauses vor 1945 erzählt. Er war tief ergriffen vom Wiedersehen mit seinem Elternhaus – und wir mit ihm. Es war rührend, zu erleben, wie er mit seinen Gedanken phasenweise tief in der Vergangenheit zu wandeln schien. So fragte er beim Blick aus einem Fenster mit ganz frischer Empörung: »Wieso hat man denn die Molkerei abgerissen? Das war doch neuester Standard!« Die Molkerei war von etwa 1920 und seit 1945 weg. Aber wir konnten aus seinen Erzählungen und den mitgebrachten Fotos erfahren, dass sie damals wirklich hochmodern war. Weshalb man extra die Bahnlinie über Lübtheen hinaus bis Jessenitz, also bis kurz vor Volzrade, verlängerte, um die Molkereiprodukte nach Hamburg abtransportieren zu können. Die damalige Gutswirtschaft, zu der auch mal das nahe gelegene Redefin gehörte, hatte 700 Hektar Land, Pferdezucht und dazu Schafe, Kühe, Rinder und eben die Molkerei.

Seine Erinnerungen an die Gutsanlage hatte Hugo in einem großen Modell festgehalten, das er in der Eingangshalle aufstellte. Heute steht es im Heimatmuseum im Lübtheen.

Über seine Kindheit im Gutshaus sagte Curd-Friedrich: »Es war ein gutes Leben.« Aber es war kein Leben im Müßiggang, sondern seine Eltern waren permanent am Arbeiten. Und niemals reich. »Wir mussten immer auf den Groschen achten.« Das Haus war der Arbeits- und Verwaltungsbereich einer großen Gutswirtschaft und kein Lustschloss. Nur zu besonderen Anlässen erstrahlte der Ballsaal und es gab feine Gesellschaften mit aufwendigem Essen und edlem Meißner Porzellan. Dieses hatte die Mutter vor der Flucht oben im Bassin des Daches versteckt, aber wer weiß, wo es dann hingekommen ist.

Solche Festivitäten erfüllten gesellschaftliche Erwartungen und auch – bis 1918 – Verpflichtungen gegenüber dem Lehnsherrn, dem Fürstenhaus zu Mecklenburg. Sie waren wichtige gesellschaftliche Ereignisse, die Freundschaften, Geschäftsbeziehungen und auch Hochzeiten hervorbrachten und pflegten. Networking at it's best. So war die Verpachtung der Jagd eine wichtige Einkommensquelle. In den 1920ern, erzählte Curd-Friedrich, habe der Gründer der Shell AG, Henri Deterding, das Haus und die Gegend bei einem solchen Anlass kennengelernt und sofort dermaßen ins Herz geschlossen, dass er die Jagd per Handschlag für zehn Jahre pachtete und den Betrag im Voraus bezahlte. Davon hätten die Eltern die Sanierung und Modernisierung des Hauses Anfang der 1930er bezahlen können. Damals wurde es unter anderem elektrifiziert – unvorstellbar, dass all die Aufgaben, die Beleuchtung und so weiter, bis dahin ohne Strom erledigt worden waren! Auch der – heute nach außen verlegte – Hausbrunnen wurde damals im Keller gebohrt. Und wir können bis heute im Keller rekonstruieren, wo die große Wäschemangel und die Transmissionsanlage dafür standen.

Abends beim Schlafengehen denke ich noch mal an Curd-Friedrichs Besuch. »Bruno, weißt du, was die Botschaft dieses Tages war?«

»Sag du es mir.«

»Es geht weiter. Trotz der Trauer um meinen Vater. Und zwar gleich morgen früh. Ich bin voller Ideen. Das Haus soll wieder so werden wie früher.«

Bruno nimmt meine Hand und sagt feierlich: »Und ich weiß jetzt, wo der Weihnachtsbaum stehen wird.«

Trotz meiner Trauer schmunzle ich vor mich hin. Weil ich das schon lange gewusst habe. Natürlich nicht bei uns im Wohnzimmer, sondern im großen weißen Saal oben – wie früher bei Familie von Pentz. Aber diese Weisheit behalte ich heute mal für mich.

Kurz bevor ich einschlafe, wird mir wieder einmal die große Aufgabe und Verantwortung bewusst, die wir da auf uns genommen haben. Aber erstaunlicherweise habe ich volles Vertrauen in uns. Und ich bin dankbar.

Auf den Hund gekommen: der Eingangsbereich

»Boah! Palladio! Im Ernst?«

Unser Freund Christian, der weitaus italienkundiger ist als Bruno, wirkt beeindruckt. Wahrscheinlich denkt er gerade an seine Studienzeit in Venedig. Und an seine Besichtigungstour zu den berühmten Palladio-Villen in der Nähe. »Dieser geniale Renaissance-Architekt«, schwärmt Christian uns vor, »hat im 16. Jahrhundert entlang eines kanalartigen Flusses, der Brenta, eine ganze Reihe prächtiger Villen für reiche venezianische Kaufleute aus dem Adel gebaut. Und überall in Europa waren diese Villen noch Jahrhunderte später Vorbilder für repräsentative Bauten. Klassizismus eben – also das Nachahmen klassischer Architektur.«

»Und das sogar in Volzrade!«, ergänzen wir mit Besitzerstolz.

Man merkt, dass Christian inzwischen Uni-Dozent ist und es liebt, sein Wissen zu teilen. Wir ziehen ihn gerne ein bisschen damit auf, aber eigentlich können wir davon nur profitieren und genießen es.

Beim Neubau des Gutshauses zwischen 1838 und 1840 (nachdem das Reetdach des alten Herrenhauses aus dem 17. Jahrhundert abgebrannt war) stand tatsächlich eine Palladio-Anlage Pate, die allerdings nicht an der Brenta steht, sondern in der Nähe von Vicenza, ebenfalls im Veneto. Typisch sind die lang gezogene Außentreppe, die gleichmäßige und zurückhaltend geschmückte Fassade – allerdings ohne die für Palladio eigentlich typischen »antiken« Säulen – und das recht flache Dach. In Volzrade ist der »Hut« des charakteristischen »Mittelrisalits«, also der vorspringende Teil der Fassade, während der DDR-Jahre leider ebenso verschwunden wie die historischen Schmuckelemente an der Nordfassade. Von der klassischen Ästhetik des Baus muss man also wissen, um sie zu sehen. Uns helfen dabei alte Fotos – ebenso wie bei der Wiederherstellung, die wir schon in Auftrag gegeben haben.

Die Innenräume gehen gespiegelt rechts und links vom Vestibül, also der Eingangshalle, ab, und im Hintergrund führte einst eine – ebenfalls nach dem Spiegelprinzip gebaute – Doppeltreppe in die »Beletage«, die »schöne Etage«. Hier fanden die großen Bälle und Feste statt, und hier oben wohnte die Gutsbesitzer-Familie. Das Foyer führte zwischen den beiden Treppenaufgängen hindurch zu einer weiteren Flügeltür, die sich zum Park öffnete.

Eine der beiden geschwungenen Treppen wurde allerdings 1863 für eine schmale Stiege in das neue zweite Obergeschoss geopfert. Die Geschichte dieses Umbaus ist recht abenteuerlich. Im etwa einen Kilometer entfernten Jessenitz gab es eine Kaligrube, die regelmäßig durch Sprengungen erschlossen wurde. 1860 vertat sich ein Sprengmeister mal so richtig mit der Menge des Sprengstoffs und verursachte so eine gewaltige Explosion. Die Gesteinsbrocken flogen bis Volzrade; man sieht die Einschläge in das damalige Flachdach, das stark beschädigt wurde, bis heute. Mittlerweile hatte man aber festgestellt, dass ein Flachdach mit Straßenteerbelag und innen liegender Dachrinne, wie es im Veneto funktionieren mag, den mecklenburgischen Regengüssen nicht gewachsen war. Die Regenrinne lief regelmäßig über und das Wasser beschädigte das Mauerwerk. Also nutzte man die Gelegenheit, um die Dachform zu ändern und zugleich weiteren Wohnraum zu schaffen – vor allem für Bedienstete und für Kinder. Die Erschließung dieses neu gebauten zweiten Obergeschosses war aber eine echte Notlösung – eben eine ausgesprochen enge und unbequeme Treppe.

Das Vestibül im unteren Geschoss hat noch original erhaltene Holzfenster mit Rundbogenelementen. Und nur hier gibt es auch noch Originalfensterbänke – genau vier. Alle anderen sind im Lauf der Jahrzehnte verschwunden und durch alle möglichen Konstruktionen ersetzt worden – von Holz über Fliesen bis Beton ist alles dabei, aber am liebsten wurden Pressspanplatten verwendet.

Und auch auf den historischen Fußböden hat jede Generation die Spuren ihrer jeweiligen Epoche hinterlassen. Über die Jahrzehnte wurde immer wieder mit dem jeweils modernen Material eine neue Schicht draufgepackt und die Türen entsprechend abgesägt. Ohne jede Rücksicht auf die Proportionen und die ursprüngliche Gestalt, natürlich. Diese alten Schichten haben wir ganz vorsichtig, eine nach der anderen, wieder abtragen lassen. Dabei kamen jede Menge Überraschungen zum Vorschein, wie Löcher, Fehlstellen und Nässeschäden. Aber wie groß war die Freude, als wir auf der untersten Schicht ankamen: Die alten Schlossdielen waren noch weitestgehend erhalten! Diese Dielen sind teilweise über elf Meter lang – sie stammen also von wirklich großen Bäumen! Und das Holz ist weit über 200 Jahre alt.

Die Fehlstellen haben wir mit teuer beschafften Originaldielen aus der Zeit repariert, dann wurde alles abgeschliffen und eingeölt. Heute zeigen sich die Dielen wieder in all ihrer Pracht, in honigfarbenem Glanz, und tragen mit Stolz die Spuren der Jahrhunderte.

Wie wir von Curd-Friedrich von Pentz wissen, nutzte sein Vater Carl-August die Räume rechts vom Eingang vor 1945 als seine Privatgemächer – so wie wir jetzt auch. Uns war schon aufgefallen, dass die Türen dieses Bereichs keine Klinken haben, sondern Knäufe. Die amüsante Erklärung dafür lieferte uns der alte Herr bei seinem ersten Besuch:

»Unser Jagdhund hatte gelernt, Türklinken zu bedienen. Und weil mein Vater sich dadurch gestört fühlte, hat er sich vom Drechsler diese Drehknäufe anfertigen lassen.« Alle Knäufe waren sehr schön gearbeitet und offensichtlich alt, aber teilweise ramponiert und sehr wacklig. Die Türen zu den Büroräumen des Gutsverwalters und des Inspektors hingegen, links vom Eingang, haben Klinken. Da durfte der Hund rein.

Das Foyer hatte zwar noch die alten Originaltüren mit Kassetten, aber die waren in einem beklagenswerten Zustand. Im Zuge der Sanierung unserer Wohnräume hat der Tischler jede davon in der Hand gehabt. Sie waren abgesägt, zerschlagen und durchlöchert, die schönen Details unter Dutzenden von Farbschichten verborgen. Wo immer möglich, restaurierte der Tischler, was an Substanz noch vorhanden war. Was fehlte, musste nach den historischen Vorlagen reproduziert werden. Obwohl im Laufe der Jahrzehnte einige Türen, Türzargen, Kassetten und Fußleisten verloren gegangen waren, war glücklicherweise doch vieles erhalten geblieben.

Ziemlich aufwendig und aufregend war die Beschaffung neuer Ebenholz-Knäufe für die Türen, 2016. Waren die vorhandenen Knäufe überhaupt (teures) Ebenholz oder eher gegossener Kunststoff? Unser Tischler empfahl uns, mit einem der alten Stücke zu einem sachkundigen, erfahrenen Drechsler aus der Region zu gehen. Nach einer abenteuerlichen Reise über die Dörfer stand ich vor einem niedrigen Holzhaus, das wirkte, als wäre es einem Märchen entsprungen. Ich klopfte an die alte Holztür, und der Drechsler lud mich in seine wohlriechende Werkstatt ein. Er nahm sich Zeit, begutachtete das gute Stück, schabte ein wenig dran herum – und dann tippte er ganz erstaunt auf Ebenholz. Sicherheitshalber schickte er mich aber zur Fakultät für Holzwissenschaften an der Hamburger Uni. Die Leute dort waren extrem nett, untersuchten meinen Knauf unter dem Mikroskop und bestätigten: Es war extrem glattes und gut verarbeitetes Ebenholz von hoher Qualität. Dann empfahlen sie mir einen Händler für spezielle Holzsorten. Dieser ging mit mir zu seiner Schatzkiste mit seltenen Hölzern und ich kaufte einige Ebenholz-Stücke in ausreichender Größe. Gratis dazu bekam ich Tipps für den Transport, die Lagerung und die Verarbeitung. Ebenholz ist nämlich die Diva unter den Hölzern: Es verträgt keine direkte Sonneneinstrahlung (sogar während der Autofahrt sollte ich es in ein Tuch einschlagen) und keine Temperaturschwankungen, sonst splittert es beim Bearbeiten schnell. Der kauzige Drechsler bekam das Holz und den Auftrag für zehn Knäufe (je zwei für die vier Türen und zwei in Reserve) und sagte, er brauche Zeit. Drei oder vier Tage vor unserer Hochzeit klopfte er plötzlich an unsere Haustür und brachte zu unserer Überraschung und mit rührend schüchternem Stolz die fertigen Stücke, liebevoll in Tuch eingeschlagen und in einer Holzkiste. Was ich allein durch diese Beschaffungsaktion gelernt und wen ich alles kennengelernt habe … unglaublich.

Ein Schaden im Vestibül war besonders merkwürdig: In der mächtigen Kassettentür, die zum früheren Dorfgemeinschaftsraum führte, fehlte in der oberen Reihe genau eines dieser Holzrechtecke. Da war einfach eine Glasscheibe drin. Ein Dummejungenstreich? Wir fragten Rosi Müller, aber die sagte nur trocken: »Nee, da kam doch dat Kino durch.« Unsere ratlosen Gesichter entlockten ihr eine etwas ausführlichere Erklärung: »Im Dorfgemeinschaftsraum war manchmal Kino gewesen. Und der Projekter oder wie dat heißt musste draußen stehen, damit dat Bild scharf war.« Der Projektor stand also außerhalb des Raums, an der Wand des Foyers gegenüber der Tür, und strahlte durch das dafür geschlagene Loch hindurch. Es musste schnell, praktisch und preiswert sein früher. Zu DDR-Zeiten gab es einen mobilen Kinovorführer, der von Rüterberg aus über die Dörfer fuhr und von der Dorfgemeinschaft jedes Mal freudig erwartet wurde. (Die Tochter dieses Herrn hat uns schon einmal besucht und danach ihrem Vater ganz stolz das renovierte Gutshaus gezeigt. Er war sehr gerührt, was daraus geworden ist.) Die heute erwachsenen Männer aus dem Dorf haben uns mit glänzenden Augen erzählt, dass sie als Kinder auf der großen Treppe den Kinovorführer erwartet haben, um ihm dann beim Tragen zu helfen und einen tollen Film zu sehen. Die Leinwand stand übrigens auf einer kleinen Bühne (da, wo heute unser Herd steht), über der das obligatorische Honecker-Bild prangte. Und heute ist der Raum die Vierzig-Quadratmeter-Küche, die ich mir so gewünscht habe.

Die Beletage

»Haben wir im Lotto gewonnen, oder was?« Bruno kratzt sich am Kopf und ist mit seinem typischen Bruno-Riesenschritt schon wieder fast aus der Tür.

Ich beschwichtige und bitte ihn zu bleiben: »Das ist natürlich erst mal Zukunftsmusik. Apropos Musik: Ich hätte hier zu gern ein Klavier drin. Hier müssen Konzerte stattfinden!«

Bruno schweigt vielsagend. Er weiß aus Erfahrung, was zu tun ist, wenn ich euphorisiert bin: Vordertür auf, Hintertür auf, sich flach auf den Boden legen und den Wirbelwind Lissi einfach durchrauschen lassen. Ohne sich in den Weg zu stellen und ohne zu widersprechen. Dann legt er sich von selbst. Und man kann weiterarbeiten.

Wir stehen im ersten Stock, der Beletage – in dem wunderbaren weißen Saal, der über die gesamte Hausbreite geht und das Herz unseres Hauses bildet. Hier ist vieles noch original erhalten: der wunderschöne Holzboden, die umlaufenden Schmucksimse, das Deckengewölbe, die wunderschönen alten Kassettentüren zu den Apartments und die Säulen im klassizistischen Stil. Wie das ganze Gebäude war der Raum beim Kauf 2014 vollständig leer. Kein Möbelstück war mehr vorhanden. Und da er momentan der Lagerplatz für die Baustelle »Ferienwohnung Linde« ist, gibt es natürlich auch weiterhin keine Möbel. Weder Klavier noch Tisch und Stühle noch Anrichten.

Doch ich habe gerade eine alte Zeichnung betrachtet, auf der man die frühere Architektur sieht. Hugo von Pentz hat damals ein schönes kleines Buch herausgebracht über einige

Gutshäuser hier in der Umgebung und deren Geschichten, und darin findet man eine Zeichnung, wie das Gutshaus wohl ursprünglich aussah. Die Decke der ersten Etage bildete ja ursprünglich das Flachdach des Hauses. Und über dem Saal (den man streng genommen als »Foyer« bezeichnen muss) gab es eine gläserne Kuppel und ein Oberlicht, sodass er mit Licht überflutet gewesen sein muss. Was auch deshalb sinnvoll war, weil die große Fensterfront nach Nordosten zeigt, also nicht viel Licht einfängt. Im Sommer ist das günstig, im Winter wirkt der Raum eher düster. Denn mit der Lichtflut von oben war es 1863, als das zweite Geschoss draufgesetzt wurde, vorbei. Doch ich hatte vorhin die Vision, dass man die Sonne durch einen Lichttunnel zurück in den Saal holen könnte. Denn die Stahlkonstruktion der Kuppel ist noch da. Von dieser Vision habe ich Bruno eben erzählt. Und schwärme gerade weiter davon, wie dieser Speise- und Festsaal einmal aussehen wird, gefüllt mit Musik, glücklichen Menschen, Lachen und leise klingendem Porzellan.

Irgendwann kann Bruno sich doch nicht mehr beherrschen. Mit demonstrativer Geduld, wie zu einem Kind, sagt er: »Wollen wir das Dach nicht erst mal reparieren, bevor wir da eine Reichstagskuppel draufsetzen?« Er sagt das so sanft und geduldig, dass ich einfach nur lachen muss. Über mich selbst. Und über sein Geschick im Umgang mit meiner Impulsivität.

»Aber als Idee ist es gut, oder? Das mit dem Lichttunnel.«

»Ja«, bestätigt er knapp. »Schöne Idee.« Womit es definitiv auf die gaaaanz lange Bank geschoben ist. Platz 15.777 auf der never ending To-do-Liste.

Ich besinne mich auf das Naheliegende: »Na ja, eigentlich sind wir ja auch hier oben, um nach der Ferienwohnung zu schauen.«

»Moment noch«, sagt Bruno. »Wie soll eigentlich die Weihnachtsfichte hier reinkommen?« Wir haben für unser zweites Weihnachten im Haus tatsächlich erstmals einen Baum bestellt, der bis zur Decke des großen Saals reicht. Dass drum herum wahrscheinlich Mörtelsäcke liegen statt Geschenke und alles voller Staub ist, nehmen wir hin. Die Baustoffe sind das Geschenk, das wir einander dieses Jahr machen. Bei einem unserer wunderbaren Gartenzaunplausche bot unser Nachbar Klaus uns an, mit dem Fällen einer Tanne bis zum Fest zu warten, falls wir einen Christbaum bräuchten. Und ich sagte sofort: »Mensch, das ist klasse, das nehmen wir gerne an.« Und machte mir von da an Gedanken, was ich ihm zum Tausch anbieten könnte. Hier auf dem Dorf verkaufen Nachbarn sich nichts – wir tauschen.

»Ich denke, der muss durchs Fenster«, sage ich. »Über die Treppe ist zu eng. Aber jetzt lass uns mal nach der ›Linde‹ sehen.«

Getreu der symmetrischen Palladio-Anlage des Hauses gehen vom Saal vier gleichartige Apartments ab. Früher wurden sie von jeweils einer Person bewohnt – der Mutter, der Oma und dem Großvater. Die heutige Wohnung »Akazie« war für die Kinder vorgesehen. Heute ist eines die Wohnung von Rosi Müller, das Gegenüber davon bauen wir gerade aus und die anderen beiden, die zur Treppe hin, bleiben erst mal im Dornröschenschlaf und dienen als Lagerraum für Möbel und Materialien. In einem davon haben wir ja sechs Monate lang gehaust, bevor unsere Wohnräume unten fertig waren.

Die vier Apartments waren ursprünglich gleich aufgebaut – aber diese Raumaufteilung musste erst einmal wieder zum Vorschein gebracht werden. Es fing also mit Abbrucharbeiten an. Aber das kennen wir inzwischen schon von der Sanierung unserer eigenen Wohnung: Meistens muss es erst mal schlimmer werden, bevor es wieder schöner werden kann. Also hieß es zunächst: Trockenbauwände herausreißen, Durchbrüche zumauern, losen Putz abklopfen, Leitungen für Elektrik, Wasser und Abwasser neu verlegen, Stuck reparieren und rekonstruieren.

Aber zurück zu den Räumlichkeiten der »Linde« und der anderen Apartments: Zuerst kommt man in einen kleineren »Empfangsraum«. Früher warteten Besucher dort, bis sie in den Salon gebeten wurden. Wir nutzen diesen Raum für den Einbau einer Küche, denn gekocht wurde in diesen Wohnungen früher nicht. Das erledigte das Personal zentral in der Küche im Untergeschoss. Serviert wurde dann im Speisesaal, an einem großen Tisch, wo die Familie die Mahlzeiten gemeinsam einnahm.

Der Hauptraum jedes Apartments ist der Salon. Er hat größere Türen, die sich zum Empfang und zum Schlafraum hin öffnen und dem Wohnraum so eine angenehme Großzügigkeit verleihen. Der Stuck an der Decke ist aufwendiger als in den restlichen Räumen. Die Nutzung des Salons dürfte früher ähnlich gewesen sein wie heute: Wohnzimmer und gute Stube. Hier standen das Sofa und der Ofen, was bedeutet: Hier spielte sich der Teil des Lebens ab, der nichts mit Arbeit zu tun hatte. Ich stelle mir gerne vor, wie die Damen hier zusammensaßen und vielleicht stickten, sich unterhielten oder sich etwas vorlasen. Womöglich sogar einen Roman des fortschrittlichen Theodor Fontane. Hier war Raum für das kultivierte Leben, und man legte Wert auf eine gute Erziehung der Kinder.

Die schönen alten Kachelöfen waren leider nicht mehr vorhanden – sie hätten aus Brandschutzgründen aber auch gar nicht von Gästen betrieben werden dürfen. Nur im Erdgeschoss ist noch ein Originalkachelofen vorhanden, der nach einer Sanierung auch wieder in Betrieb genommen werden darf.

Apropos Brandschutz: Nicht mal Kerzen werden unsere Gäste anzünden dürfen. Trotzdem sind Rauchmelder in jedem Raum vorgeschrieben – in luftiger Höhe, sodass das Wechseln der Batterien ein akrobatischer Akt mit einer Riesenleiter ist. Mein Albtraum ist, dass die Batterien mal alle sind, während Feriengäste friedlich schlafen, und das Gerät nachts um halb drei anfängt, durchdringend zu piepsen. So was möchte man Gästen natürlich nicht zumuten. Deswegen werden wir die Batterien prophylaktisch jedes Jahr austauschen, das habe ich mir schon vorgenommen. Es muss irgendwo in einer der Exceltabellen stehen, mit denen ich versuche, unsere Pläne und Ideen im Blick zu behalten …

Die andere Salontür führt in einen schmalen Raum, in dem auch früher schon geschlafen wurde Hier standen nur ein Bett, ein Schrank und ein Waschtisch mit einer Schüssel. Was es in den Apartments bis 1930 nicht gab, war fließendes Wasser. Wie aber kam das frische Wasser in die

Schüssel? Und diese in den Schlafraum? Spazierten die Bediensteten etwa mit der schwappenden Schüssel durch den Saal und den Salon ins Schlafzimmer der Herrschaften? Natürlich nicht. Hier kommt der Dienergang ins Spiel – ein Begriff, den ich bis vor Kurzem gar nicht kannte.

In Herrenhäusern waren die Bereiche der Besitzerfamilie und der Dienerschaft säuberlich getrennt. Die Häuser waren so gebaut, dass zufällige Begegnungen so gut wie ausgeschlossen waren. Wer *Downton Abbey* gesehen hat, kennt diese bauliche Trennung der Lebensbereiche. Und so gab es auch im Gutshaus Volzrade ein System von Räumen und Gängen, die nur das Hauspersonal nutzte. Der Dienergang verlief hinter beziehungsweise zwischen den Apartments. Von hier aus konnten die Hausmädchen ins Schlafzimmer und in den Salon gelangen, um die Herrschaften zu bedienen, wenn diese mit der Klingelanlage danach verlangten. Und die Klappen der Öfen zeigten natürlich auch zum Dienergang, denn das morgendliche Anheizen, Nachlegen und Reinigen der Öfen war Aufgabe der Bediensteten. Und so gab es im Salon keinen Aschestaub und keinen Lärm von Schürhaken.

Der Dienergang hinter der »Linde« ist ein relativ breiter, schlauchartiger Raum, der an seinem Ende sogar ein Fenster nach draußen hat – und wir haben ihn in ein exklusives Badezimmer für die Feriengäste umgewandelt. Als wir jetzt hineinschauen und die soeben installierte Dusche mit der Glaswand sehen, scheint es uns, als hätte er nie eine andere Bestimmung gehabt.

»Das ist wirklich großartig«, sagt Bruno anerkennend. »Der Raum behält seine frühere Form und die Wirkung des Rundbogens – und ist für heutige Zwecke nutzbar.« Mit dem Rundbogen meint er die stilvolle Vermauerung der verputzten Ofenschornsteine, die in den Dienergang vorstanden.

»Genau«, sage ich, »der Charakter des Hauses wird erhalten und nicht verbaut. Die Geschichte bleibt sichtbar. Angewandter Denkmalschutz, würde ich sagen.«

»Wer hatte die Idee mit dem Bad eigentlich zuerst?«, fragt Bruno und grinst mich an, gespannt auf meine diplomatische Antwort. Ich tue ihm den Gefallen und sage voller Stolz: »Das war dann wohl eine der vielen guten Ideen unserer Bauleiterin, die du immer so meisterlich unterstützt.«

Der Denkmalschutz

Bruno ist konsequent, das muss ich ihm lassen. Als ich heimkomme, ist eine Mail in meinem Postfach: »Denkmalschutz zurückrufen.« Mir bricht kurz der Schweiß aus. Habe ich was falsch gemacht? Ist irgendein Antrag falsch ausgefüllt worden? Dabei haben wir ein wirklich gutes Verhältnis zu den Leuten vom Landesamt für Kultur und Denkmalpflege in Ludwigslust. Sie scheinen es zu genießen, dass wir sie in der Sorge um die Grande Dame und ihr standesgemäßes Wohl als Verbündete betrachten und nicht als Gegner. Von unserem Vorbesitzer sind sie offenbar eher mit Misstrauen und abweisend behandelt worden. Aber trotzdem: Im ersten Moment denke ich beim Wort »Denkmalschutz« immer, dass sich etwas verzögert, dass etwas (noch) teurer wird als geplant oder dass wir etwas nicht machen dürfen oder sogar rückgängig machen müssen. Sofort rufe ich Bruno an: »Worum geht's denn beim Denkmalschutz?«

Seine Antwort: »Keine Ahnung, Süße. Du bist die Bauleiterin. Und ich war mitten in einem Gedankengang für mein Projekt.«

Ich beneide ihn um die Fähigkeit, sich derart abzugrenzen, und überlege, ob ich ihm erklären soll, dass meine Bauleitung nicht bedeutet, dass er nicht mal fragen könnte, was anliegt. Aber ich spare mir den Text und rufe mit etwas Herzklopfen bei unserem Sachbearbeiter an. Er begrüßt mich so munter wie immer. Und feuert dann eine Frage ab, die mich schon wieder ins Schwitzen bringt: »Wie weit sind Sie denn mit dem Dach?« Ich schlucke. Er hat alles Recht, das zu fragen, denn wir hatten uns das Dach ja für 2015 vorgenommen, und es wird höchste Eisenbahn, das anzugehen. Gleichzeitig weiß ich, dass er um die Herausforderung weiß, vor der wir stehen – auch finanziell. »Wir, äh ... rechnen noch«, stammle ich unsicher in den Hörer.

»Dabei können wir vielleicht helfen«, tönt es geheimnisvoll zurück. »Also mit Geld.«

»Äh ... wie bitte?«, frage ich perplex.

»Ich hatte gerade ein interessantes Gespräch in der Kantine«, erzählt unser Lieblings-Sachbearbeiter. »Ein Kollege hat mich auf einen Fördertopf mit EU-Mitteln aufmerksam gemacht, der noch nicht leer ist. Er erinnerte sich an Ihr ... an unser Projekt in Volzrade, von dem ich ab und zu berichte.«

Ich bin ganz gerührt, dass er »unser Projekt« sagt. Aufgeregt frage ich nach: »Und was heißt das jetzt?«

»Sie müssten einen Antrag stellen. Allerdings am besten schon gestern – er muss dieses Jahr noch geprüft und bewilligt werden, sonst sind die Mittel weg.«

»Das ist ja … großartig. Was … wie … womit … wie soll ich …?« Ich verhasple mich. Natürlich ist es wie immer: Um Entlastung zu bekommen, hat man erst mal noch mehr Belastung. Papierkram, Unterlagen raussuchen, Rücksprache mit Architekten und Baufirmen, aktuelle Kostenvoranschläge.

»Kommen Sie einfach möglichst schnell nach Ludwigslust, dann gehen wir das Formular mal zusammen durch«, bietet er an. »Oder ich maile es Ihnen und wir machen es online. Muss ja schnell gehen.« Der Mann ist wirklich zu gebrauchen.

Fördermittel für den Denkmalschutz sind sehr hilfreich. Aber man darf nicht annehmen, dass sie einem die gesamten Sanierungskosten abnehmen. Schön wär's. Sie sind »nur« dafür gedacht, den Mehraufwand zu decken, den wir aufgrund der Denkmalschutzauflagen haben. Aber das ist schon eine große Hilfe – auch wenn wir die Kosten für das Dach erst mal selbst aufbringen müssen. Ausgezahlt wird die Förderung nämlich immer erst nach der Baumaßnahme und der Begutachtung durch das Amt. Besser als nichts ist das aber allemal.

Seit der Sanierung meines Häuschens in Bielefeld weiß ich, wie wichtig es ist, Grundrisse und Baupläne des Hauses zu haben, an dem man herumwerkelt und in dem man wohnt. Und noch viel wichtiger sind diese Dokumente natürlich, wenn der Denkmalschutz mit im Spiel ist. Schade nur, dass wir für das Gutshaus nichts dergleichen besitzen. Auch Curd-Friedrich von Pentz konnte uns hier keine Hoffnungen machen – sein Bruder Hugo hat ebenfalls vergeblich nach den Plänen gesucht, aber sie sind im Zuge der wechselvollen Geschichte des Hauses leider verloren gegangen.

Das bedeutet, dass wir den Originalzustand des Hauses – beziehungsweise wichtige bauliche Veränderungen wie zum Beispiel 1868 und 1930 – während der Sanierung belassen, sanieren oder wiederherstellen. Das ist der Maßstab des Denkmalschutzes. Anhand eines alten Fotos aus den 1920ern, von Zeitzeugenberichten und von alten Spuren und Fundstücken im Haus rekonstruieren wir die Bauphasen und den Zustand um 1945, so gut es geht. Ein Glücksfall ist beispielsweise, dass es eine kunsthistorische Doktorarbeit von 2007 gibt: Theresa Isbarn-Böhm: *Palladios Architektursprache in Mecklenburg*. Darin geht es auch um unser Haus. Zwar gibt es auch darin keine vollständigen Grundrisse und Baupläne, aber einige alte Fotos und Zeichnungen. Die Unterlagen, die wir brauchen – Aufmaße, Grundrisse und Bauzeichnungen –, haben wir letztlich durch ein Architekturbüro neu anfertigen lassen. Und der freundliche Kontakt zur Familie von Pentz ist auch sehr hilfreich: Wenn wir Fragen haben, telefonieren wir oder freuen uns auf den Besuch der Nachkommen hier vor Ort.

Ein richtiger Glückstreffer war auch ein Fundstück im Keller: In eine tragende Innenwand war im 19. Jahrhundert ein Fenster eingebaut worden, um Tageslicht in den Flur zu bringen. Dieses Originalholzfenster ist immer noch da – und es entspricht genau den anderen Sprossenfenstern, die damals überall im Haus eingesetzt wurden. Vor allem aber war es nie Wind und Wetter ausgesetzt, ist also gut erhalten. Dank dieser Vorlage kann der Tischler nach und nach fast einhundert Fenster rekonstruieren. Das ist aber keineswegs eine Nullachtfünfzehn-Aufgabe. Weil die Fensterlaibungen um zwei bis drei Zentimeter variieren, muss er jedes Fenster einzeln maßanfertigen. Im Übrigen sind die Fenster teilweise riesig, was man oft gar nicht mehr sieht, wenn sie erst mal montiert sind. Als unser wunderbarer Tischler und sein Geselle einmal ein solches Monsterteil hereinschleppten, fragte ich ganz erstaunt, wo denn diese Tür hinsolle. Er schmunzelte nur. Und wenn wir die Fenster putzen, ist es für mich immer wieder überraschend, dass ich ohne Leiter nicht an das Oberlicht herankomme. An solche Größenverhältnisse muss man sich erst mal gewöhnen. Bruno sagt immer: Nimm in dem Haus alles mal acht, oder besser mal zehn.

»Was kann euch das Amt eigentlich alles vorschreiben?« Brunos Schwester Andrea und ihr Mann Geri sind das erste Mal zu Gast und skeptisch gegenüber allem, was mit Behörden und »denen da oben« zu tun hat. Sie erwarten jetzt offenbar eine Schimpfkanonade von mir über die »Schikanen« der Denkmalbehörde. Aber ich enttäusche die Erwartung. »So gehen wir da gar nicht ran. Wir arbeiten eher mit denen zusammen und sind froh über ihre Tipps. Das sind ja fachkundige Menschen.« Sie schauen skeptisch, aber ich kann direkt ein Beispiel nennen: »Wir hätten niemals gewusst, was ein Dienergang ist und wie er genutzt wurde. Aber uns liegt ja etwas daran, das Haus so originalgetreu wie möglich wiederherzustellen. Dafür brauchen wir das Wissen und die Erfahrung dieser Leute.«

Ich erzähle vom Entzücken unserer Sachbearbeiterin und ihres Kollegen über die wunderschönen Holzdielenböden und die teilweise gut erhaltenen Stucksimse in diversen Räumen. »All das wollen wir natürlich erhalten und nach Möglichkeit sanieren und denkmalgerecht ergänzen. Deshalb gehen wir überall sehr sorgfältig und mit Bedacht vor. Immer wieder müssen wir die Arbeiten unterbrechen und aufmerksam hinsehen, um ja keinen der manchmal sehr unscheinbaren Hinweise auf die wunderschönen historischen Details zu übersehen. So haben wir an den Säulen im Vestibül im Erdgeschoss die Schmuckkanten entdeckt und in aufwendiger Arbeit wieder freigelegt oder rekonstruiert. Und ebenso die schon erwähnten Türknäufe aus Ebenholz, die Fußleisten, den Intarsienboden im Vestibül, die Säulenschränke, die Deckengewölbe, die Rundbogenfenster und, und, und …«

Mein Schwager lässt nicht locker: »Aber die schreiben euch doch vor, wo ihr Wände rausreißen müsst und welche Farben ihr verwenden dürft, oder? Also ich würde das nicht wollen, dass bei mir dauernd staatliche Kontrolleure ein und aus gehen.« So scheint unser Vorbesitzer auch gedacht zu haben, wenn wir nach den Erzählungen der Denkmalschützerin gehen.

»Nein, so ist das nicht. Wir haben ja vor dem Kauf schon beim Denkmalamt vorgesprochen und gefragt, was da alles auf uns zukommen könnte und wie die Vorschriften sind. Natürlich haben wir manche Wände aus der DDR-Zeit rausgerissen und manche Barbarei entfernt, die einfach nicht zu unserer Grande Dame passte. Die trägt nun mal keine neonfarbenen T-Shirts und Leggings, sondern feine Kostüme und Kleider. Also keine Raufasertapeten und Flurwände in Terrakotta-Wischtechnik, sondern Stuckleisten, schöne Fußleisten, Türen und Sprossenfenster. Aber wir fühlen uns dazu nicht gezwungen. Wir möchten es einfach so machen, wie es zum Haus passt. Die Leute vom Denkmalschutz geben uns oft wertvolle Ratschläge und liefern immer Erklärungen dazu.

Als es etwa um die Lackierung der schönen alten Türen ging, haben sie uns darauf hingewiesen, dass es im 19. Jahrhundert noch gar kein Reinweiß gab. Hättest du das gewusst? Also wir nicht.«

Geri nickt und scheint sich von seinen Vorurteilen zu verabschieden, wenn auch langsam. Er liebte unser Haus vom ersten Moment an und begleitet das Projekt, als wäre es sein eigenes.

»Ich auch nicht«, gibt er zu. »Aber was habt ihr davon, außer Mehrkosten?«

»Das kann ich dir sagen. Sie haben uns etwas empfohlen. Nicht vorgeschrieben wohlgemerkt – das können sie bei Farben für den Innenbereich –, aber geraten, das hellste Grau zu nehmen, das wir finden können, statt eines knalligen Weiß. Damit würden die Kassetten viel plastischer wirken, weil weniger Licht geschluckt werde. Wir haben es beherzigt und waren dankbar für den Tipp. Tatsächlich habe ich an den alten Türen vorsichtig alte Farbschichten freigelegt und dort exakt den Farbton gefunden, der nun gestrichen wurde. Guck – sieht doch wirklich gut aus, oder?«

»Ja, stimmt«, gibt er zu. »Aber sag mal ehrlich: Was dürfen die alles?«

»Sie können jederzeit um einen Termin bitten und dann kommen und sich ein Bild machen. Und wir müssen ihnen alle Baumaßnahmen ankündigen, bevor wir loslegen. Einfach, um sicherzustellen, dass wir dort, wo wir ohnehin etwas angehen, möglichst fachgerecht und bauhistorisch angemessen vorgehen und nichts verschlimmbessern. Und das wussten wir ja, bevor wir das Haus gekauft haben. Wir wollten ja was Altes. Also vor allem ich. Da war das mit dem Denkmalschutz doch eingeplant.«

»Und was droht euch schlimmstenfalls?«

»Na, wenn wir etwas auf eigene Faust und ohne vorherige Information machen und es nicht denkmalschutzgerecht ist, können sie den Rückbau beziehungsweise eine Nachbesserung verlangen. Und wenn wir irreparablen Mist bauen, können sie uns sogar ein Bußgeld aufbrummen. Theoretisch.«

»Wieso theoretisch?«

»Na, die sind ja nicht dumm. Die wissen, dass ein zu strenges Vorgehen eher dazu führen würde, dass alte Gebäude keine Käufer finden und verfallen. Das ist nicht in ihrem Sinne. Die heißen ja Denkmalamt, nicht Ruinenamt. Deshalb geht es eher um Dialog, um Einsicht, um das Finden von Lösungen und um Vernunft. Um Verantwortungsgefühl. Und nicht um Schikanen und Strafen. Wir suchen gemeinsam die besten und historisch stimmigsten Lösungen für das Haus.«

»Aber was ist, wenn ihr keine Originalmaterialien findet? Oder sie unbezahlbar sind?«

»Dann ist das Amt zum Glück pragmatisch. Sie akzeptieren in der Regel die bestmögliche bezahlbare und machbare Lösung. Das haben wir beim Dach gemerkt, als sie Ziegel im Schieferlook akzeptiert haben und nicht auf Originalschiefer bestanden. Ach, das Dach wollte ich euch ja sowieso zeigen. Traut ihr euch mit nach oben?«

Das Dach

»Stoßt euch nicht den Kopf!«

Geri schaut sich kopfschüttelnd um. »Wie kann denn das sein? Unten so prächtige, herrschaftliche Räume, und hier ein solcher Verhau!«

»Ja, irre, oder? Man kann ganz einfach sagen: Hier oben wohnten die Bediensteten. Das Gesinde, wie es früher hieß. Die Hausmädchen, der Reitlehrer, der Hauslehrer, der Verwalter und so weiter. Das war da hinten auf der Ostseite, wo zu DDR-Zeiten die verstecktesten Wohnungen lagen. Den größten Raum hier oben mochten die Kinder nicht so gerne, hat Curd-Friedrich uns erzählt. Das war die Schulstube der von Pentz'schen Kinder. Hier oben musste man jedenfalls auf Komfort keinen Wert legen.«

»Aber ... man baut doch nicht absichtlich so eine Stiege, bei der man sich den Kopf stößt.«

»Na ja, zum einen waren die Leute früher ja kleiner. Eher so wie Andrea und ich und nicht solche Lulatsche wie du und Bruno. Aber vor allem sah man damals nur diesen einen Platz für den Einbau einer Treppe. Deshalb ist sie so steil geworden. Eine schönere, angenehmere Treppe hätte mehr Platz gebraucht und wäre in die Wohnräume der Beletage eingedrungen.«

»Und das ist schon alles hier? Wo waren denn die Wohnungen?«

»Da.« Ich zeige nach links auf eine niedrige Tür, wie man sie aus Kellerräumen kennt.

»Da? Da ist doch Schluss. Wo geht man denn da durch?«

»Wirst du sehen. Komm mit, wenn du dich nicht gruselst. Ne Taschenlampe hab ich dabei. Ohne geht's nicht.« Ich gehe zwei Stufen hinunter, öffne die Tür und zeige in Richtung eines schummrigen Gangs. Ich stelle mir vor, dass es spätestens hier war, vor dieser Türe, wo alle ortsunkundigen und unerwünschten Gäste abgedreht haben. Dahinter vermuteten sie entweder nichts oder nur den Dachstuhl. Dabei lagen dort nachweislich die beiden Wohnungen, die bis 1994 bewohnt waren.

Ich kenne ihn schon, diesen entgeisterten Blick von Leuten, die ich erstmals in unser zweites Obergeschoss führe. Es ist ein trostloser Ort. Hier vorne herrscht fast Finsternis, weil es zwar Fensterlaibungen gibt, die aber, aus welchen

Gründen auch immer, zugemauert sind. Und die elektrischen Leitungen nach hier oben sind seit Jahren tot. Ein wenig schummriges Licht fällt durch das Oberlicht des Saals in den Durchgang. Hier oben haben sich die Kinder damals versteckt, wenn die Feierlichkeiten im Saal stattfanden, erzählte uns Curd-Friedrich bei seinem Besuch, und das Funkeln in seinen Augen verriet, dass immer noch ein kleiner Junge in ihm steckte.

Die Decke über dem schmalen Gang hängt durch, selbst ich muss mich hier bücken. Der Gang selbst verläuft etwa acht Meter lang geradeaus und knickt dann unvermittelt nach links ab. Wir gehen über bröckelnden Putz, der von den Wänden gefallen ist. Es geht noch mal ein paar Meter geradeaus, dann zwei Stufen hoch – und ich weiß, dass sich spätestens hier jeder fragt, wann ihm Kröten und Spinnen in den Nacken springen werden. Jetzt zwei Stufen hoch, wieder nach rechts um eine Ecke – und wir stolpern fast über ein Klo. Es steht mitten auf dem Flur. Jetzt sehen wir etwas Tageslicht, und unsere Besucher atmen aus. Andrea kann es nicht fassen: »Oh mein Gott! Ich würde es verschließen und nie wieder betreten. Es ist so gruselig!« Geri ist da anders. Er wiegt den Kopf: »Na ja, mit viel Fantasie …« Ich bin erleichtert – wenigstens einer, der mich vielleicht versteht. Bruno will meine Ideen von Hotelzimmern, Café, Konzerten und Hochzeiten noch gar nicht hören und winkt dann lachend ab: »Ja, ja, wenn wir mal Langeweile habe und zu viel Geld, dann fangen wir hier oben an.« Er macht eben gerne eins nach dem anderen. Aber ich fühle schon, wie es hier mal aussehen soll, und bin mir sicher, dass es bis dahin nicht mehr sehr lange dauern wird. Geri sieht, was ich denke, und raunt mir ins Ohr:

»Und du? Was denkst du?«

»Sag es nicht Bruno, der mag das nicht. Aber ich habe schon eine Idee hierfür. Und eine Skizze. Ich weiß, was ich hier machen würde.«

»Nämlich was?«

»Ich sehe hier Hotelzimmer. Mit tollem Blick über die Elbtalauen.«

»Du siehst hier was?!? Hotelzimmer?«

Ich zucke die Achseln. »Ich weiß ja, alle halten mich für irre. Aber ich glaube, dass das hier geht. Wenn auch nicht sofort. Erst mal sind die Ferienwohnungen unten dran. Schau mal die tolle Raumaufteilung: Den Klotz in der Ecke kann man sicher entfernen, die Türen versetzten und schon haste ein paar Räume, natürlich jedes Zimmer mit Bad.«

Mein Schwager schaut mich von der Seite an. Und er ist nicht der Erste, der fragt: »Was für Zeugs muss man rauchen, um solche Visionen haben?«

Hier im Flur steht ein alter Heizofen, man sieht tausend Schichten Tapeten in einzelnen Fetzen von der Wand fallen. Als hätte das Haus keine Kraft mehr, sie festzuhalten, als wäre die Grande Dame kurz vor dem Aufgeben. Es riecht muffig, die alte Strohdämmung der Decke hängt teilweise nur noch an einem Halm vom Balken herunter. Die Kunststofffenster sind verzogen, die Heizungen (sofern vorhanden) hängen an losen Dübeln, der Holzestrich auf den vermutlich darunterliegenden Holzdielen bröselt. Auch er hat aufgegeben. Zu lange schon musste er durchhalten, obwohl er nur als vorübergehende Lösung gedacht war. Dieser Bereich des Hauses sieht so schlimm aus, so traurig. Und dennoch bin ich voller Begeisterung für die Idee, hier etwas Schönes entstehen zu lassen. Die Wunden zu heilen, viele Jahre der Vernachlässigung vergessen zu lassen.

Wir beenden den Rundgang und Geri fragt neugierig, wo es denn in den Dachstuhl hinaufgeht? Wir gehen den dunklen Gang zurück und ich zeige ihm eine Holzleiter, die an der Wand lehnt.

Skepsis steht ihm ins Gesicht geschrieben: »Du gehst hier ins Dach hoch?«

»Ja klar! Einer hält die Leiter, der andere geht hoch und der Letzte muss eben aufpassen.« Wir lachen. Alle gemeinsam kraxeln wir nach oben und zwängen uns durch die kleine provisorische Holztür, wofür insbesondere Geri sich regelrecht zusammenfalten muss. Dahinter öffnet sich der staubige Dachboden mit den uralten Balken und der noch zu restaurierenden Glaskuppel des ursprünglichen Daches. Ein wenig mickriges Tageslicht kommt durch die verstaubten kleinen Dachfenster, aber wir haben auch eine Taschenlampe mitgenommen.

»Passt auf, wo ihr hintretet«, warne ich. »Es können überall noch Schuttbrocken liegen.«

»Und so habt ihr das hier vorgefunden?«

»Oh nein.« Ich muss lachen. »Damals sah es noch viel schlimmer aus. Hier lagen Berge von Bauschutt rum. Und es gab keine andere Möglichkeit, den Schutt wegzuschaffen, als ihn nach und nach mit Eimern runterzutragen. Die

Leute, die das damals machen mussten, verfluchen uns sicher heute noch. Die mussten sich hunderte Male mit den schweren Eimern durch die Türen hier oben quetschen. An der Leiter und an der Stiege haben sie eine Kette gebildet. Und dann alles runter in die riesigen Schuttcontainer im Park. Eine echte Knochenarbeit.«

»Warum habt ihr nicht so eine Schuttrutsche genommen?«

»Ging nicht. Das Dach war schon neu gedeckt und hätte zu sehr gelitten. Das war einer dieser Planungsfehler, die einem passieren.«

»Aber zum Glück nur einmal.«

»Ein schwacher Trost«, lache ich. »Wir haben ja schließlich nur ein Dach.«

Geris Augen haben sich an das wenige Licht gewöhnt und er schaut suchend nach oben.

»Das ist jetzt der sanierte Dachstuhl?«

»Ja, genau. Und die gesamte Dachkonstruktion ist denkmalgeschützt. Die ist ja von 1863. Hier sind also nur Erhaltungseingriffe möglich.«

»Was für Eingriffe?«

»Entschuldigung, ich rede schon das Fachchinesisch der Baubranche. Wir durften Balken nur dann austauschen, wenn die neuen aus demselben Holz waren. Wir mussten also sehr gezielt vorgehen – natürlich auch aus Kostengründen. Wir haben ein aufwendiges Balkengutachten anfertigen lassen. Das hat ein wunderbarer Architekt aus Schwerin gemacht. Der ist tagelang selbst hier oben rumgekrochen und hat gemessen und geprüft. Wir haben den Dachboden dafür mit Scheinwerfern ausgeleuchtet, so gut es eben ging.

Es sah aus, als würde ein Film gedreht. Dann hat er die Statik berechnet und den Plan von Hand gezeichnet. Echt alte Schule. Und dermaßen sorgfältig. Auf seinem Plan gibt es rote Balken – das hieß: sofort austauschen. Die waren richtig verrottet. Teilweise griff man da nur noch in feuchtes Sägemehl. Das betraf jeden dritten Balken und die haben wir schon machen lassen. Für ein kleines Vermögen.«

»Und die anderen Farben sind vermutlich Gelb und Grün, oder?«

»Schlaues Kerlchen. Ja, Gelb heißt: beobachten. Und Grün heißt intakt. Das war aber nur ein Drittel, leider.«

»Und beobachten heißt ...?«

»Regelmäßig checken lassen. Und auf keinen Fall zubauen. Man muss sie sehen können und sie müssen atmen.«

»Und was war der Grund für die Schäden an den Balken? War das Dach undicht?«

»Ja, das war das eine. Als wir das Haus übernahmen, war da so ein Mischmasch aus roten Ziegeln statt der früheren Schieferabdeckung drauf und es regnete rein. Bei der Renovierung kam uns die Denkmalbehörde entgegen und akzeptierte schiefergrau eingefärbte Ziegel – das hatte ich ja schon erzählt.«

»Und was war das andere Problem?«

»Die früher mal innen liegenden Regenrinnen und das Wasserbassin.«

»Innen liegende Regenrinnen? Wasserbassin? Wer macht denn so was? Das klingt ja schon von Anfang an bescheuert.«

»Ja, das hab ich auch gedacht, als ich es zum ersten Mal gehört habe. Ich kannte das nicht.

Aber ich hab mir dann erklären lassen, worin die Vorteile liegen, wenn die Regenrinnen nicht außen am Dach angebracht sind, sondern innen.«

»Na jetzt bin ich ja mal gespannt.«

»Der erste ist die Optik. Zu einem klassizistischen Bau passt so eine außen angehängte Metallkonstruktion nicht besonders gut. Und zweitens ist die Rinne innen natürlich weniger dem Wetter ausgesetzt. Sturmschäden sind ausgeschlossen und Korrosion ist seltener. Die Lebensdauer ist also viel höher. Und dann denk mal an den Herbst. Ihr habt doch auch ein Haus. Und jeden Herbst kletterst du auf die Leiter und sammelst mit klammen Fingern das nasse Laub da raus. Oder lässt es machen. Das hat man natürlich nicht, wenn die Rinne innen verläuft.«

Mein Schwager ist verblüfft. »Stimmt. Hab ich noch gar nicht so gesehen. Aber …«

»Genau«, falle ich ihm ins Wort, »jetzt kommt das große Aber. All diese Vorteile kommen nur zum Tragen, wenn die Rinne fachgerecht installiert ist – und vor allem: Wenn es keine mecklenburgischen Regengüsse gibt. Daher hat man 1863 beim Neubau des Daches doch wieder reguläre Regenrinnen angebracht. Diese sollte man aber natürlich regelmäßig warten und auch reparieren – und genau das hat man zu DDR-Zeiten nicht gemacht. Damals in den 60er-Jahren hat es wohl einen sehr starken Sturm gegeben und die Regenrinne wurde abgerissen. Man hat sie jahrelang nicht ersetzt, teilweise fehlte sie sogar, bis wir das Dach neu gedeckt haben. Und wenn so eine Regenrinne mal leck ist, richtet sie natürlich sehr viel mehr Schaden an, als man zuerst sieht. Dann plätschert das Wasser fröhlich am Haus entlang und dringt ins Mauerwerk ein. Vor allem aber läuft es permanent auf die Balken. Und die faulen dann eben weg. So war's bei uns. Leider.«

»Ist da nicht auch mal was runtergekracht neulich?«

»Puh, ja. Das war ein Mordsschreck. Wie verrottet die Dachkonstruktion war und welche Gefahr bestand, ist uns da erst so richtig klar geworden. Eines Nachts, kurz nach dem Beginn der Sanierungsarbeiten an den Balken, ist plötzlich der Sims über der Eingangstreppe heruntergekracht. Wäre das tagsüber passiert, hätte es Tote geben können. Der Schutt füllte einen ganzen Container. Es stellte sich heraus, dass der mächtige Balken, der den Sims gehalten hatte, vollständig weggefault war und nur noch aus Krümeln bestand. Weil der Balken aber verputzt war, hatten das nicht mal die Gutachter und auch nicht der Architekt gesehen. Letztlich hatte am Ende nur noch der alte Putz den Sims gehalten – bis die Arbeit am Dach begann und alles in Bewegung geriet. Mir wird jetzt noch schlecht, wenn ich daran denke.«

»Das kann ich mir vorstellen. Jetzt sind das Dach und die Fassade aber sicher?«

»Oh ja. Und wir haben den Schmucksims an der Dachunterkante saniert und die seit Langem fehlenden Teile nach historischem Vorbild rekonstruiert.«

Nach diesem abenteuerlichen Ausflug klettern wir zuerst die Leiter und dann die Stiege wieder herunter und begeben uns zurück auf den Boden der Tatsachen. Der ist schließlich verrückt genug – und birgt genügend Überraschungen.

Die Grande Dame spricht mit mir

Nicht nur der Ostflügel des Obergeschosses wäre eigentlich perfekt geeignet, damit ich mich grusele. Ich wirke ja immer gerne energisch und furchtlos, aber in mir steckt auch eine kleine Angsthäsin. Keller habe ich nicht nur als Kind gefürchtet, sondern auch noch als Erwachsene. Wenn ich ins Untergeschoss musste, habe ich immer laut gesungen, um sie zu vertreiben. Wer »sie« sind? Das ist ja das Problem: Ich weiß es nicht. Geister? Ratten? Spinnen? Räuber? Wahrscheinlich alles zusammen. Eben alles, was man sich so vorstellt als Angsthase.

Aber hier in unserem Gutshaus? Nichts. Von Anfang an machte es mir nichts aus, in den Keller zu gehen. Auch wenn ich alleine im Haus bin, fühle ich mich beschützt und geborgen. Dabei ist es der schlimmste Keller, den man sich vorstellen kann: riesig, unübersichtlich, finster, feucht, muffig – und voller Spinnen. Und überall liegen Haufen von altem Zeugs herum, aus denen einen jederzeit etwas anspringen könnte.

Aber dieses Haus ist ein Ort der Geborgenheit. Das habe ich von Anfang an gespürt. Ich würde selbst bei Stromausfall und alleine im Haus bedenkenlos in jeden Raum gehen. Ich weiß, dass das für viele esoterisch klingt, aber: Das Haus hat eine Energie. Eine Aura. Das ist die Grande Dame. Sie hat mich ausgewählt und sich gesagt: »Die Lissi schnapp ich mir – die wird mich retten.«

Dass man eine Aura nicht naturwissenschaftlich nachweisen kann, ist mir bekannt. Und es ist mir egal. Ich bin überzeugt, dass es mehr gibt zwischen Himmel und Erde, als sich auf dem Karopapier eines Physikers nachrechnen lässt. Und nur, weil die Naturwissenschaften manche Dinge nicht messen und erklären können oder noch keinen Namen und keine Formel dafür haben, heißt das nicht, dass es sie nicht gibt. Übrigens wusste auch unsere liebe Rosi vom ersten Augenblick an, dass wir die Richtigen für das Haus sind – und sie liebt es mindestens genauso sehr wie wir.

Die Grande Dame sagt mir regelmäßig, was sie will und was sie braucht. Als Curd-Friedrich uns besuchte und ich ihm erzählte, dass die Küche in der »Linde«, der ersten Ferienwohnung, blau sein würde, nickte er zustimmend und sagte: »Klar, wegen des blauen Salons. Das ist ein schönes Anknüpfen an die Tradition.«

»Wie bitte?«, fragte ich verwirrt. »Welche Tradition? Welcher Salon?«

»Na, die Wohnung hieß bei uns doch ›Der blaue Salon‹. Das war die Wohnung der Frau Mama. Ich dachte, deshalb hätten Sie die Farbe ausgewählt.«

Ich muss lachen: »Nein, das wusste ich nicht. Ich habe das Blau intuitiv genommen.«

Er schaut mich amüsiert, aber auch ein wenig forschend an. Und ich denke bei mir: Ich hab die Farbe gar nicht ausgesucht. Die Grande Dame hat es mir gesagt. Sie hat mich auch alte Farbpigmente finden lassen – allerdings erst, nachdem wir die Küche gekauft hatten.

Bruno sagt immer, ich sei so ungeduldig, was notwendige Arbeiten am Haus betrifft. Aber es ist die Grande Dame, die mich anschiebt und antreibt und jagt. Wie eine liebevolle, aber auch strenge Großmutter: »Kind, gib dir mehr Mühe! Schreib doch mal eine Eins. Eine Zwei entspricht nicht deinen Fähigkeiten!« Sie erwartet, dass ich alles gebe, was ich kann.

Ja, die Grande Dame ist wunderbar, aber nicht einfach. Sie beansprucht ständig Aufmerksamkeit, auch wenn sie ihre Wünsche meistens recht vornehm vorträgt. Beziehungsweise ihre Anweisungen. Sie weiß immer sehr genau, was zu tun ist, und lässt sich davon auch nicht abbringen. Notfalls stampft sie mit dem Stock auf: »Mensch, Elisabeth! Jetzt kümmere dich endlich um das Dach! Mir fehlt der Hut!« Oder: »Wann machst du endlich die Fenster? Die sind meine Augen.« Oder: »Meine Füße sind nass! Du musst was tun! Leg den Keller trocken!« Oder: »Auf der bröckeligen Treppe breche ich mir noch mal die Beine!« Oder: »In zwei Wochen ist das Sommerfest! Wie weit bist du mit den Vorbereitungen? Wie sieht denn der Garten aus?«

Ich muss dann wieder an *Downton Abbey* denken – an Lady Violet, die alte Countess of Grantham, die Maggie Smith so wunderbar spielt.

Wenn ich der Grande Dame sage: »Eins nach dem anderen«, drängelt sie weiter: »Nein! Such dir Leute, die dich unterstützen, verteile die Arbeiten. Du musst nicht alles selber machen. Diese Aufgabe gibst du dem, die nächste dem, und diese beiden musst du jetzt sofort selbst angehen! Und besorg Personal!« Das ist manchmal schon stressig. Die Grande Dame war eben lange Zeit sehr einsam und vernachlässigt. Jetzt will sie, dass wieder Leben ins Haus kommt –so, wie es ihrem Niveau entspricht. Und dafür muss das Haus schön sein – von der Fassade bis zum Saal und den Bädern. Ihre Ansprüche stelle ich nicht infrage. Aber kann ich ihnen genügen? Die Grande Dame erwartet, dass ich das Beste gebe, zu dem ich in der Lage bin, und noch 'ne Schippe mehr. Ich muss Bruno und den Handwerkern vermitteln, was ansteht. Und dass es eilt. Ich sage dann immer: »Das Haus braucht das.« Und viele unserer wunderbaren Handwerker und Helfer, wie zum Beispiel der Tischler, der Zimmermann und die Sanitärfachleute, verstehen recht gut, was ich damit meine.

Ich respektiere die Grande Dame und ihren Wunsch, wieder Gäste zu empfangen. Also sage ich nicht zu ihr: »Setz dich doch ruhig in deinen Sessel und sei froh, dass du nicht im Pflegeheim bist. Und ob dein Hut schön ist oder nicht, ist doch egal. Du bist doch sowieso bald tot.«

Und die Grande Dame weiß ja auch, dass ich tue, was ich kann. Und natürlich ist sie froh, dass sie nicht ins Pflegeheim abgeschoben worden ist; da wäre ihr schneller Verfall die Folge gewesen. Aber mich immer wieder anzutreiben hält sie schon für nötig. Zugleich hat sie Verständnis und schenkt auch Anerkennung. Sie versinkt nicht in Nörgelei, sondern freut sich vielmehr, dass wir da sind und dass wieder Leben im Haus ist. Manchmal, wenn sie sich unbeobachtet fühlt, weil ich hinten im Garten bin, schaue ich sie an und sehe, wie sie schmunzelt und zufrieden mit dem Kopf nickt. Es ist eine respektvolle Zusammenarbeit zwischen der Grande Dame und mir.

Nur manchmal wird sie mir zu anstrengend. Dann muss ich raus, um meine Gedanken zu sortieren und zu verstehen, was die Grande Dame will und braucht. Im täglichen Gewusel, das im Haus herrscht, geht das nicht. Dieses Rausgehen ist so, als wenn man die Oma mal in eine Kurzzeitpflege gibt. Denn die Regeneration der pflegenden Familienangehörigen ist unerlässlich – genauso wie meine persönlichen Ruhephasen sehr notwendig sind.

»Da gehen wir jetzt nicht ran!«

Bruno bettelt förmlich. »Wenn wir das jetzt aufmachen und es dahinter genauso aussieht wie im Zimmer nebenan, dann … kriegen wir Ärger mit dem Budget.«

Ich weiß, was er meint. Manchmal scheint es sinnvoll, eine Maßnahme erst mal zurückzustellen und zum Beispiel eine Wand lieber nicht anzufassen. Denn dahinter könnte sich ein sanierungsbedürftiger Leitungsstrang oder ein denkmalgeschütztes Detail verbergen, das wir erhalten wollen und müssen. Und die daraus folgende Verzögerung und Planänderung bringt mich dann wieder nächtelang um den Schlaf. Weil die Grande Dame dauernd an meiner Schulter rüttelt und mahnt: »Das muss jetzt aber gemacht werden!«

Wir haben einiges gelernt während der bisherigen Sanierung. Und eine dieser Lehren lautet: Es ist alles zehnmal so teuer wie bei einem normalen Einfamilienhaus. Deshalb müssen wir immer wieder gründlich überlegen, was wir wann angehen und in welcher Reihenfolge wir uns durchs Haus arbeiten. Denn eines ist klar: Wenn man eine Stelle aufmacht und einen Schaden sieht, kann man sie nicht einfach wieder zuspachteln; das ist nicht unsere Art. So ging es hier schließlich jahrzehntelang zu. Aber man weiß ja jetzt, dass der Schaden da ist. Und natürlich kann ich der Grande Dame Gummistiefel geben, wenn sie ihre nassen Füße beklagt – aber ihr Sessel steht ja weiterhin im Wasser und fault weg. Doch da wir nicht alles gleichzeitig machen können, müssen wir uns manchmal beherrschen und die Finger lassen von Stellen, die heikel sein könnten. Ab auf die never ending To-do-Liste, Platz 16.578.

Die andere Lehre lautet: Beim Bauen immer bedenken, was später noch ansteht. Weniges hat mich so geärgert wie das, was uns in einem Zimmer unserer Privatwohnung passiert ist: Wir hatten es am Wochenende selbst gestrichen und waren total glücklich. Und am Montag stand der Installateur kopfschüttelnd im Zimmer und sagte beinahe verlegen: »Aber ich muss doch da noch durch die Decke, für die Heizung oben.« Damals habe ich mir geschworen, dass mir das nie wieder passiert. Bruno ist in solchen Dingen sowieso ganz wunderbar akribisch und vorausschauend. Und ich denke seither ebenfalls lieber dreimal zu oft nach als einmal zu wenig. Und ich studiere immer unseren »Masterplan«. In diese Projektliste ist alles eingetragen, was wir irgendwann machen wollen. Und welche Voraussetzungen es dafür in den Stockwerken darüber und darunter, in den Nachbarräumen und so weiter braucht. So haben wir in der Ferienwohnung »Linde« vorsorglich Trockenbaukästen für die Versorgungsleitungen nach oben ins zweite Obergeschoss angelegt, und so werden wir es bei der »Akazie«, die als Nächstes dran ist, auch halten. Auch wenn noch offen ist, was wir im Dach wann bauen werden.

Und die dritte Erkenntnis heißt: Ein Plan ist bei einem solchen Haus nur eine grobe Richtlinie, eine »Empfehlung für den Anfang«. Denn letztendlich richten sich die nächsten Arbeitsschritte immer danach, welche Überraschungen wir hinter Tapeten, Putz und Verkleidungen vorfinden. Insbesondere die Elektrik und die Wasserleitungen sind eine große Herausforderung. Wir entdecken zum Beispiel viele alte Aluminiumleitungen, die komplett ersetzt werden müssen. Oder hinter einer geplanten Abwasserinstallation finden sich denkmalrelevante Gebäudeteile und wir müssen wieder umplanen. Immer wieder haben sich Arbeiten wegen solcher Überraschungen um Wochen nach hinten verschoben. Innerhalb weniger Tage mussten wir dann die Steuerung der Baustelle umstellen. Von »Plan und Grundriss« auf »Was haben wir denn heute wieder entdeckt und was machen wir jetzt daraus?« Deshalb also der Running Gag mit Brunos flehentlicher, nicht ganz ernst gemeinter Bitte, von manchen Stellen ganz die Finger zu lassen.

In die Projektliste, die nach Prioritäten geordnet ist, fügen wir neu entdeckte Problemstellen an der passenden Stelle ein. Manches rutscht dann plötzlich weit nach oben, weil Gefahr im Verzug ist, anderes wandert nach hinten. Und in solchen Momenten spüren wir, dass das hier ein Lebensprojekt ist. Solange wir die Kraft haben, werden wir uns um das Haus kümmern. Und es wird nie fertig sein. Das ist so ähnlich wie beim Kölner Dom: Der ist auch eine ewige Baustelle, und wenn man einmal rum ist, fängt man wieder dort an, wo man vor zehn Jahren schon mal war.

»Na ja«, sagt Bruno, als wir uns das eines Abends etwas erschrocken klarmachen, »wenn wir den Stau erst mal abgearbeitet haben, der in den DDR-Jahrzehnten entstanden ist, dann lässt sich das mit einem vernünftigen Instandhaltungskonzept schon managen. Ein gotischer Dom ist das hier zum Glück nun doch nicht.«

»Aber«, ergänze ich, »von der Dimension her schon so wie zehn Einfamilienhäuser.«

Bruno nickt und hebt sein Rotweinglas. »Darauf, dass wir das nicht von Anfang an wussten.«

»Oh ja, ein Glück. Dann säßen wir jetzt wohl nicht hier.«

»Und das wäre sehr schade«, sagt Bruno.

»Gib es zu«, necke ich ihn, »du magst die Grande Dame auch.«

Bruno schaut weg und brummelt irgendwas. Aber sein Grinsen verrät mir, dass ich ins Schwarze getroffen habe.

Ich denke daran, was mein Bruder sagte, als er 2014 half, den Efeu von der Fassade zu entfernen. Der wuchs nämlich schon durch den Fensterrahmen in die Küche. Als Bruno schimpfte, weil er schon wieder die Leiter verrücken musste, um an den nächsten Efeu-Ast zu kommen, sagte mein Bruder zu ihm: »Schwager, du musst dir längere Arme wachsen lassen, damit du das Haus umarmen kannst.«

Und als wir abends über diese Episode und seinen geradezu philosophischen Satz sprachen, haute er gleich noch so einen raus: »Man wächst mit den Aufgaben – aber Wachstum bedeutet immer auch Schmerz. Und wenn du denkst: ›Jetzt kann ich nicht mehr‹ und trotzdem nicht aufgibst – dann bist du einen Schritt weiter.«

Heute weiß ich: Hätten wir all die Wachstumsschmerzen gekannt, dann wären wir wohl nicht so mutig gewesen. Bruno zieht mich gerne damit auf: »Du wusstest nicht, was du wolltest, aber du hast laut hier geschrien.« Das stimmt – und war auch bei der Entscheidung für meine drei Kinder schon so. Zum Glück.

Denn mit dem Haus ist es in der Tat wie mit dem Kinderkriegen: Wenn einem jemand im richtigen (nein: im falschen) Moment all die durchwachten Nächte und jede sinnlose Diskussion mit pubertierenden Jugendlichen ankündigen würde, dann würde man vermutlich lieber ins Kino gehen, statt ein Kind zu zeugen. Aber wie beim Kindergroßziehen sieht man zum Glück auch bei so einer Haussanierung niemals nur die Entbehrungen und Nervereien, sondern alles. Auch das Schöne. Die Fortschritte. Die Möglichkeiten. Und die Dinge, die einen mal zur Weißglut getrieben haben, deckt bald gnädiges Vergessen zu.

»Weißt du, was ein Glück ist?«

Bruno schaut gespannt.

»Dass Kinder nicht als Pubertierende geboren werden. Und dass das Haus keine Katastrophen-Baustelle war, als wir es kennenlernten und ins Herz schlossen.«

Gutshausretter

»Wusstest du, wie man Leute wie uns nennt?«

»Verrückte? Oder Spinner?«

Ich muss lachen. »Nein, ich meine außerhalb unserer Familien.«

»Ach so«, grinst Bruno. »Nein, keine Ahnung.«

Ich halte ihm mein Tablet hin. »Hier, guck. Gutshausretter sind wir! Darüber gibt's sogar eine Fernsehsendung.«

»Oh. Das heißt, dass wir nicht allein sind. Es gibt noch mehr Verrückte.« Brunos Interesse ist erwacht. »Aber wer macht denn darüber was im Fernsehen?«

»Der NDR offenbar. *Mit Mut, Mörtel und ohne Millionen* heißt die Sendung.«

»Ja, das passt. Ich schaue gerade unsere Kontoauszüge durch. Dazu gehört viel Mut. Denn Mörtel haben wir eindeutig mehr als Millionen.«

»In der Sendung geht es um Kobrow. Keine Ahnung, wo das ist. Oh Gott! Stell dir mal vor, der Mann, der das da ganz alleine ausbaut, hat bei der Geburt des zweiten Kindes seine Frau verloren. Und das Kind. Jetzt wohnt er da mit seiner Tochter und bastelt ganz allein am Haus. Irgendwo in Mecklenburg. Obwohl er aus Süddeutschland kommt. Ach, guck! Sogar aus Baden-Württemberg, wie du.«

»Woher genau?«

»Aus Ulm wohl. Mein Gott, was für ein Schicksal, oder?«

»Puh, ja. Unvorstellbar. Geht es in dem Film nur um dieses Haus?«

»Nein, auch noch um … äh … Dersentin. Das ist bei Teterow. Und um ein Gut Rensow. Das ist anscheinend schon fertig saniert. Echt interessant, was es alles gibt.«

»Teterow … da sind wir mal durchgefahren, oder?«

»Hmmm, kann sein. Ich überlege gerade, wie man in Kontakt kommt zu solchen Leuten.«

»Stimmt, wir wollten ja immer schon mal wissen, wie andere das machen. Und wie die unser Projekt beurteilen. Müssen wir wirklich mal recherchieren, wo hier in der Gegend Leute ein Gutshaus sanie…«

»Schon erledigt. Schau mal hier. Auf Facebook hab ich was gefunden, da gibt's auch Gutshausretter. Hier, das Gutshaus Lexow. Die scheinen auch Ferienwohnungen zu haben. Sieht schön aus, das Haus, oder?«

»Wo liegt dieses Lexikow?«

»Lexow. An der Müritz, so ungefähr.«

»Puh. Ganz schön weit weg, oder?«

»Moment … och, na ja. Knapp zwei Stunden, sagt der Routenplaner. Ist machbar, oder? Von hier aus liegt das vor der Müritz. Weißt du, ich schreib denen mal. Ich würde mir das gerne mal ansehen.«

Einige Monate später, an einem sehr heißen Julisonntag, sind wir auf der A 24 unterwegs in Richtung Osten. Wie fast immer bei Verabredungen, die man lange vorher getroffen hat, passt es uns an diesem Wochenende plötzlich gar nicht in den Kram. Aber die Freude darauf, Gleichgesinnte kennenzulernen und ein Haus zu sehen, das schon weiter ist als unseres, überwiegt bei Weitem.

»Er heißt noch mal wie?«, fragt Bruno. Er verlässt sich, was soziale Kontakte angeht, mal wieder völlig auf mich.

»Pino. Und sie heißt Bettina.«

»Pino? Das klingt irgendwie Italienisch, oder? Hoffentlich denkt er nicht, dass er mit mir Italienisch sprechen kann.«

»Nee, ich glaube, das ist nur ein Rufname. Er heißt wohl eigentlich Patrick. Hat Bettina mir so geschrieben.«

Bruno nimmt die rechte Hand vom Steuer und drückt damit meine linke. »Oh Mensch, ich bin so dankbar, worum du dich alles kümmerst. Ich hätte dafür echt nicht die Zeit und auch nicht die Nerven. Aber auch wenn meine Präsentation drängelt und ich heute Abend noch mal an den Schreibtisch muss: Es ist gut, dass wir da heute hinfahren und uns mal austauschen können mit Leuten, die uns hoffentlich wirklich verstehen.«

Ich weiß genau, was er meint. Nach Gesprächen mit »normalen« Menschen über unser Riesenprojekt kommen uns immer mal wieder Zweifel, ob das wirklich sinnvoll und gut ist, was wir hier machen. Und ob es eine Perspektive hat. Das betrifft sogar gute Freunde und auch unsere Familien. Es kann sehr verunsichern, wenn man ganz allein unterwegs ist und sich fragt, ob man vielleicht ein Geisterfahrer ist.

»Ja, hoffentlich verstehen sie uns. Und sehen uns nicht als Dilettanten. Oder als lästige Konkurrenz«, sinniere ich.

Aber dann falle ich mir sozusagen selbst ins Wort: »Ach Quatsch. Dann hätten sie uns doch niemals so herzlich eingeladen.«

Und so ist es dann auch: Bettina und Pino sind von Anfang an von umwerfender Offenheit und Freundlichkeit. Sie nehmen sich viel Zeit für uns, obwohl sie erschöpft sind vom gestrigen Samstag, dem »Bettenwechseltag« und Großkampftag im Gastgewerbe. Dieser Aspekt der Ferienvermietung wird uns gerade erst bewusst: Die allermeisten Gäste buchen wochenweise und reisen am Samstag an beziehungsweise ab. Das bedeutet, dass an dem Tag binnen weniger Stunden alle Zimmer und Wohnungen geputzt werden müssen. Und wenn man sich kein angestelltes Personal dafür leisten kann (weil es von Sonntag bis Freitag ja viel weniger zu putzen gibt), sondern mit Putzkräften auf Stundenbasis arbeitet, dann konkurriert man um die mit allen anderen Übernachtungsbetrieben in der Gegend. Eigentlich eine doofe Regelung. Denn auch für die Putzkräfte ist die Fixierung auf den Samstag ja misslich: An dem Tag könnten sie fünf Jobs bekommen, aber an den anderen Wochentagen braucht sie niemand. Es wäre schön, wenn man das entzerren könnte, aber die meisten Menschen sind angestellt und buchen ganze Wochen, um die Wochenenden optimal zu nutzen. Dennoch überlege ich für mich, ob wir das nicht anders handhaben können, wenn wir mal so weit sind.

Das alles erklärt mir Bettina in ihrer wunderbar ruhigen und tiefenentspannten Art, während wir im Schatten einer großen Kastanie sitzen. Mit halbem Ohr bekomme ich mit, dass Pino gerade mit Bruno über die Kalkulation von Mieteinnahmen, ihre Erfahrungen mit der Auslastung und so weiter spricht. Und ich spüre, wie Bruno sich mehr und mehr entspannt. Immer häufiger lehnt er sich zurück, atmet tief durch und nippt am köstlichen Apfelsaft, den unsere beiden Gastgeber aus ihrer eigenen Ernte haben mosten lassen. Ganz offensichtlich sind unsere Pläne nicht abwegig, sondern realistisch. Zwischendurch schauen wir beide immer wieder bewundernd auf die picobello sanierte Rückansicht des Gutshauses. Es ist kein verschnörkeltes Schlösschen, sondern ein eher nüchterner Bau vom Ende des 19. Jahrhunderts, der ganz pragmatisch als Sitz der Gutsverwaltung konzipiert wurde. Auch die Fassade strahlt das aus. Die Homepage beschreibt das Haus treffend als »schlicht, solide und quadratisch«.

Vorhin haben die beiden uns das ganze Anwesen gezeigt. Die Sanierung des Hauses und die Ausgestaltung der drei großen Ferienwohnungen ist abgeschlossen; auch ein Café und ein Frühstücksraum im Gutshaus sind in Betrieb, es werden auch tagsüber und abends kleine Gerichte angeboten. Die Wohnungen sind mit einer geschmackvollen Kombination aus alten und »klassisch-modernen« Möbeln eingerichtet, haben allesamt Kaminöfen und tragen lustige Namen von Orten in der Umgebung wie »Evchensruh«, »Adamshoffnung« und »Sorgenlos«. Das Haus ist auch für größere Gruppen nutzbar, die mehr als eine Wohnung beanspruchen.

Aber jetzt geht es um unser Haus in Volzrade. Wir beginnen zu erzählen, wie wir es gefunden haben, wie der Zustand war und was wir planen. Von Anfang an fällt mir auf, dass Bettina und Pino sich häufiger wissend und schmunzelnd ansehen. Anfangs bin ich dadurch etwas verunsichert, so als blamierten wir uns jetzt doch durch Naivität und Ahnungslosigkeit, aber als Bettina das spürt, schwenkt sie vom Schmunzeln auf Zwischenrufe um: »Genau wie bei uns – verrückt!« und »Pino, weißt du noch? So ging es uns auch!« oder »Was?! Das habt ihr auch erlebt?«

Die beiden haben ihr Haus ebenfalls aus einem langen Dornröschenschlaf erweckt – so wie wir gerade noch rechtzeitig: Auch hier regnete es schon durch, weil das Haus jahrelang leer stand. Und auch ihr Haus war nach 1945 – wie sicherlich viele frühere Guts- und Herrenhäuser – der Mittelpunkt des Dorflebens gewesen, mit Bürgermeisterbüro, Schulräumen, Konsum und auch Wohnungen. Sogar ein Arzt und ein Friseur boten hier ihre Dienste an. Auch Bettina und Pino orientierten sich an der ursprünglichen Raumaufteilung und Farbgestaltung, und auch hier konnten während der Sanierung verborgene Schätze wie die alten Originalfensterläden und die wunderbar hellen Dielen freigelegt und wiederhergestellt werden. Auch hier baute ein Tischler in Einzelanfertigung neue, der alten Bauweise entsprechende Fenster. Und das Dach ist sogar mit echtem Schiefer neu gedeckt. Und schließlich: Auch Bettina spricht von der »Seele« des Hauses, die sie täglich spürt – und lacht sehr über unsere Art, diese Seele anzusprechen: als »Grande Dame«. Und auch sie haben das Gefühl, dass das Haus sie gefunden und »ausgesucht« hat.

Auf der Heimfahrt sind wir geradezu euphorisch. Wir wissen jetzt, dass wir auf dem richtigen Weg sind – und haben das auf freundlichste und kollegialste Weise von Bettina und Pino vermittelt bekommen.

Ein knappes halbes Jahr später haben wir wieder eine Begegnung mit Gutshausrettern.

»Guten Morgen, Rosi. Morgen brauche ich dich als Begleitung. Also leg dir was Schönes zum Anziehen raus.«

Rosi Müller ist plötzlich ganz aufgeregt. »Wat ... wie ... wo geht's denn hin?«

»Ins Gutshaus Thurow. Zum Adventskonzert. Du magst doch klassische Musik, oder?«

»Ja, sehr. Aber so als drittes Rad am Wagen? Ihr braucht doch mal Zeit für euch zu zweit ...«

Ich puste mit aufgeblasenen Backen die Luft aus. »Phhh! Schön wär's. Bruno hat keine Zeit. Er bleibt noch weg bis nächste Woche. Also kommst du mit, dachte ich mir. Natürlich nur, wenn du magst.«

Rosi strahlt jetzt. »Natürlich mag ich! Aber wie heißt dat, wo wir hinfahren? Und wo ist dat?«

»Gutshaus Thurow. Hinterm Schweriner See. Ne gute Stunde mit dem Auto.«

Als wir ankommen, ist nicht nur Rosi etwas eingeschüchtert, sondern auch ich. Uns erwartet ein Haus im perfekten englischen Landhausstil. Marcel und Leo Engels, die beiden Inhaber, sind durch ihre Berufe prädestiniert für geschmackvolle Gestaltung: Marcel ist Hairstylist und hat mehrere Salons in Hamburg, Leo ist als Stylist am Theater tätig. Sie haben wunderbare alte Möbel, teilweise unglaubliche Fundstücke. Aber es ist kein Museum, sondern die beiden leben darin. Und sie führen als Gastgeber durch den Abend wie echte Landlords. Wie gut, dass ich dieses Konzert auf Facebook entdeckt habe. Cornelius vom Staatstheater Schwerin singt Weihnachtslieder und einige andere Stücke, dazu gibt es ein Glas Wein. Und im weiteren Verlauf des Abends stellt sich heraus, dass noch einige andere Gutshausretter da sind, mit denen ich Adressen und Erfahrungen austausche. Und ganz praktische Tipps noch dazu: Wo bekommt man alte Türdrücker und Fensterklinken her? Wer kennt einen Händler für antike Baustoffe? Wo findet man passende alte Möbel? Der Abend ist ein wirklicher Volltreffer. Und macht mir erneut Mut für unser Wagnis.

An den Weihnachtstagen erzähle ich Bruno vom Abend im Gutshaus Thurow.

»Die beiden sind wunderbare Gastgeber, wie Bettina und Pino auch. Ich glaube, dass das echt eine Voraussetzung für solche Projekte ist – dass man es nicht als Pflicht betrachtet, Menschen einen angenehmen Aufenthalt zu bereiten, sondern es wirklich liebt. Sonst sollte man sein Haus nicht für Gäste öffnen.«

»Na dann bist du ja genau an der richtigen Stelle«, kommentiert Bruno. Er sieht und schätzt meine Qualitäten als Gastgeberin zum Glück seit jeher.

»Und es war wieder eine Bestätigung, mit anderen Gutshausrettern zu sprechen. Da ist einfach eine gemeinsame Wellenlänge. Man bekommt das Gefühl, dass wir das Richtige tun. Und keinen abgedrehten und abgehobenen Unsinn veranstalten.«

»Das höre ich sehr gern«, sagt Bruno, und es kommt von Herzen. »Aber sag mal, du hast vorhin gesagt, dass du noch eine Bombengeschichte für mich hast. Wo bleibt sie denn?«

Ich gluckse und spanne ihn noch ein bisschen auf die Folter. »Gleich, gleich. Ich wollte nur noch sagen, was mir an den ganzen Gutshausrettern noch auffällt: eine ungeheure Offenheit und Herzlichkeit. Die haben alle einen offenen Geist, offene Herzen und offene Türen. Und weißt du, was zum Glück völlig fehlt?«

»Was denn?«

»Neid. Niemand ist neidisch, wenn der andere schon weiter ist. Oder mehr Glück hat mit den Handwerkern, den Gästen, der Lage und so weiter. Alle erkennen die Leistung der anderen an. Das verbindende Gefühl ist: Wir arbeiten alle gemeinsam am Thema Gutshausrettung. Und da ist keine Überheblichkeit. Niemand bildet sich groß was ein auf sich und sein Gutshaus.«

Und dann fange ich wieder an, eine Vision zu entwickeln. »Weißt du, was wir irgendwann mal machen? Ein Riesentreffen aller Gutshausretter, bei uns in Volzrade. Ein riesengroßes Familientreffen der Retterfamilie. So groß wie das Sommerfest. Mindestens.«

Bevor meine Begeisterung mich vollends davonträgt, stoppt mich Bruno. Die Art, wie er einatmet, zeigt mir, dass ich ihn mal wieder überfordere mit meinen Hirngespinsten. Er muss gar nichts weiter sagen. Ich setze von selbst wieder zur Landung an. Und er ist dankbar, dass noch ein Thema offen ist: »Jetzt aber! Die Story!«

»Ach so, ja. Also, wir wissen ja nicht viel über den Vorbesitzer hier, nicht? Aber ich weiß jetzt, was uns vielleicht erspart geblieben ist.«

»Wie das? Was hast du über ihn erfahren?«

»Nicht über ihn. Aber als ich dem einen Paar nach dem Konzert von unserem Haus erzählte und eher beiläufig erwähnte, dass der Park sich erst mal von den Pferden erholen muss, die darin gehalten wurden, fiel mir die Frau sofort ins Wort: ›Was?! Euer Vorbesitzer hatte auch Pferde? Das scheint ja nicht so selten zu sein. Offenbar meinen Leute, die ohne viel Ahnung Gutshäuser kaufen, dass sie als Gutsherren zu Pferde unterwegs sein müssen.‹ Und ich so: ›Wieso? Hattet ihr so was auch?‹ Und dann legten die beiden los und erzählten, wer vor ihnen dort gehaust hat. Beziehungsweise teilweise sogar mit ihnen. Die sind ihn wohl nur sehr mühsam losgeworden.«

»Wie – die hatten eine WG mit dem oder was?«

»Puh, nee, jedenfalls keine geplante. Also, das war wohl so ein Möchtegern-Öko. Natürlich ein Wessi. Aus Westfalen wohl. Und ein Pferdenarr, wie gesagt. So wie unserer. Vor allem aber ist ihm das Gutsherrendasein wohl zu Kopf gestiegen. Sodass er sich mit dem ganzen Ort angelegt hat.«

»Wie schafft man das denn?«

»Och, ganz einfach. Er brauchte Platz für seine Pferde und ist wohl gleich am Anfang durchs Dorf spaziert wie Graf Koks von der Gasanstalt. So richtig nach Schnöselart. Er hat auf verschiedene Wiesen gezeigt und gesagt: ›Die brauch ich, die brauch ich, die brauch ich und die beiden nehm ich auch.‹ Als die Leute ihm entgegneten, dass die aber gar nicht zu verkaufen oder verpachten seien, sagte er wohl: ›Ist egal. Ich brauch die für meine Pferde.‹ Und da brauchte es gar keine sturen Mecklenburger, damit er bei allen unten durch war. Das hätte er überall geschafft.«

Bruno schüttelt den Kopf. »Leute gibt's. Und mit so was beschädigt er natürlich den Ruf von allen, die sich um alte Gutshäuser kümmern.«

»Na ja, am Anfang vielleicht. Aber die beiden haben gesagt, dass es ihnen das Ankommen eher erleichtert hat. Weil alle froh waren, dass er Typ wieder weg war.«

»Ach so, dann ist ja gut. Aber was war nun mit der WG?«

»Ja, stell dir vor, der wollte zuerst partout nicht ausziehen, trotz schon begonnener Renovierungsarbeiten. Er hat sie gefragt, ob er bleiben könne, bis er was Neues gefunden habe. Am Anfang haben sie noch gezögert – man will ja nicht gleich einen Menschen auf die Straße setzen und vielleicht noch einen Mietrechtsstreit am Hals haben. Aber dann haben sie ihm doch bedeutet, dass er raus muss.«

»Und dann war es überstanden?«

»Ha, das dachte ich auch. Aber der Typ war so dreist. Er hat auf die Tränendrüse gedrückt und rausgehandelt, dass seine Tochter noch in der Wohnung bleiben durfte, bis sie ihre Abi-Prüfungen hinter sich hatte. Maximal drei Monate. Und dann hat er sich einen Wohnwagen organisiert und den einzigen Nachbarn, mit dem er nicht über Kreuz war, bequatscht, dass er ihn da aufstellen durfte. Direkt an der Grundstücksgrenze des Gutshauses. Und dann ist der Typ doch jeden Tag ins Haus gekommen und mit seinen Clogs die Treppe hochgetrampelt, um bei der Tochter zu duschen. Und nicht nur das. Er verbreitete eine stinkige Atmosphäre und hat die neuen Besitzer sogar angemacht wegen der Sanierungsarbeiten. Was sie aus seinem schönen Haus machten. Der führte sich echt auf, als gehöre ihm das Haus immer noch. Dabei hat er in seinen zwei Jahren dort nichts Vernünftiges geleistet. Ist das nicht krank? Die beiden waren immer noch völlig aufgebracht seinetwegen, obwohl er seit einem halben Jahr weg ist. Und sie ärgern sich im Nachhinein über ihre Gutmütigkeit.«

»Puh!«, macht Bruno. »Gut, dass unser Makler dafür gesorgt hat, dass uns das Haus ohne Pferde und Pferdehalter übergeben wurde. So, und jetzt muss ich schlafen. Und ich träume sicher von Pferden.«

»Na, solange die Viecher nicht durch unser Haus trampeln, um zu duschen, geht es ja noch. Gute Nacht, mein Liebster.«

Teil 3: Willkommen im Gutshaus Volzrade (im Bau) – das Hotel

»So eine Scheiße! Gleich nach der Eröffnung schon wieder geschlossen!«

Die Panik packt mich im Bauch und verwandelt sich in Wut. Sie ergreift von meinem Körper Besitz, bevor sie sich in meinen Kopf vorarbeitet. Ich zittere längst am ganzen Leib und könnte noch nicht in Worte fassen, warum.

Es ist März 2020. Ich war gerade dabei, für unsere Homepage aufzuschreiben, was wir 2019 alles geschafft haben. Wie wir unser Gutshaus-Hotel verbessert und bereichert haben. Und wie sehr wir uns auf die erste Saison mit dem erweiterten Angebot freuen. Sechs Hotelzimmer im zweiten Obergeschoss warten auf Gäste und auch das Café ist rechtzeitig fertig geworden. Zur feierlichen Eröffnung sind viele wunderbare Menschen gekommen: die Bürgermeisterin Frau Lindenau; unsere Standesbeamtin Frau Brandt mit Mann; Frau Herrmann vom Kreis Ludwigslust, die unser Projekt der Bürgerbegegnungsstätte betreut hat; der Ortsvorsteher von Jessenitz, Herr Dehns. Zusammen mit vielen Freunden aus der Kirche und der Nachbarschaft standen sie

Schlange auf der Treppe, um uns Glück und Erfolg zu wünschen. Es war ein zauberhaftes Fest. Das Allerschönste aber war, dass es unser Geri, der an Krebs erkrankt war und nun leider verstorben ist, noch miterlebt hat, wenn auch aus seinem Krankenbett, per Facetime.

Aber jetzt starre ich fassungslos auf das Radio, aus dem eben der Todesstoß für unsere Pläne kam. Und ich überlege ernsthaft, das unschuldige Gerät zu bestrafen. Es mit einem Hammer zu zertrümmern oder so was. Zum Glück liegt in meinem Büro kein passender Gegenstand herum. Und außerdem möchte ich meine unschuldig auf dem Schreibtisch schnurrende Katze nicht erschrecken.

Ich müsste jetzt aufstehen und hinüberlaufen zu Bruno, der sich in der Küche gerade einen Kaffee geholt hat. Er ist vorgestern mit dem, wie sich gerade herausstellt, letzten Flieger aus Chicago zurückgekommen. Aber meine Beine verweigern den Dienst. Ich sitze da und stiere vor mich hin. Und als ich ihn gerade rufen will, weil ich die zehn Meter hinüber zu ihm nicht schaffe, höre ich ihn bereits kommen. Sein Schritt klingt so müde, als habe ihm jemand den Stecker gezogen. Und als er durch die Tür kommt und ich sein totenblasses Gesicht sehe, da weiß ich: Meine Panik ist vollkommen gerechtfertigt. Wir sind offenbar am Ende unserer Reise angekommen. Künftig wird sich jemand anderes um die Grande Dame kümmern müssen. Wenn sich überhaupt jemand findet.

Bruno stammelt: »Hast du auch Radio gehört?«

Ich nicke stumm.

»Das können die doch nicht machen! Alles dichtmachen. Das ganze ... Bundesland lebt doch von den Feriengästen. Das ist doch ... wie kann ... Katastrophe.« Er bekommt seine Sätze nicht mehr zu Ende. Und sinkt kraftlos auf einen Stuhl. Mein Mann, der voller Energie und tapfer die Finanzen für dieses Mammutprojekt stemmt und sich keine Ruhezeiten gönnt, hat keine Kraft mehr.

Und mir geht es ähnlich. So viele Jahre gerannt, geackert, verzichtet, gehofft, gebangt, gefreut, geplant und geschafft – soll das jetzt vorbei sein aufgrund eines Virus? Schock, Ohnmacht, Verzweiflung, Wut – alles auf einmal kommt in mir hoch. DAS KANN DOCH GAR NICHT WAHR SEIN! Das geht doch nicht! Das Haus kann seinen Zweck nicht erfüllen, ich kann meine Aufgabe nicht erfüllen, wenn wir keine Gäste haben dürfen. Ich warte auf die Auflösung dieses doch sehr schlechten und stark verfrühten Aprilscherzes. Und jeden Tag wird mir klarer, dass es keiner ist.

Einige Wochen später sitzen wir an einem strahlend hellen, frühsommerlichen Nachmittag in der Bibliothek. In unserem gähnend leeren, totenstillen Gutshaus. Die Grande Dame hatte sich so richtig schick gemacht für viele, viele Gäste – und dann durfte keiner kommen. Und niemand weiß, wie lange sie noch warten muss.

Die aufgelöste Panik der ersten Lockdown-Tage hat sich zwar etwas gelegt, aber beim Blick in den leeren Park kommen mir erneut die Tränen. Gegen das frustrierende Gefühl der Vergeblichkeit all unserer Anstrengungen, vor allem im letzten Jahr, ist einfach kein Kraut gewachsen. Da stehen die Liegestühle, auf denen um diese Jahreszeit tiefenentspannte Gäste liegen sollten. Normalerweise müsste man Leute sehen, die gerade von einer Radtour zurückkommen und sich auf ein Stück Torte in meinem Café freuen. Man müsste Kinder hören, die fröhlich juchzend die Treppen rauf- und runterrennen oder in den neuen Hotelzimmern herumtoben. Man müsste den Duft frischer Bettwäsche riechen. Man müsste aus dem Café Geschirrgeklapper hören. Aber nichts davon findet statt. Das Haus ist in einen Dornröschenschlaf versetzt worden, der tiefer ist als jeder zuvor. So unbelebt haben wir das Haus nicht mal 2014 erlebt. Und der Kontrast zwischen liebevoller Vorbereitung und ausbleibenden Gästen ist kaum zu ertragen.

Bruno weiß, wie mir zumute ist – es geht ihm ja nicht anders. Er tritt hinter mich und umschlingt mich. Zum Glück versucht er nicht, meine Traurigkeit wegzureden. Er hält mich einfach nur und seufzt tief. Es ist nichts zu machen: Die Regeln für die Beherbergungsbetriebe gelten, und sie sind in Mecklenburg-Vorpommern besonders streng. Alles ist stillgelegt. Und wir können froh sein, dass wir seinerzeit den bürokratischen Akt nicht vergessen haben, Volzrade zu unserem ersten Wohnsitz zu machen. Sonst dürften nicht mal wir selbst hier sein.

»Bruno, mal ganz ehrlich: Wie schlimm ist es? Wie lange können wir das überleben? Müssen wir aufgeben? Sind wir an dem Punkt, an dem wir zum Makler gehen müssen?« Ich habe mir die Szene in den letzten Wochen mehrfach in meinen Tagträumen vorgestellt, die zugleich Albträume waren: Wir sitzen wie zwei Häufchen Elend vor dem Makler in

Hamburg, der uns Volzrade vor sechs Jahren vermittelt hat, und fühlen uns wie vor einem Richter. Oder wie vor Petrus am Himmelstor. »Das war's. Wir haben unser Bestes gegeben. Aber wir schaffen es nicht.« Diese Fantasie fühlt sich jedes Mal an wie ein Blick in den tiefsten Abgrund. Bodenlos. Ohne Halt.

Bruno zögert. Und allein das lässt mir das Herz noch tiefer in die Hose rutschen. Eigentlich kenne ich die Antwort ja auch: Das Haus trägt sich noch lange nicht, und Bruno investiert immer noch jeden verfügbaren Cent, damit wir weitermachen können. Ich spüre, was er nicht sagen will. Nicht sagen kann. Denn diese Grande Dame, der alte graue Kasten, ist ihm sehr ans Herz gewachsen. Er liebt jedes alte, knarzende Stück Holz hier genauso wie ich.

Normalerweise ist die Rollenverteilung zwischen uns so, dass ich mit meinem Optimismus für beide optimistisch bin und mit meinem Gottvertrauen schon viel geschafft habe. Er ist gerne auf der sicheren Seite, und ich spreche ihm Mut zu, wenn er flatterig wird. Manchmal auch wider besseres Wissen. Aber umgekehrt ist seine Ruhe oft auch eine Stütze für mich. Verrückt, wie sich so was immer einspielt in einer Partnerschaft.

Dass Bruno zögert, hat seinen Grund. Denn nicht nur unser Hotelbetrieb ist voll erwischt worden von der Coronapandemie, sondern auch seine Firma. Seine üblichen Auftraggeber, also große Konzerne, sind allesamt in Schockstarre und halten ihr Geld zusammen. Sie erleben dasselbe wie wir gerade: keine Umsätze, aber die Kosten laufen weiter.

Also lassen sie alles weg, was nicht unbedingt nötig ist. So wie Brunos Beratungstätigkeit. Er hat seit dem März keinen neuen Auftrag bekommen – und befürchtet, dass sich das nicht bessern wird, bis Licht am Ende des Corona-Tunnels zu sehen ist. Zu blöd, dass niemand weiß, wie lang dieser Sch…tunnel ist.

Bruno legt die Unterlagen auf den Tisch, die er für unser Kassensturz-Gespräch vorbereitet hat.

»Unsere Kalkulation für 2020 ist natürlich schon jetzt komplett über den Haufen geworfen«, beginnt er und bemüht sich um einen nüchternen Ton. »Wir haben 2019 jede Menge Geld investiert und wollten einen Teil davon in diesem Jahr wieder einspielen. Und wir haben noch mal einen Kredit für das Café und die Hotelzimmer aufgenommen und ihn sogar erhöhen müssen wegen der vielen zusätzlich notwendigen Arbeiten. Den Kredit haben wir natürlich aufgrund einer Umsatzprognose bekommen, die jetzt Schall und Rauch ist. Mit der Bank habe ich eben telefoniert bezüglich Aussetzung der Raten, aber das wird nicht genehmigt. Eine Stundung der Raten würde einem weiteren Kredit entsprechen. Das Einzige, was sie uns genehmigen, ist eine Erweiterung des Dispos, natürlich zu einem höheren Zinssatz. War ja klar. Wir rutschen dieses Jahr also weiter ins Minus, statt erstmals die Kehrtwende zu schaffen. Das ist eine finanzielle Katastrophe. Aber …« – er nimmt die Lesebrille ab, legt die Kalkulationstabelle auf den antiken Couchtisch vor uns und sieht mir in die Augen – »… ich weiß schon, was du jetzt sagen willst, und ich gebe dir recht. Dieses Projekt war betriebswirtschaftlich gesehen nie auf Gewinn ausgelegt. Und mein Satz von 2014 gilt weiterhin. Da bin ich immer noch gelassen. Und die Bank übrigens auch, zum Glück.«

Ich grüble kurz. »Du meinst, das mit dem Worst Case?«

»Ja, genau. Das Schlimmste, was uns hier passieren kann, ist, dass wir finanziell zurück auf Los müssen. Dass also der Kaufpreis und die Investitionen weg sind. Aber unser Lebensunterhalt ist nicht bedroht. Auch jetzt nicht.«

»Okay, das beruhigt mich ein bisschen. Aber wie lange ist es noch sinnvoll, dass wir hier durchhalten? Wirtschaftlich gesehen?«

»Ach, weißt du …« Bruno sieht sich um im Herzstück unserer Gastlichkeit, der schönen Bibliothek. Und schaut dann aus dem Fenster auf das frische Grün der Blätter an den Bäumen im Park. »Also, bevor ich das hier aufgebe, muss noch einiges passieren. Schließlich müssen wir keinen Millionenkredit bedienen.«

Ich nicke. Und denke bei mir: Nö, aber fast. Ganz am Anfang mussten wir uns entscheiden zwischen zwei Strategien: Die eine wäre gewesen, ein Fünf-Millionen-Darlehen aufzunehmen und das gesamte Gutshaus zügig und perfekt zu sanieren. Und dann zu hoffen, dass viele zahlungskräftige Gäste in ein durchgestyltes Hotel kommen und uns helfen, das Darlehen zu tilgen. Wir haben uns damals für die andere Variante entschieden: Schritt für Schritt vorgehen und aus dem Gutshaus ein Projekt »im Werden« machen. Unser Konzept war und ist: Gäste empfangen im unfertigen, nicht perfekten Haus. Und wir haben schon erfahren dürfen: Es gibt genügend Menschen, die diese Idee nachvollziehen können und gerne als Gäste Teil dieses »Hauses im Werden« sind.

Zum Glück war uns von vornherein klar, dass ein rein betriebswirtschaftlicher Blick uns nur unglücklich gemacht hätte. Wie gut, dass die Finanzen Brunos Aufgabe sind, und wie gut, dass er da so vorsichtig ist. Womöglich hätten wir sonst auf die Leute hören müssen, die immer wieder mal kopfschüttelnd in unserem Haus stehen und mit dem überlegenen Blick des vernunftgesteuerten Wirtschaftskapitäns postulieren: »Also, ich hätte den alten Kasten ja abgerissen und neu gebaut.« So einfühlsam reden übrigens nur Männer. Ironie off. Frauen spüren – wie natürlich manche Männer auch –, dass uns etwas anderes mit diesem Haus verbindet als die Gewinn-und-Verlust-Rechnung am Jahresende, und sparen sich solche Kommentare.

Trotzdem ist Bruno derjenige, der auf die Zahlen schaut. Ganz ohne geht es ja nicht. Aber wenn ich eine Investition vorschlage oder eine neue Idee habe, dann sagt er nicht »Das geht nicht«, sondern nimmt mich mit in die Verantwortung. Gerne mit dem in der Luft endenden Satz »Wenn du meinst, dass wir uns das leisten können …« und der anschließenden Aufforderung: »Mach einen Vorschlag.« Das ist schlau von ihm. Es nimmt mich ernst und legt einen Teil der Last auf meine Schultern. Natürlich bleibt der wunde Punkt, dass er mit seinem Job diese ganze Unternehmung finanziert. Aber das belastet mich nicht mehr so stark, seit seine Schwester das mal fröhlich kommentiert hat mit: »Endlich hat er mal 'ne Frau, die was Sinnvolles mit seinem Geld anstellt.«

Bruno nimmt den Gesprächsfaden wieder auf: »Ich bin zwar noch weit weg von dem Punkt, zu kapitulieren, aber …«

Bevor er Dinge an die Wand malt, an die ich nicht denken will, übernehme ich lieber und versuche, seine berechtigten Sorgen in Handeln zu übersetzen. Und mich dabei selbst zu ermahnen: »Klar bedeutet diese merkwürdige Pandemie, dass wir jetzt ein paar Monate den Hintern zusammenkneifen müssen. Und mir ist klar: keine Ausgaben. WIRKLICH KEINE AUSGABEN!« Also Luft anhalten, Lissi. »Aber das können wir. Und nach all den Jahren und Mühen ist Aufgeben für mich keine Option.«

Bruno nickt. »Für mich momentan auch nicht. Dafür bin ich zu gerne hier. Auch wenn mir die Gäste echt fehlen.«

Brunos wachsende Zuneigung zur Grande Dame und zu ihren begeisterten Gästen ist mir erstmals im letzten Jahr aufgefallen, als wieder mal einer dieser Betriebswirtschaftstypen angesichts unserer damaligen Großbaustelle vom Keller (die neuen Toiletten) über das Erdgeschoss (das Café) bis zum Dach (die Hotelzimmer) seine Einschätzung zum Besten gab: »Das, was ihr hier an Geld und Arbeit investiert, kriegt ihr doch nie wieder raus.« Was Bruno aus der Reserve lockte, war die selbstgefällige Überlegenheit, mit der der Mann das – als Teil einer größeren Gruppe – durch die Gegend posaunte. Und als er es dann noch mal wiederholte, weil wir zunächst darüber hinwegzugehen versuchten, ging Bruno aus dem Sattel: »Wenn man nur das Rechnen in Euro und Cent kennt, dann mag das so sein, ja. Aber so möchten wir das nicht sehen – und Sie sicherlich auch nicht, oder? Es gibt ja mehr als nur Geld und Zahlen.« Formvollendet vermied er eine direkte Beleidigung des verdatterten Männleins, das unter dem Grinsen der anderen beflissen nickte, und fuhr dann fort: »Es rechnet sich schon. Nur die Währung ist eine andere. Du kriegst auf jeden Fall was zurück. Aber eben was anderes als Geld.« Und dann sprach er über das Glück der Hausrettung. Über die Zufriedenheit der Gäste. Über das Dorf, das seinen Mittelpunkt wiederbekommen hat. Über die Grande Dame, die wieder aufrecht steht und zu strahlen beginnt. Es war die reinste Liebeserklärung – ich bekam richtig rote Ohren. Und nachdem ich ihm das abends so lange mit Küssen heimgezahlt hatte, bis seine Ohren auch rot waren, gibt es eine neue Einigkeit und Klarheit zwischen uns: Bei dem, was wir hier tun, geht es nicht in erster Linie um die monetäre Bilanz. Klar, wir müssen auf Dauer so viel erwirtschaften, dass wir die Darlehen tilgen können. Aber was wir an Geld in dieses Haus stecken, ist nicht in erster Linie eine Investition in späteren Profit, sondern in den Erhalt des Hauses. Und in Beziehungen. Also in immateriellen Gewinn. Und wenn man den Erhalt des Hauses, dieses Denkmals, zum »Unternehmensziel« macht und nicht das Erwirtschaften finanzieller Überschüsse, dann sind die Investitionen eben absolut zwingend. Wir können es uns nicht leisten, *nicht* in die Zukunft der Grande Dame zu investieren.

Auch die Investition in Beziehungen ist elementar: Firmen aus der Gegend beschäftigen. Die Handwerker und das Hauspersonal gut behandeln und gut bezahlen, für unsere Vision begeistern, mit ins Boot nehmen, teilhaben lassen. Täten wir das nicht, würde niemand in unser Café kommen. Wir würden dann den Sinn des Hauses nicht leben. Pflegten wir die Beziehungen zum Dorf und der Gegend nicht, könnten wir gleich zusperren. Mit dramatischen Folgen für das Haus. Denn das überlebt nur, wenn es belebt ist.

Bruno lehnt sich zurück: »Weißt du, das Leben ist doch einfach besser, wenn man das Richtige tut. Das merkt man gerade in so einer kritischen Zeit wie jetzt. Mir fehlt es richtig, Menschen zu sehen, die sich bei uns wohlfühlen. Und wenn die endlich wieder da sind, dann bin ich zufriedener und froher als viele Investmentbanker. Aber andererseits ...« Sorgenvoll blickt er wieder auf seine Papiere. Jetzt muss ich den Gefühlskarren aus dem Dreck ziehen. »Bruno, aufgegeben wird nicht. Und abgerissen schon gar nicht. Nur über meine Leiche. Das Haus hat doch eine Seele! Wie viele Menschen haben in diesem Haus und auf diesem Grund schon gelebt, gearbeitet, geliebt, getrauert, gefeiert, geschwitzt, geweint, gelacht?«

Bruno zieht mich wieder auf den Boden der Tatsachen: »Aber was machen wir denn, wenn das jetzt noch Monate so geht mit dem Lockdown? Wo ist der Punkt, an dem es nicht mehr geht?«

»Tja«, sage ich und schlucke meine Tränen und die aufkommende Angst runter: »Gute Frage. Also ... wir haben ja die Verantwortung für das Haus übernommen. Fast so wie für eine alte Tante oder so, die wir pflegen. Haben wir ja schon öfter drüber gesprochen, über diesen Vergleich.«

Bruno macht eine ungeduldig-vorspulende Bewegung mit der Hand. Er weiß, wovon ich rede, und will, dass ich zum Punkt komme. Daher führt er den Gedanken selbst fort:

»Man muss den Moment erkennen, an dem man der Verantwortung nicht mehr gerecht werden kann. Wenn ich selbst zu alt oder zu erschöpft bin, um eine Verwandte zu pflegen, dann sollte ich sie ins Pflegeheim geben, bevor sie sich wund liegt. Oder austrocknet, weil ich sie nicht genügend zum Trinken animiere. Dann muss ich die Verantwortung wahrnehmen, indem ich sie abgebe.«

»Und was heißt das für das Haus?«, frage ich entsetzt.

»Na, zum Beispiel, wenn wir aus finanziellen Gründen nicht mehr ausreichend heizen könnten. Die Heizung abzustellen würde den schleichenden Tod des Hauses bedeuten. Und bevor wir das Haus nicht mehr erhalten können, sondern der Verfall wieder einsetzt, müsste Plan B in Kraft treten. Wir müssten es abgeben.«

NEIN! Alles in mir schreit dieses Wort. Allein beim Gedanken daran spüre ich einen Kloß im Hals und mir kommen die Tränen. Unser Zuhause, meine Aufgabe, die Gäste, Rosi – ich kann das nicht aufgeben. Aber es ist gut, dass wir mal so ehrlich darüber sprechen. Weil Corona uns diesem Punkt nähergebracht hat, als wir es seit 2014 jemals für möglich hielten. Und vor allem, weil so verdammt ungewiss ist, wie lange wir noch ohne Gäste hier herumsitzen werden in unserem gastlichen Haus. Na ja – gesessen haben wir eigentlich noch keinen einzigen Tag. Weil wir alle Arbeiten selbst erledigen. Denn das Personal haben wir zum großen Teil freigestellt.

»Hast du eigentlich gehört, ob es was Neues gibt in Sachen Regelungen für die Beherbergungsbetriebe und so?«

»Ich schau nachher mal im Internet. Du weißt ja – immer gegen 19 Uhr.«

Kurz nach Beginn der Pandemie und des Lockdowns habe ich bemerkt, wie unruhig mich das permanente Dauerfeuer aus schlechten Nachrichten machte. Und als ich einen Bericht darüber gelesen hatte, dass der ununterbrochene Konsum von Nachrichten unser Unterbewusstsein beeinflusst und uns krank machen kann, vor allem in Krisenzeiten, habe ich meine Gewohnheit beendet, den ganzen Tag nebenher das Radio laufen zu haben. Trotzdem müssen und wollen wir informiertet sein. Ich höre einmal am Tag gezielt Nachrichten und gehe möglichst nur einmal am Tag ins Internet und lese meine E-Mails. Und das macht sich positiv bemerkbar. Dass nicht dauernd Negatives in mein Unterbewusstsein sickert, tut vor allem meinem Schlaf sehr gut.

Bruno steht auf und reckt sich. »Gehen wir noch mal hoch? Auch wenn es wehtut?«

Wir haben uns angewöhnt, mindestens einmal pro Woche die nagelneuen, teilweise noch nie genutzten Hotelzimmer im zweiten Obergeschoss aufzusuchen. Zum Lüften, zum Inspizieren, für den atemberaubenden Blick in Richtung Elbtalaue – aber auch als eine Art »aktiver Trauer«. Wir wollen uns gar nicht erst angewöhnen, einen Bogen um die mit so viel Liebe gestalteten Räume zu machen. Wir wollen sie aktiv annehmen und die Trauer darüber, dass sie sich noch nicht mit Leben füllen können, möglichst klein halten.

Aber wie ist es überhaupt dazu gekommen, dass hier sechs Hotelzimmer entstanden sind? Und dass wir mittlerweile drei Ferienwohnungen und ein Café haben, das zugleich die offizielle Bürgerbegegnungsstätte des Kreises ist? Und die Bibliothek, in der wir gerade so ernste Themen besprechen mussten? Gehen wir zurück ins Jahr 2016.

Erst eins, dann zwei, dann drei … »Linde«, »Akazie« & Co.

»Hältst du die Leute noch zehn Minuten hier unten fest?« Bruno wirkt gehetzt. Wir sind beide aufgeregt. Heute wird unsere zweite Ferienwohnung »eingeweiht«: Erstmals werden Gäste in die »Akazie« einziehen. Sie sind gerade eben auf den Hof gerollt. Die Autos der Handwerker, die letzte Hand an die Wohnung gelegt haben, dürften ihnen noch auf der Dorfstraße begegnet sein. Es war perfektes Timing. Oder doch nicht? Ich nerve Bruno nicht mit langem Herumfragen, sondern hebe nur neugierig die Augenbrauen. »Türklinke fehlt!«, zischt er, schnappt sich einen Kreuzschlitz-Schraubenzieher und rennt die Treppe hoch. Oh ja, das wäre ein toller erster Eindruck gewesen – eine Ferienwohnung, deren Eingangstür man weder öffnen noch schließen kann.

Als ich auf den kleinen Parkplatz vor unserer Tür trete, lasse ich mir nichts anmerken von der Hektik der letzten Tage. Beziehungsweise Stunden. Beziehungsweise Minuten. Freudig begrüße ich die Gäste. Es sind unsere Freunde

Tanni und Dieter, die auch schon mal in unserer Wohnung »Linde« zu Gast waren. Als sie mitbekamen, dass wir eine zweite Wohnung sanieren, wollten sie dort unbedingt die ersten Gäste sein und hatten sich telefonisch direkt für die »Akazie« angemeldet. Heute bringen sie ihre Freunde mit, die von der Volzrade-Begeisterung angesteckt wurden und nun in der »Linde« schlafen werden. Tanni rief eines Abends vor drei Monaten an: »Hallo, Lissi. Sag mal, ihr habt doch die zweite Wohnung fertig, wenn wir kommen, nicht? Wir können nämlich nicht in die ›Linde‹ ausweichen – da wollen in der Woche unsere Nachbarn und Freunde rein. Die wollen unbedingt mitkommen. Ist die neue Wohnung dann fertig?« Ich schluckte kurz und war froh, dass ich saß und nicht stand. »Ähm … na ja, fertig … also, die Handwerker sind noch drin momentan. Aber im Prinzip ist die Wohnung … na ja … dann schon so weit bereit.«

Ich glaube nicht, dass ich sehr überzeugend klang – aber das kümmerte Tanni überhaupt nicht. Sie jubilierte beinahe: »Das wär soooo toll, wenn das klappt! Dann buch uns bitte fest für beide Wohnungen ein!«

»Versprochen!«, antwortete ich und wir legten auf. »Was machst du nur, Lissi?«, schimpfte ich mit mir selbst, während ich Bruno suchen ging. »Wieso sagst du nicht einfach, dass das nicht klappen wird?« Bruno saß am Schreibtisch und hatte den Taschenrechner neben sich. Guter Moment.

»Scha-hatz?« – »Hmm-mm?«, brummte er geistesabwesend. – »Kann ich dich kurz was fragen?« – »Ist eigentlich gerade schlecht.« – »Ich weiß«, flötete ich. »Geht aber um

Umsatz.« Und plötzlich tauchte er aus seinen Kalkulationen auf. Er drehte sich zu mir und sagte: »Ich bin ganz Ohr.«

»Was ist dir lieber …«, begann ich mein raffiniert ersonnenes Manöver »… ganz viel Hektik und zusätzlicher Umsatz oder etwas weniger Hektik und kein Umsatz?«

»Hä?«

»Sag!«

»Umsatz hilft uns immer. Sehr. Also, was ist los?«

»Meinst du, es ist machbar, die ›Akazie‹ fertig zu machen, bis Tanni und Dieter kommen?«

»Die kommen wann?«

»Im April. Und sie würden gerne Freunde mitbringen.«

Bruno schluckte. »Puh! Was war denn bisher geplant?«

»Kein fester Termin. Aber Mitte, Ende Mai wollte ich fertig sein.«

»Na ja – dann red mit den Handwerkern. Und back noch 'nen Kuchen extra für sie.«

»Hmmm – und soll ich sie dann auch gleich offiziell online stellen?«

»Klar«, schmunzelte Bruno. »Die Wohnung ist ja dann fertig. Also können wir sie auch vermieten, wenn die wieder weg sind. Anfragen dafür haben wir doch genug, oder?«

»Ja, haben wir. Bisher musste ich allen absagen. Gerade gestern wieder. Aber ich habe die Anfragen natürlich noch.«

Zum Glück sind unsere Handwerker uns so wohlgesonnen. Sowohl der Elektriker als auch der Maler sagen mir tatsächlich zu, alles andere stehen und liegen zu lassen und die »Akazie« fertig zu machen – notfalls mit Abend- und

Samstagsschichten. Sie kennen natürlich unsere Planung und wissen, dass ihr Engagement auch für sie Früchte tragen dürfte. Denn wir wollen jedes Jahr eine Wohnung fertig bekommen. Seit 2015 ist die »Linde« in Betrieb, jetzt haben wir mit einem Kraftakt die »Akazie« geschafft. In Rosi Müllers Wohnung, die wir »Buche« getauft haben, müssen wir vorerst nichts machen. Und nun bleibt noch die vierte Wohnung, die vom Saal abgeht. Momentan ist sie unser Küchenlager. Aber ich habe hierfür natürlich auch schon eine Idee – und ich weiß, dass sie Bruno nicht gefallen wird.

»Lissi, du scheinst unsere Lage nicht voll erfasst zu haben.« Mein Gatte hat sich entschieden, die vorsichtige Redeweise aufzugeben und direkter zu werden als sonst. Während er auf seine Tabellen zeigt, ruft er mehr, als er sagt: »Mensch, wir brauchen Umsatz! Und du willst die letzte Wohnung zum Lümmelraum machen! Das ist doch Wahnsinn!«

Ich kenne das schon von uns und bleibe ruhig. Es ist oft so. Ich verkünde eine meiner gefürchteten Visionen, Bruno schaut fassungslos und erklärt mich für verrückt – und dann kommen wir ins Reden.

»Bevor ich dir erkläre, warum ich diesen Raum anders nutzen möchte als die ›Linde‹ und die ›Akazie‹: Klar brauchen wir Umsatz. Und ich weiß, dass unsere Kalkulationen auf drei Ferienwohnungen basieren und nicht auf zwei. Wir brauchen mehr regelmäßige Einnahmen mit Übernachtungsgästen. Deswegen würde ich dir gerne zuerst meinen Vorschlag für unseren übernächsten Schritt erzählen. Kommst du mal mit nach oben?«

»In das eklige Dachgeschoss? Wieso denn das?« Er hasst die enge Stiege und die fensterlosen, dunklen Gänge weiterhin. Aber was soll er machen?

Am Ende der Stiege, wo früher die Wohnungen der weiblichen Bediensteten waren, halte ich an und zeige auf eine Tür. »Weißt du, was genau da drunter ist?«

Bruno stutzt kurz und justiert seine innere Landkarte. »Müsste die ›Linde‹ sein.«

»Exakt. Und wenn wir neben den Räumen der ›Linde‹ meinen ›Lümmelraum‹ machen, wie du ihn nennst, dann kommt die dritte Ferienwohnung eben darüber. Die Leitungen haben wir ja zum Glück schon nach oben verlängern lassen.«

Ich kann ihn schlecht sehen im matten Schein der Taschenlampe, aber ich erkenne, dass er sich etwas ratlos umschaut. »Hier oben? Eine Ferienwohnung? Wo man die enge Stiege hochmuss? Hier sieht es doch schrecklich aus. Es ist doch seit mindestes zwanzig Jahren nichts gemacht worden. Wenn die Leute zur neuen Wohnung gehen, müssen sie doch hier vorbei an der … wie nennst du die alte Bude hier? ›Lärche‹?«

»Die werden die Gäste doch gar nicht zu sehen bekommen«, beruhige ich ihn. »Da ist doch eine Tür davor.« Und appelliere dann an seinen Ehrgeiz: »Mensch, erinnere dich mal, wie die anderen Wohnungen anfangs aussahen – und was wir dann für Schmuckkästchen daraus gemacht haben. Die ›Akazie‹ wird so gefeiert von den Gästen – und wir haben da gehaust wie in einem Abbruchhaus während der ersten Bauphase. Und vor uns war Familie Flodder drin.

Wieso sollen wir so eine Verwandlung hier oben nicht auch hinbekommen?«

Mittlerweile stehen wir in den Räumen, die ich im Auge habe. Bruno kratzt sich am Kopf. Das ist immer das Zeichen, dass sein Hauptwiderstand gebrochen ist. »Und wie genau stellst du dir das vor?«

Eifrig beginne ich zu erklären: »Eigentlich genauso wie einen Stock tiefer. Da hinten kommt das Bad hin, logisch. Wegen der Leitungen. Es muss aber nicht so ein Schlauch sein wie unten, und wir können es unterteilen. Hier gibt es ja keinen Dienergang. Also: Hier kommt man rein, das wäre dann die Küche. Und ein großes Zimmer in der Mitte. Hinten das Schlafzimmer. Genau wie unten.«

»Und wie schirmen wir den Bereich vom restlichen Dachgeschoss ab?« Bruno deutet angewidert ins Dunkel auf der anderen Seite der Stiege. Wo der riesige Raum mit den Resten den beiden DDR-Mietwohnungen liegt.

»Da kommt ein Schloss an die Tür und fertig. So als wäre die Welt hier zu Ende. Um den Bereich dahinter kümmern wir uns erst mal nicht«, sage ich leichthin. Und denke bei mir: »Wenn der wüsste ...«

Wieder unten in der noch unrenovierten Wohnung sagt Bruno: »Gesetzt den Fall, wir können tatsächlich oben eine dritte Ferienwohnung machen: Was ist nun mit diesem Raum?« Er ist immer noch ganz leicht verärgert, weil ich mit dem Hausmeister die Tür herausgerissen habe, um zu schauen, ob die alte Türöffnung noch vorhanden ist. Und ich habe tatsächlich den historischen Türrahmen gefunden und ihm das natürlich sofort als Foto geschickt. Gab natürlich Gemecker, wegen »Da gehen wir jetzt nicht ran.« Aber heute: neuer Versuch!

»Also, ich sehe hier … meine Vision ist …« Stopp! Schlechter Anfang! Von Visionen hat er erst mal genug. Also hole ich etwas weiter aus. »Ich bin ja tagsüber hier, wenn wir Gäste haben. Und mir ist aufgefallen, dass sie manchmal keinen vernünftigen Ort haben, um sich außerhalb ihrer Ferienapartments aufzuhalten und sich zu begegnen. Das wurde ganz deutlich, als Tanni und Dieter und ihre Freunde neulich hier waren, in der ›Linde‹ und der ›Akazie‹, und es diese beiden total verregneten Tage gab. Wenn die Sonne scheint und es warm ist, können die Leute wunderbar draußen zusammensitzen. Aber sonst?«

Bruno nickt. »Das hab ich nicht miterlebt, aber es leuchtet mir ein. Wenn wir im Urlaub sind, nervt es uns ja auch, wenn wir nur ein Zimmer haben, in dem wir uns aufhalten können. Und Hotels ohne Lounge und Bar finde ich schrecklich. Aber können sie nicht hier oben im Saal sitzen?«

Jetzt bin ich mal dran mit entgeistert gucken. »Bruno, das ist ein grandioser Raum für Feste. Oder später vielleicht mal für Konzerte. Aber zum Entspannen? Es ist ein Durchgangsraum. Und oft etwas zugig. Und da stehen später mal Essstühle an einem großen, langen Tisch. Was mir vorschwebt, ist schon etwas gemütlicher.«

»Okay, okay, ich ziehe die Frage zurück. Also: Was stellst du dir vor?«

»Nur noch kurz: Erinnerst du dich an letzte Weihnachten? Obwohl ich meine Vierzig-Quadratmeter-Küche ja bekommen habe, wurde es manchmal ein bisschen voll und wuselig dort, als unsere Kinder und Enkel und die beiden Omas da waren. Da wäre ein weiterer Raum nicht schlecht gewesen. Wir haben das Haus ja auch ausgewählt, damit wir unsere große Familie beherbergen können. Auch für die soll dieser Raum sein.«

Bruno nickt schon wieder, wenn auch immer noch etwas widerwillig. Es ist eher dieses »Ich-will-es-weiterhin-nicht-aber-mir-gehen-die-Argumente-aus«-Nicken. »Okay«, sagt er etwas resigniert, »dann lass deine Träume mal laufen.«

Jetzt bin ich nicht mehr zu halten. »Also, du warst ja total gegen den ersten Vorschlag eines Yogaraums, aber diese Idee ist viel besser! Ich sehe hier eine Bibliothek. Eingerichtet mit 'nem richtig schönen, alten Bibliotheksschrank, gefüllt mit meiner Büchersammlung, und auch deine Tochter hat noch einige Bücher, die hier Platz finden könnten.« Punkt für mich. Brunos Tochter Claudia ist eine richtige Leseratte und hat das ganze Zimmer voller Bücher. Als sie im Sommer hier war zum Helfen, bot sie mir ihre Bücher als Leihgabe an. »Und jede Menge gemütlicher Sofas und Sessel. Und kleine Tischchen. Und eine Spielesammlung. Und Wandteppiche oder alte Tapeten. Und Platz für ein paar Yogamatten. Und ganz wichtig: *keinen* Fernseher. Und dann kann man hier sitzen – alleine oder zusammen. Verabredet oder spontan. Und dann sind wir mehr als ein Hotel. Dann sind wir ein gastliches Haus.«

Ich sehe, wie in Bruno zwei Empfindungen miteinander ringen. Am Ende gibt er sich einen Ruck und sagt: »Ich bin einverstanden. Es ist dein Projekt. Mach mal einen Plan und eine Kostenaufstellung. Dann schauen wir, wann wir Budget dafür haben.« Er sagt das nicht feindselig, aber schon mit einer gewissen Distanz. Und trotzdem. Damit kann ich arbeiten. Und wenn der Raum so wird, wie ich ihn mir ausmale, dann wird Bruno ihn irgendwann auch ins Herz schließen.

Im Herbst 2017 ist es dann so weit. »Wenn es jemanden gibt, mit dem wir diesen Raum am liebsten einweihen wollen, dann seid ihr es!« Ich hebe mein Sektglas und proste Mandi und Motte zu.

»Ihr wart unsere allerersten Übernachtungsgäste – und nun seid ihr die Ersten, die …«

»… in diesen herrlichen Sofas versinken dürfen«, fällt Mandi mir prustend ins Wort. Die beiden Köpfe der kleinen »Hirnrock- und Herzpop«-Band Frollein Motte haben die gewaltigen, lederüberzogenen, mit Patina glänzenden Möbelstücke sofort in Besitz genommen. Da man mit den Beinen nicht bis auf den Boden kommt, wenn man sich anlehnt, sitzen sie alle im Schneidersitz. Der Gitarrist Michel und seine Familie sind mit von der Partie, und auch die Kinder nehmen den Raum in Beschlag. Jeder Gast findet seinen Platz.

»Lissi, Bruno – das ist ein Traum von einem Raum! Und die vielen Bücher!«

»Ja, da ist auch mein allererstes dabei. Schau mal, hier!«

Ehrfürchtig nimmt Mandi den abgegriffenen Pappband in die Hand: *Oh, diese Helga.* »Helga klingt – nicht gerade modern. Wer ist diese Dora Thaler?«

»Eine Österreicherin wohl. Und das Buch ist zum ersten Mal 1949 gedruckt worden, stell dir vor. Auf dem Stand waren meine Verwandten ungefähr, als wir 1978 nach Deutschland kamen. Das damalige moderne Zeugs kam ihnen natürlich nicht ins Haus.«

»Und was ist das hier?«, fragt Motte und hält einen Bildband hoch.

»Oh, das ist ein Schatz. Hugo von Pentz' Buch über die Gutshäuser der Gegend. Unsere Verbindung zur Geschichte des Hauses.«

»*Album mecklenburgischer Güter im ehemaligen ritterschaftlichen Amt Wittenburg*«, liest Motte vor. »Wittenburg, das ist doch die Autobahnabfahrt, die man hier zu euch nehmen muss, oder?«

» Ja. Und vorne drauf siehst du, wie das Haus hier mal ausgesehen haben könnte, vor der Aufstockung 1860. In strahlendem Weiß und mit den typischen Palladio-Säulen. Ist natürlich nicht Volzrade. Vom Zustand 1860 kann es ja kein Foto geben. Aber andere Gutsherren kannten Palladio auch. Das war 'ne richtige Mode.«

»Wisst ihr übrigens, was ich auch so toll finde an diesem Gemeinschaftsraum?«, fragt Mandi.

»Erzähl!«, fordert Bruno sie auf. Er taut gerade mehr und mehr auf, wie ich erfreut registriere. Trotz (oder wegen) der harten Arbeitswoche, von der er gerade erst wieder nach Hause gekommen ist.

»Wäre das hier auch eine Ferienwohnung, dann käme man sich da draußen im Saal ein bisschen vor wie in einem Hotel, wenn man die Treppe hochkommt: Hinten links 'ne

Wohnung, hinten rechts 'ne Wohnung, vorne rechts 'ne Wohnung, vorne links 'ne Wohnung. Aber jetzt …«

»… jetzt fühlt man sich wie ein willkommener Gast«, ergänzt ihr Mann Motte. »Stimmt genau! Es ist gut, dass ihr die erwartbare Anordnung durchbrochen habt. Das versuchen wir in unseren Songs auch immer.«

»Und die Handwerker für die Wohnung oben sind schon bestellt«, ergänze ich. »Damit es auch immer genügend Gäste gibt für den Raum hier.«

Am Ende eines fröhlichen, urgemütlichen Abends mit viel Musik und Wein, als die Deutschrocker sich schon in ihre Gemächer begeben haben, sitzen wir noch beim letzten Schluck Wein in der Bibliothek. Ich bin rundum zufrieden. Vor allem, als Bruno meine Hand nimmt und sagt: »Jetzt verstehe ich erst so richtig, warum es einen solchen Raum braucht. Das hast du genau richtig gemacht. Mal wieder.«

Das »General-Spiel«: Dachausbau 2019

»Da habt ihr euch ja was vorgenommen.« Meine Schwester staunt. Es ist der Abend vor Silvester 2018, und ein Teil der bunten Schar aus Verwandten und Feriengästen, die das Haus bevölkert, hat sich in der Bibliothek versammelt.

»Puh, ja, das stimmt.« Wenn ich von unserem Riesenprojekt für 2019 erzähle, bekomme ich auch immer wieder Angst vor der eigenen Courage.

»Und ihr wollt das wirklich alles gleichzeitig machen? Die Toiletten im Keller, das Café und die Hotelzimmer oben?«

Bruno schaltet sich ein: »Das ist das einzig Vernünftige. Wenn wir schon große Arbeiten vom Keller bis zum Dach machen, dann in einem Aufwasch. Sonst hat man gerade den Staub der einen Baustelle beseitigt, und dann pudert einem das nächste Projekt alles wieder ein.«

»Und außerdem«, ergänze ich, »braucht man einen Frühstücksraum, wenn man Hotelzimmer hat. Deshalb muss das Café gleichzeitig fertig sein. Und ein Café ohne anständige Toiletten geht nicht. Es hängt mal wieder alles miteinander zusammen.«

Dann wende ich mich an das Paar, das gerade in der »Kastanie« wohnt, der in diesem Jahr eröffneten Ferienwohnung im zweiten Obergeschoss. »Sagt mal ganz ehrlich: Wie funktioniert das mit der Treppe nach oben? Ist es sehr beschwerlich, da hochzukommen?«

Die Frau winkt ab: »Wenn man einigermaßen gut zu Fuß ist, ist es kein Problem. Klar, wenn man einen sperrigen Koffer hochschafft, kommt man ein bisschen ins Schwitzen – aber das ist ja allenfalls einmal nötig, bei der Ankunft.«

»Na, da bin ich ja beruhigt. Denn barrierefrei ist natürlich was anderes – aber dafür waren Gutshäuser nun mal nicht ausgelegt. Es gibt unseres Wissens kein einziges Gutshaus-Hotel in Mecklenburg, das für Rollstuhlfahrer geeignet ist.«

Der Mann ergänzt ein wenig sarkastisch: »Tja, damals war man eben noch anders drauf. Wer es die Treppe nicht mehr hochschaffte, kam aufs Altenteil.« Er lacht laut. »Worüber ich mir ehrlich gesagt mehr Gedanken mache als über die Gäste: Wie kommen die Bauarbeiter und Handwerker damit klar? Wie kriegen die ihr Zeugs nach oben?«

»Ich glaube, das wird deren kleinstes Problem sein«, antworte ich. »Alles eine Frage der Organisation. Nur das wirklich Nötige nach oben schaffen und gut planen – sonst ist man nur am Rennen und Treppenkraxeln. Für den Bau der Hotelzimmer wird es einen Lastenaufzug geben, das kann man alles gar nicht die Treppe hochwuchten. Bei der ›Kastanie‹ haben sie sich schnell eine durchdachte Logistik ausgedacht, schon aus Eigeninteresse.«

»Wieso kleinstes Problem?« Meine Schwester Erika kennt mich und entdeckt meine Andeutungen zielsicher.

Mit einem Seitenblick auf Bruno erkläre ich: »Na ja, die halten mich mal wieder alle für verrückt. Hotelzimmer da oben in der Trümmerwüste – das kann sich niemand vorstellen. Ich habe es schon genau vor Augen – aber leider kann ich es nicht aufmalen.«

»Tja«, lacht Bruno, »wärst du der Mozart der Gutshaussanierung, könntest du deine genialen Eingebungen sogar zu Papier bringen. Na, dafür haben wir ja diese wunderbare Architektin aus Schwerin. Aber auch so …« – er wendet sich der Runde zu: »Ich habe inzwischen verstanden, dass Lissi da eine besondere Gabe hat und sich Dinge vorstellen kann, die auch Fachleute wie Maurer, Zimmerleute, Statiker und Architekten für illusionär halten. Die aber realisierbar sind. Dieser Raum hier ist ein Beweis dafür. Nur Lissi hat ihn damals so vor sich gesehen, wie er jetzt ist.«

Ich tätschele dankbar seine Hand und füge lachend hinzu: »Na, hoffen wir mal, dass die Fachleute es auch glauben. Und dass ich auch diesmal richtig liege ...« Den letzten Satz sage ich allerdings nicht laut, sondern denke ihn nur, mit etwas bangem Herzen.

Ein paar Wochen später stehen Bruno und ich mit ratlosen Gesichtern am Rande unseres zweiten Obergeschosses. Und unserer Nerven. Vor uns die Bauleute, die nur noch die Köpfe schütteln. Dabei geht es noch gar nicht um meine Visionen. Die Frage, wie man hier Hotelzimmer einrichten kann, steht – im wahrsten Sinne des Wortes – noch gar nicht im Raum. Weil es keinen Raum gibt. Keine Wände. Was wir sehen, sind sechs hohe Säulen aus Ziegelsteinen, die im Mittelgang aufgemauert sind, und die leeren Fachwerkwände. Sonst steht hier oben nichts mehr. Und mir ist, als hallten noch die Rufe nach, die uns aufgescheucht haben: »Scheiße! Scheiiiiiße!« Es war der Zimmermann, der vorhin die Nerven verloren hat. Wir sind panisch die Stiege hochgestürzt, weil wir dachten, es sei vielleicht ein schlimmer Unfall passiert. Jetzt versucht er, so ruhig wie möglich zu erklären, was los ist. »Ihr habt hier wirklich alles erwischt, was bei so einem Projekt schiefgehen kann. Habt ihr das Dachgeschoss nicht begutachten lassen damals vor dem Kauf?«

»Äh, doch, natürlich. Sogar von zwei Gutachtern. Wieso?«

»Na ja, gut – wäre auch schwer zu entdecken gewesen. Dass die Lehmwände hinter dem Putz und der Tapete zerbröselt sind, haben Sie ja schon mitbekommen. Und auch, dass in den alten Lehmziegeln der Schimmel saß. Aber jetzt kommt auch noch das hier.« Er zeigt auf den Fußboden vor sich. »Da ist Schwamm drin.«

Bruno und ich werden blass. »Und was heißt das? Müssen die Balken etwa raus? Muss der Boden raus? Wie viel davon?« Was das für die darunterliegenden Wohnungen, die »Akazie« und die »Buche« von Rosi Müller, bedeuten würde, wollen wir uns gar nicht ausmalen.

»Der Boden muss raus im gesamten Hotelbereich, und dann werden wir voraussichtlich alle Balkenköpfe austauschen müssen. Der Putz muss von allen Wänden abgeklopft werden, und alle Lehmziegel müssen durch gebrannte Ziegel getauscht werden.«

So ein Mist! Das Wasser, das jahre- oder jahrzehntelang aus den defekten Regenrinnen und aus dem undichten Bassin ins Dach lief, hat wirklich ganze Arbeit geleistet. Ich sacke zusammen. Sogar ich muss mir eingestehen: Wenn wir all diese Arbeiten machen lassen, wird unser Budget nicht ausreichen und wir müssen zusätzliche Kredite aufnehmen. Mir stehen die Tränen in den Augen. Bruno schaut mich an und sagt resigniert: »Lass uns rausgehen, die Tür zumachen und vergessen, was wir hier tun wollten. Es klappt nicht.« Das war der Moment, in dem ich das erste Mal aus Sorge um die Grande Dame geweint habe.

Ein paar Wochen später geht es dann natürlich doch weiter. Der Zimmermann hat mit uns einen Plan erarbeitet, der die Kosten im Rahmen hält, für uns aber eine Menge Eigenarbeit bedeutet. Wir haben das Go gegeben: Aufgeben ist keine Option.

Die sechs Hotelzimmer mit Bad sollen in die vorhandene Aufteilung der Fachwerkwände eingepasst werden. Und ich stehe mal wieder einem Trupp verständnisloser Männer gegenüber. Obwohl die Baupläne riesengroß an der Wand befestigt sind, gibt es täglich Fragen.

»Also wie jetzt? Hier sollen zwei Zimmer hin? Mit Bädern? Und mit Fenster? Geht nicht!«

»Doch, das geht«, beharre ich. Ich sehe es ja glasklar vor mir. Auf dem Plan und in meinem Kopf. Wieso nur sehen die das nicht? Ich müsste eine USB-Schnittstelle im Schädel haben – dann könnte ich mein Gehirn direkt an einen Drucker anschließen und ihnen meine Bilder neben die Architektenzeichnung legen. Hab ich aber leider nicht. Also führen wir immer wieder diese Diskussionen. Und ich werde einen Verdacht nicht los: Wäre es Bruno, der ein klares Bild im Kopf hätte und versuchte, es zu vermitteln, würden ihn die Männer ansehen und bei sich denken: »Toll, der Mann hat eine Vision! Ich verstehe sie zwar noch nicht ganz, aber es ist ungeheuer inspirierend.« Bei mir hingegen drücken die Gesichter nur eines aus: »Die Alte spinnt doch!« Zum Glück habe ich mir während der vergangenen fünf Jahre echte Bauleiter-Eier wachsen lassen. Wer einen Auftrag bekommen oder behalten will, tut gut daran, mich nicht zu unterschätzen, sondern ernst zu nehmen. Im Gegenzug habe ich meine angeborene Ungeduld gezügelt. Ich kann inzwischen ertragen, dass sich bei Unklarheiten über die Vorgehensweise das immer gleiche Spiel entwickelt. Ich nenne es für mich das »General-Spiel«. Warum »General«?

Nun, *Der General* von und mit Buster Keaton ist einer der genialsten Stummfilmklassiker überhaupt. Der Komiker mit dem stoisch-versteinerten Gesichtsausdruck spielt darin einen Lokomotivführer zur Zeit des amerikanischen Bürgerkriegs. Er muss seine Lokomotive namens *The General* vor den Feinden in Sicherheit bringen. Diese verfolgen ihn, und er versucht sie mit allen Tricks abzuschütteln. Einmal kommen die Verfolger an eine Weiche, die Buster Keaton absichtlich beschädigt hat. Sie muss möglichst schnell repariert werden – dafür müsste sich jemand auskennen. Einer kennt sich auch aus – aber immer, wenn er versucht, zur Weiche vorzudringen, wird er von dem Trupp selbst ernannter Experten zur Seite geschoben, die ohne jede Ahnung an dem Schaden herumdoktern. Erst, als alle mal ihren fehlenden Durchblick unter Beweis stellen durften, wird unser Experte endlich rangelassen – und repariert die Weiche provisorisch mit einem einzigen entschlossenen, fachkundigen Handgriff. Und genau so läuft auch unser »General-Spiel« ab: Alle Gewerke erklären wortreich, warum meine Idee sich auf keinen Fall umsetzen lässt. Ein langes Palaver ohne jedes Ergebnis. Und wenn alle dran waren, frage ich: »Kann man das nicht so und so machen?« Dann öffnen sich zuerst alle Münder, um so etwas wie »Auf keinen Fall!« zu sagen – aber stattdessen beginnt ein verblüfftes Grübeln und Kopfkratzen, und irgendwann sagt der Erste etwas verlegen: »Ach so, ja, das könnte vielleicht gehen.«

Damit kein falscher Eindruck entsteht: Wir haben Riesenglück mit unseren großartigen Handwerkern, und ich könnte ihnen niemals das Wasser reichen bei alldem, was sie beherrschen und wissen. Es ist wirklich nur das Thema »Optisches und räumliches Vorstellungsvermögen« und der Blick eines kreativen Menschen. Ganz sicher auch der Blick von außen, der Möglichkeiten entdeckt, die man in der Routine manchmal übersieht. Das passiert mir ja auch, zum Beispiel in der Küche. Schon mehrfach haben Gäste oder meine Tochter Pia mir Tricks gezeigt, mit denen ich mir eingefahrene, zu umständliche Arbeitsschritte erleichtern konnte. Von selbst wäre ich niemals darauf gekommen.

»Mein Gott, ist das heiß hier oben!« Die Augustsonne brennt gnadenlos auf das Dach des Gutshauses, und ich bin bereits vom Treppenaufstieg schweißüberströmt. Die Luft steht. Wie mag es also erst den Handwerkern gehen?

Die Hitze macht es nicht gerade einfacher, mein Anliegen vorzubringen. Nachdem ich die schwitzenden Arbeiter mitsamt ihrem Chef – er schont sich nicht – gebührend bedauert und bewundert habe und die gekühlten Wasserflaschen, die ich mitgebracht habe, dankbar genommen worden sind, frage ich so beiläufig wie möglich: »Und? Wie liegen wir mit den Zimmern in der Zeit?« Der Chef wischt sich zum x-ten Mal das Gesicht mit einem Handtuch ab, das ihn definitiv schon zu lange begleitet, und antwortet: »Durch den Schwammbefall hat sich der gewünschte Termin Juli ja in Luft aufgelöst, und jetzt die Urlaubszeit tut ihr Übriges. Aber Jahresende sollten wir schaffen.«

Ich spiele ein bisschen Komödie und trete verlegen von einem Fuß auf den anderen. Zum Glück kennt er mich schon und ahnt, was jetzt kommt. »Früher? Schwierig! Drei Wochen können wir vielleicht rausholen. Maximal.«

Ich mag ja solche Plänkeleien. Es ist ein bisschen wie auf einem Basar. »Ich brauche es acht Wochen früher. Nein, sogar neun. Um genau zu sein, brauche ich zwei der Zimmer sogar schon Ende Juli.«

»Sie machen Witze!«

»Leider nicht. Es ist sehr wichtig für mich, aus ... privaten Gründen.« Ob er Verständnis hat für meine Beweggründe? Egal – es muss sowieso raus: »Am 26. Oktober jährt sich der Todestag meines Vaters zum fünften Mal. Ich wünsche mir, dass der Umbau an diesem Tag abgeschlossen ist. Das Café und die Toiletten werden dann auch fertig sein.«

Wie ich befürchtet habe, schaue ich in verständnislose Gesichter. Ich kann es den Männern auch nicht verdenken. Bei gefühlten fünfzig Grad tauche ich hier auf und drehe das Rädchen, auf dem »Stress und Zeitdruck« steht, ganz nach rechts. Dass das keine Begeisterung auslöst, ist mir bewusst. Aber seit ich über den Jahrestag nachdenke, wird mir immer klarer, dass ich dieses traurige Datum gerne mit einem freudigen Ereignis »überschreiben« möchte. Und außerdem will ich Weihnachten gerne mit möglichst vielen Familienmitgliedern feiern können – und das geht nur, wenn es genügend Zimmer gibt. Den anderen Grund, den wichtigeren, mag ich noch nicht laut aussprechen. Geri, Brunos Schwager und Trauzeuge, scheint den Kampf gegen den Krebs zu verlieren. Er ist tapfer und das ist bewundernswert, aber ich habe ihn bei unserem diesjährigen Dorffest erlebt und fürchte, es wird kein Weihnachten mehr geben für ihn. Auch das ist eine Gabe von mir: Ich fühle solche Dinge bei Menschen, die mir nahestehen. Das macht die Dinge nicht einfacher, aber man kann sich darauf einstellen. Ich habe ihm den 26. Oktober als Datum für seinen (wohl letzten) Urlaub hier genannt, damit er einen Fixpunkt hat, an dem er sich festhalten kann.

»Mama? Darf ich wieder nach oben zu den Gespenstern? Ich hab fast keine Angst! Ich trau mich!« Die kleine Hedi, gerade eben angekommen, bebt geradezu vor Erregung. »Angstlust« nennt man das wohl in der Psychologie. Damit ist die paradoxe Lust am Gruseln gemeint, die Menschen in Geisterbahnen und Horrorfilme treibt. Aus der Komfortzone heraus und ganz nah an den Abgrund, das fasziniert manche – und Kinder auf besonders hinreißende Art und Weise. Hedi war vor gut einem Jahr das letzte Mal hier, im Sommer 2018. Und sie erinnert sich offenbar an nichts so intensiv wie an das düstere Dachgeschoss – und an die kleine, harmlose Gespenstergeschichte, die ich ihr dort oben ins Ohr geflüstert habe. Hedis Mutter Katrin verzieht das Gesicht: »Oh, muss das wirklich sein, Schatz?« Ich erinnere mich. Sie hat sich damals wirklich unwohl gefühlt dort oben. Statt der unbefangenen Neugier ihrer kleinen Tochter empfand sie eher ein bisschen Panik. Sie sah aus, als rechne sie jeden Moment mit raschelnden Ratten. Oder flatternden Fledermäusen. Ich raune ihr zu: »Keine Sorge. Es hat sich sehr verändert da oben. Aber pssst! Ich würde gerne sehen, wie Hedi auf die Veränderung reagiert.« Die Mutter nickt und wirkt erleichtert. »Ist nicht auch das Zimmer unserer Trauzeugen da oben?«

»Ja«, schmunzle ich. »Das ist auch da oben.« Katrin und ihr Mann Yüce planen nämlich dieses Wochenende eine Trauung in unserem Garten. Die bisher kleinste, mit zehn Personen.

Als wir die enge Treppe erklommen haben, ist Hedi nicht mehr zu halten. Sie rennt vorneweg, den hellen, schmalen Gang entlang. Als wir sie einholen, steht sie verwirrt im Gang, von dem die Zimmer abgehen. »Hier sind wir falsch«, stellt sie enttäuscht fest. »Hier waren wir noch nie.« Sie schaut mich an: »Wo ist denn das Gespensterdach?« Ihre Mutter haut in dieselbe Kerbe: »Ja, wo war denn das noch mal? Sind wir an der Tür vorbeigelaufen?« Ich kann mich nicht mehr beherrschen und beginne zu kichern. »Hedi, wir stehen gerade mitten im Gespensterdach. Hier war das früher. Aber seitdem waren Bauarbeiter da.« Hedi schaut mich streng an: »Erwachsene dürfen nicht lügen. Das weißt du doch, Lissi. Du bist doch erwachsen!« Ihre Mutter muss lachen: »Hedi, das ist nicht gelogen. Ich hab's auch zuerst nicht geglaubt, aber hier wohnten früher wirklich die Gespenster. Die sind jetzt aber weg.« Sie klingt hörbar erleichtert und blickt sich ungläubig um. Hedi hingegen ist den Tränen nahe. Das vollständige Verschwinden ihres Grusel-Erinnerungsorts nimmt sie erkennbar mit. Und vor allem, dass ihrer heutigen Mutprobe, auf die sie sich offenbar seit Tagen gefreut hat, die Grundlage entzogen worden ist. Als ich frage: »Willst du mal das Zimmer sehen?«, nickt sie nur zaghaft. Ihre Laune ist im Keller. Ich öffne die Tür mit der Nummer zwei– und höre, wie beide die Luft anhalten. »Das … das ist unglaublich!«, stammelt ihre Mutter schließlich. »Wie habt ihr das denn hingekriegt? Das ist ja ein Traum!« Ich beuge mich zu Hedi hinunter. »Weißt du, was noch toller ist als ein Mädchen, das keine Angst vor Gespenstern hat?« Die Kleine schaut mich skeptisch, aber interessiert an. »Was denn?« – »Das ist ein Mädchen, das höher fliegen kann als die Vögel.« Und dann hebe ich sie hoch und halte sie vor das Fenster, das ich trotz des etwas regnerischen Wetters kurz geöffnet habe. »Hörst du das Schnattern? Das sind unsere Enten. Und die sind viel weiter unten als du. Du bist die beste Fliegerin hier.« Hedi strahlt ihre Mutter an – aber die bekommt es nicht mit. Sie steht versonnen neben uns und schaut aus dem Fenster in die Ferne. »Da hinten ist die Elbe«, erkläre ich. Und sie murmelt bloß: »Ich bin sprachlos. Einfach nur sprachlos.« Und sagt dann zu Hedi: »Du, die Gespenster sind weg. Aber dafür gibt's hier jetzt was viel Besseres.« Hedi macht große Augen. »Was denn?« – »Eine Zauberin.«

Bademeister Konrad: der Park und die Laufenten

Ist es eigentlich ein Park oder doch nur ein Garten, was wir hier haben? Als Garten im Sinne von »Anbauen« nutzen wir nur kleine Flächen. Auch Rosi Müller hat einen eigenen Garten. Der Rest ist teilweise dekorativ gestaltet, zum größten Teil jedoch eine einst gezielt angelegte, aber nicht domestizierte Landschaft – nach Art eines »englischen Gartens« also.

Unsere Homepage beschreibt die Anlage so:

Unser Gutshauspark – ein wunderbarer Ort, um zu entspannen, abzuschalten und Ruhe zu finden.

In unserem Park finden alle Gäste Raum für Aktivität oder Ruhe. Zum Fußball spielen auf der alten Obstwiese oder für eine Runde Boccia im Hof. Und wer Ruhe sucht, findet sie hier ganz sicher. Einfach eine der vielen Ruheliegen unter die Linde schieben und genießen.

Kleine und große Entdecker finden in verwunschenen Ecken Eidechsen, Frösche, Spechte, Schmetterlinge und viel anderes Getier. Es gibt Geheimnisse zu entdecken und Fragen zu stellen. Welche Geschichte steckt hinter den Jahreszahlen auf den Steinen beim Ginkgobaum? Wie alt sind die Linden? Sah der Park schon immer so aus? War das Buchsbaum-Rondell schon immer da?

Im Park haben wir einen Feuerplatz angelegt und ein Grill steht für leckere Grillabende bereit.

Der Gutshauspark ist als Außenstelle des Standesamtes Lübtheen gewidmet und wird gerne für standesamtliche und freie Trauungen genutzt.

Einst war es ohne Zweifel ein veritabler Park, also mehrere Hektar groß, aber wie schon erwähnt, wurde nach 1945 ein großer Teil abgetrennt; er ist heute Naturschutzgebiet oder Ackerland im Besitz anderer Eigentümer. Dazu gehört übrigens auch der »Orakelwald«, der besonders eng mit unserem Gutshaus verbunden ist. Von der Tradition der Orakelbäume hat uns Hugo von Pentz' Tochter erzählt: Immer, wenn ein neues Familienmitglied geboren worden war, wurde im Park ein Baum für den neuen Erdenbürger und Gutshausbewohner gepflanzt. Auf diese Bäume achtete ein eigens dafür angestellter Gärtner mit besonderer Hingabe, denn wenn sie kränkelten oder schwächelten, deutete dies nach dem Familienglauben auf ein kommendes ernstes Lebensereignis in der Familie hin.

Wie dem auch sei: Mit »parkähnlicher Garten« dürfte unser schönes Stück Grün wohl am treffendsten beschrieben sein. Der Einfachheit halber nennen wir es aber trotzdem »Park« – und das klingt ja auch so schön herrschaftlich. Aber war er immer so schön? Keineswegs. Als wir 2014 hier einzogen, wirkte die Fläche vernachlässigt. Sie war lieblos behandelt worden und wuchs recht ungepflegt vor sich hin. Dabei hatte Hugo sich durchaus Gedanken gemacht und zum Beispiel aus Ablegern von Nachbarn das repräsentative Buchsbaum-Rondell angelegt, das man bei der Anfahrt vor der Hauptfassade mit dem Prachtbalkon sieht. Aber weil der Park bis 2014 als Pferdekoppel gedient hatte, waren manche Bäume schwer geschädigt und eine Gefahr für Passanten und Fahrzeuge. Und überall fanden sich, teilweise noch aus der DDR-Zeit, Haufen von großen Feldsteinen, Schutt und Müll. Die ließen wir in unzähligen Containern abholen, sodass ganz allmählich der Gutshauspark wieder zum Vorschein kam. Im Außenbereich mit den beiden Terrassen haben wir vier Lkw-Ladungen Mutterboden zum Begradigen ausgebracht. Außerdem haben wir Wühlmausgitter in den Boden versenkt, Rollrasen verlegt und ebenso Leitungen für Strom und zum Bewässern. Und wir haben auch die Pflanzen, Büsche und Bäume im Park einmal durchforsten lassen, um die ursprüngliche Aufteilung wiederherzustellen und die Spuren der Pferdehaltung zu beseitigen. Den gesamten Terrassenbereich haben wir neu angelegt, nachdem Dutzende Wurzeln von Fichten ausgegraben worden waren – eine Heidenarbeit. Brunos Bandscheiben erinnern sich bis heute daran.

Ein größerer Bereich des Gutshausparks war sogar abgezäunt gewesen – hier versuchte sich ein oberirdischer Flüssiggastank hinter mannshohen Brennnesseln zu verstecken. Und es gab abenteuerliche Anbauten und Verschläge an der Gutshausseite, die zum Park zeigt, die ebenfalls in den Schuttcontainern gelandet sind. Mit einem Satz: Es herrschte Wildwuchs.

Und doch war der Park bei der ersten Besichtigung ein ausschlaggebender Faktor gewesen. Ich spürte sofort die starke Energie, die von den prächtigen, majestätischen alten Bäumen ausging. Im Vergleich zu den meist eher kümmerlichen Bäumchen und Wäldchen in der Gegend um Köln und Neuwied herum flößen die riesigen Linden und Kastanien Mecklenburgs mir Respekt ein. Sie haben mehr Platz und mehr Würde. Ich habe damals sofort das Potenzial des Parks gesehen, und er hat die Kaufentscheidung positiv beeinflusst.

»Lissi, du bist echt so naiv!« Meine Schwester Erika spricht mal wieder aus, was ich schon so oft von Gesichtern ablesen konnte. »Wie einfach du dir das wieder vorstellst: Gummistiefel an und hier ein bisschen Buchs beschneiden, da ein paar Blumenzwiebeln verstreuen – fertig.«

Ich weiß in solchen Momenten nie, ob ich verunsichert sein müsste. Oder verärgert. Ich fühle jedoch nichts davon, sondern nehme fröhlich an: Ich weiß selbst, dass »naiver Optimismus« eine gute Beschreibung für meine Lebenseinstellung ist. Anderen mag es anders gehen – aber beim Verwirklichen meiner Ideen und Visionen helfen mir eine Portion Urvertrauen und die »Wird-schon-hinhauen«-Einstellung mehr als das gründliche Bedenken aller möglichen Einwände und Hindernisse. Die Menschen sind eben verschieden. Und seit ich Bruno an meiner Seite habe, weiß ich, dass meine naiven Visionen die notwendige Hälfte einer perfekten Kombination sind.

Also sage ich fröhlich ins Telefon: »Ja, ich weiß schon, dass es sicher mehr Arbeit sein wird, als ich jetzt sehe. Aber ich lege einfach mal los. Es gibt ja keinen Zeitdruck. Und vor allem kein Budget. Klar wäre es toll, wenn wir einen Landschaftsgärtner beauftragen könnten. Ist aber nicht drin. Also muss ich selbst ran. Macht mir ja auch Spaß. Und wenn es mal ein Großprojekt gibt, rufe ich euch an und ihr müsst kommen. Hannes hat schon zugesagt, dass er helfen wird, den Efeu an der Fassade wegzumachen, der uns schon ins Küchenfenster wächst. Ich hoffe, da kommt dann nicht die ganze Fassade mit runter. Aber in einem muss ich dich korrigieren, Schwesterlein: Gummistiefel trag ich nur, wenn es kälter wird. Jetzt gehe ich barfuß in unserer kleinen Nord-Toskana. Weißt du doch.«

Und so mache ich es auch. Es ist der Sommer des Umzugs nach Volzrade. Bruno hat sein Hauptquartier noch in Baden-Württemberg, ich hause in der späteren »Akazie«. Und nachdem ich über myhammer.de unsere polnische Truppe gefunden habe, die jetzt an unserer späteren

Wohnung und an der »Linde« arbeitet, ist die Frage, was ich eigentlich den ganzen Tag tun soll, schnell beantwortet. Also schaue ich mir den Park an. Ich erkunde ihn barfuß – so kann ich besser erspüren, was er braucht und was in ihm schlummert. Und ich überlege, was wir daraus machen können. Für mich ist klar, dass das hier ein zentraler Begegnungs- und Entspannungsort sein wird. Deshalb muss zügig ein Konzept her. Der Park muss belebt werden, damit man ihn genießen kann – beim Kaffeetrinken, beim Plaudern, beim Liegen, beim Spazieren, beim Spielen.

Wichtig ist mir, die hier vorgefundenen Pflanzen, Büsche und Bäume nicht einfach auszureißen, wenn sie mir nicht gefallen, sondern sie umzugestalten. So habe ich schon eine Idee für den Garteneingang: Ich verwende den niedrigwachsenden Buchsbaum am Haus für das geplante Hortensien-Rondell am östlichen Garteneingang. Die dortige Terrassenanlage finde ich nicht gelungen, sie wird noch verändert werden, und wenn ich die Hortensien mit Buchsbaum einfasse, kann der »Hortensienstrauß« eine schöne Begrüßung für die späteren Gäste sein, die wahrscheinlich genau davor ihre Autos abstellen werden.

Gleich am ersten Tag lacht mich eine Kräuterspirale an, die im Buchsbaum-Labyrinth wächst. Einen Kräutergarten wollte ich immer schon mal haben, zumal ich sehr gerne mit frischen Kräutern koche. Aber was ist das hier? Es glitscht plötzlich ganz eklig unter meinen nackten Füßen. Äääääh – eine Nacktschnecke! Ich will ausweichen, aber dabei trete ich gleich auf die nächste. Und dann sehe ich, dass es hier wimmelt von den Viechern. Auch unabhängig von meiner Schneckenphobie ist das eine Plage, gegen die wir etwas unternehmen müssen. Und zwar nachhaltig und möglichst ohne Gift.

Am Abend befrage ich das Internet nach Tipps gegen Nacktschnecken. Ich finde unter anderem heraus, dass Indische Laufenten sowohl die braunen als auch die schwarzen Nacktschnecken sehr gerne fressen. Und außerdem auch Käfer, die einem das Gemüse wegknabbern. Während die Laufenten selbst, so lese ich, sich für Gartenfrüchte nicht weiter interessieren, sondern – anders als Hühner – bei entsprechendem Nahrungsangebot reine Fleischfresser sind. Indische Laufenten – das klingt erst mal sehr exotisch und wenig regional für mich. Aber sie faszinieren mich, und ich beschäftige ich mich näher mit diesen Tieren. Womit das Schicksal im wahrsten Sinne des Wortes seinen Lauf nimmt.

Bisher haben wir über das Thema Tiere noch überhaupt nicht nachgedacht. Und wenn es nach Bruno geht, soll das auch erst mal so bleiben, bis die Arbeiten im Haus geschafft sind. Mein Kater Max ist natürlich mitgekommen nach Volzrade und erobert sich seither das Revier. Aber sonst planen wir bisher nichts, sondern versuchen eher, die Spuren der Pferdehaltung loszuwerden. Entsprechend entgeistert schaut Bruno mich an, als ich ihm an einem seiner ersten Besuchswochenenden auf meiner Baustelle verkünde, wie günstig es doch sei, dass wir den kleinen Stall und den Teich haben – der Anschaffung eines Laufentenpaars stehe nun nichts mehr im Wege.

»Haben wir nicht wirklich Wichtigeres zu tun?«, fragt Bruno zurück. Ich verstehe ihn – schließlich habe ich ihm gerade die vielen unerwarteten Problemstellen gezeigt und ihm von all den schwierigen Momenten erzählt. Aber ich gebe nicht klein bei.

»Wir müssen ja nicht viel tun. Und vor allem tun die Enten etwas, das sonst wir machen müssten: Sie bekämpfen die Schneckenplage. Und es wäre doch schön, wenn unsere künftigen Gäste einen belebten Park vorfänden. Dazu gehören die Enten. Und ich will mich jetzt an sie gewöhnen – und sie an uns.«

Bruno zuckt nur mit den Schultern. Er weiß ja, dass ich sowieso mache, was ich mir in den Kopf gesetzt habe. Und da es nicht um nennenswerte Investitionen geht, muss er auch den »Finanzminister« stecken lassen.

Tja – aber woher jetzt Indische Laufenten nehmen, hier in Mecklenburg? Mal wieder ist Rosi Müller die richtige Adresse. Zu meiner Verblüffung liegt die Lösung sogar sehr nahe, nämlich in Volzrade selbst. Wo ich bisher nur wenige Menschen kenne. Rosis Neffe züchtet offenbar tatsächlich genau die Laufenten, die ich suche. Wahrscheinlich sind wir nicht die einzigen mit einem Nacktschneckenproblem – und der Appetit der Enten auf die Glibberviecher hat sich herumgesprochen. Jedenfalls kann er mir ein Weibchen aus seinem Nachwuchs abgeben. Und unser Freund Holger, der Schäfer, empfiehlt mir das »Blaue Kreuz« in einem Gutshaus in der näheren Umgebung, wo sie Laufenten als Therapietiere halten. Von dort wird ein junger Erpel kommen. Das ging also schon mal leichter als gedacht.

Bevor ich die Enten abhole, ziehe ich einen der Bauarbeiter für ein paar Stunden aus dem Gutshaus ab. Es gibt einen halb verfallenen ehemaligen Schweinestall, der einigermaßen nahe am Haus liegt. Der Mann repariert die Tür und die Wände des Stalls und ich weißle sie danach. Natürlich mit Kreidefarbe.

Und jetzt brauchen die Enten noch frisches Stroh. Das sollte die leichteste Übung sein – denn ausgerechnet Rosis Bruder, der Bauer ist, hat immer Stroh abzugeben. Also fahre ich mit meinem VW Golf die kurze Strecke, klopfe an die Tür und sage: »Guten Tag. Ich komme vom Gutshaus. Ich brauche Stroh, und Rosi hat gesagt, ich dürfte mal fragen kommen.«

Worauf der Bauer mich anraunzt: »Mit denen vom Schloss will ich nix zu tun haben. Die haben das Stroh nicht bezahlt!«, und die Tür zuknallt. Offenbar hat er schlechte Erfahrungen mit dem Pferdezüchter gemacht.

Ich bin zwar verdattert, gebe aber nicht auf, sondern klopfe erneut. »Wir haben aber mit dem Vorbesitzer nichts zu tun. Wir sind die Neuen. Nicht die, die nicht bezahlt haben. Ich bezahle auch gerne sofort. Kann ich nicht doch Stroh bekommen für meine Enten? Krieg ich 'ne Chance? Rosi sagte ...«

Die Tür geht ein wenig auf. »Rosi schickt dich? Und was willst du mit dem Stroh? Und mit dem Gutshaus? Einen auf große Leute machen, oder was?«

Ich erzähle ein wenig, was wir vorhaben, und spüre, wie er ganz allmählich auftaut. Irgendwann blickt er über meine Schulter und fragt: »Wie viel Stroh brauchst du denn?« –

»So zwei Ballen krieg ich in den Kofferraum.« – »Quatsch! Mit *dem* Auto? Da machst du dir alles dreckig. Hast du keinen Trecker? Oder 'ne Schubkarre?«

Und so fahre ich den Golf wieder nach Hause und tuckere stattdessen mit unserem Rasentrecker mit Anhänger zu ihm hin. Und siehe da: Ich darf damit sogar auf seinen Hof fahren. Und bekomme erst einmal eine zweistündige Führung, während der ich seine Tiere gebührend bewundere: Schweine, Hühner, Tauben, Enten, Kaninchen. Danach zeigt er mir stolz die Aprikosen- und die Kirschbäume, die er entlang der Straße gepflanzt hat – ohne Auftrag und finanzielle Belohnung, einfach so aus Bürgersinn. Ich frage und erfahre viel. Und damit ist das Eis gebrochen. Und die Enten bekommen ihr Stroh.

Am nächsten Tag ziehen Ottilie und Konrad bei uns ein. Bei der Namenswahl habe ich mich an früheren Bewohnern des Gutshauses orientiert. Das fand ich passend für diese putzigen Tierchen.

An den ersten Tagen lasse ich Ottilie und Konrad nur im Stall und besuche sie oft. Sie sollen sich an meine Stimme gewöhnen und lernen, dass dies der Ort ist, an dem sie von mir Futter und Wasser bekommen. Ich zimmere ihnen einen behelfsmäßigen Auslauf und rede mit ihnen, wenn ich sie mit Regenwürmern füttere, die ich bei der Gartenarbeit gefunden habe. Durch diese Kennenlernphase ist die Gefahr gering, dass sie durch eines der vielen Löcher in den alten Zäunen des Parks ausbüxen. Und als ich sie schließlich rauslasse, damit sie den Park erkunden und den Teich entdecken, ist es gar kein Problem, sie abends wieder in den

Stall zu bringen. Sie steuern ihn von alleine an und haben ihn als ihren sicheren Ort erkannt.

In den folgenden Wochen arbeite ich viel im Park, gärtnere und erobere mir nach und nach diesen verwunschenen Schatz. Ottilie und Konrad halten sich oft in meiner Nähe auf. Vor allem, wenn sie sehen, dass ich mit einem Spaten hantiere, trauen sie sich oft bis auf einen Meter an mich heran. Das ist für diese scheuen und vorsichtigen Tiere schon sehr nah – handzahm sind sie generell nicht. Aber sie wissen: Ein Spaten bedeutet, dass es gleich viele Regenwürmer und Käfer gibt. Und weil es ein prachtvolles Nacktschnecken-Jahr ist, leben sie wie im Schlaraffenland und wachsen rasend schnell zu voller Größe heran.

Und dann kommt das Frühjahr und damit ein herrliches Schauspiel: der spezielle Balztanz der Laufenten, der der Paarung vorangeht. Es ist ein Spektakel, wie die beiden mal graziös, mal komödiantisch umeinander herumtanzen.

Einige Zeit später legt Ottilie dann Eier in das Nest, das sie aus Stroh gebaut hat. Über zwanzig Stück. Wir staunen. Vor allem darüber, wie perfekt eingespielt das Paar von nun an agiert. Sie haben das ja noch nie gemacht – aber ihr Instinkt sagt ihnen, was zu tun ist. Und zwar teilweise minutengenau. Ottilie sitzt auf dem Nest und wärmt das Gelege – und Konrad sitzt derweil treu vor dem Stall und bewacht seine Entendame und das Nest. Nesträuber wie Elstern und Füchse wären sonst eine echte Gefahr. Unterbrochen wird dieses geduldige Sitzen nur durch die Fress- und Badeausflüge, zu denen Ottilie pünktlich alle zwei Stunden aufbricht. Ich habe tagelang fasziniert zugesehen, wenn ich in der Nähe zu tun hatte. Mit lautem Geschnatter schickt Konrad seine Ottilie los, damit sie frisst, trinkt und ihr Gefieder im Teich badet. Denn für das Ausbrüten braucht es nicht nur ihre Körperwärme – also die Kalorien, die sie während ihrer Ausflüge gierig verschlingt –, sondern auch ein gewisses Maß an Feuchtigkeit. Während ihrer Ausflüge wacht Konrad immer neben Ottilie und schaut, dass sie genug zu fressen findet. Dabei hat er immer den Stall im Auge. Aber wehe, sie will länger bleiben als fünfzehn Minuten – etwa, weil sie etwas weiter weg vom Stall eine ergiebige Fressstelle entdeckt hat. Dann stürmt Konrad los und holt sie mit einem Mordsgezeter und -gepicke ab. Gemeinsam rennen sie zum kurz verlassenen Stall, verabschieden sich wortreich und nehmen wieder ihre Plätze ein. Die innere Uhr, die Konrad aufschreckt, wenn Ottilie überzieht, dient dazu, ein Auskühlen des Geleges zu verhindern. Es ist ein ständiges Ringen um Gleichgewicht: Was brauchen die Eier – und was braucht die Mutter, damit sie erfolgreich brüten kann?

Irgendwann fällt mir auf, dass Konrad aufgeregt schnattert, Ottilie aber gar nicht mehr rausgeht.

Es scheint sich etwas anzukündigen. Die Küken wollen schlüpfen! Die dreißig Tage, von denen wir gelesen haben, sind jetzt auch um. Das Zutrauen der Enten zu meiner Tochter Pia und mir ist mittlerweile so groß, dass die beiden Eltern es dulden, dass wir im Stall sitzen und gespannt auf das Schlüpfen der Küken warten. Die passen dann aber doch einen Moment ab, in dem wir gerade mal nicht da sind. Sicher ist sicher. Aus mehr als der Hälfte der

Eier sind puschelige kleine gelbe Küken geschlüpft. Zuerst bleiben sie im Stall, aber nach ein paar Tagen erleben wir erstmals die stolze Parade, auf die wir uns so gefreut haben. Konrad führt Ottilie und die Kükenschar in den kleinen, nach oben mit Draht gesicherten Auslauf. Der Park wäre noch zu unsicher, auch wenn unsere Katzen die Enten generell in Ruhe lassen. Aber Raubvögel und der Fuchs sind eine Gefahr.

Ich könnte wirklich den ganzen Tag dabei zuschauen, wie die Kleinen sofort alles nachahmen, was ihre Eltern machen. Von Anfang an sind sie Laufenten im Miniformat. Und nach einer Weile dürfen sie auch in den Park. Anfangs watscheln und schwimmen sie noch brav hinter ihren Eltern her – aber irgendwann siegt doch die Neugier und sie erforschen auf eigene Faust unseren Park. Seither wissen wir ganz genau, wo der Zaun Löcher hat. Denn oft finden sie zwar raus, aber nicht wieder rein, sodass wir sie bei einem Nachbarn abholen müssen.

Unsere Entenschar hat das Interesse eines jungen Mannes geweckt, der bei uns im Dorf wohnt und ebenfalls Laufenten züchtet. Er lebt bei seinem Opa und ist extrem schüchtern. Aber die Enten sind das Thema, über das wir ab und zu am Gartenzaun ein wenig ins Gespräch kommen. Seine Ente hatte einen Monat früher als Ottilie fertiggebrütet und er hat jede Menge Küken zu Hause. Aber er erzählt mir, dass sein Opa genervt ist von seinen Zuchterfolgen. Die Laufenten gäben nicht viel Fleisch und kosteten nur Futter. Der Opa hat nämlich kein großes Grundstück wie wir und daher kein Gratisfutter in Form von Nacktschnecken, Käfern und Würmern. Ich biete ihm an, ihm ein paar Küken abzunehmen – bei uns ist genug Platz und ich habe gelesen, dass Konrad gerne eine zweite Ente hätte, der er nachsteigen kann, während Ottilie brütet. Und die muss natürlich aus einem anderen Gelege kommen.

Eines Morgens, ich habe mein Angebot schon fast vergessen, stolpere ich beim Öffnen der Haustür beinahe über einen Sack. Und springe schreiend zurück, als ich bemerke, dass sich darin etwas bewegt. Ich rufe Bruno und wir nähern uns vorsichtig dem Sack, um ihn zu öffnen. Die leisen Quak-Geräusche, die daraus erklingen, machen mir schnell klar, was passiert ist: Der junge Mann hat uns Enten gebracht, war aber zu schüchtern, um zu klingeln, und hat den Sack deshalb einfach abgelegt.

Und nun beginnt das nächste köstliche Schauspiel. Im Sack sind drei junge Erpel – und als wir sie rauslassen, rennen sie zielstrebig los in Richtung unserer Entenschar. Aber weil es nun mal junge Männer sind, fügen sie sich als Neuankömmlinge nicht brav ganz hinten in die Reihe der Küken ein, sondern gesellen sich wie selbstverständlich nach vorne, zur Führungskraft namens Konrad. Das duldet der aber nicht: Er pickt sie zurück in die Reihe der Küken und macht ihnen klar: Hinten anstellen! Das hält dann ein paar Minuten – und schon sind die jungen Kerle wieder vorne bei ihm und wollten Macker spielen. Geht aber nicht: Konrad schickt und pickt sie wieder nach hinten. Dieser Erziehungskampf dauert den ganzen Tag. Und niemand lässt in seinen Bemühungen nach.

Noch bunter treiben die jungen Erpel es aber am nächsten Tag. Da beabsichtigen unsere Enten, ein Bad im Teich zu nehmen. Das lief normalerweise immer sehr wohlerzogen ab: Mama Ottilie glitt als Erste würdevoll ins Wasser und die Kleinen kamen brav in einer Reihe hinterher, eins nach dem anderen. Nicht so an diesem Tage. Die drei jungen Erpel, die zum ersten Mal in ihrem Leben einen Teich sehen, stürzen sich mit einem Mordslärm und -gespritze ins Wasser. So wie Asi-Jungs, die im Freibad von der Seite hineinspringen, ohne jede Rücksicht auf die anderen Badegäste. Entsprechend verängstigt reagieren Madame Ottilie und ihre Küken – sie trauen sich nicht rein. Und dann kommt der große Auftritt von Bademeister Konrad: Er gleitet ins Wasser und treibt einen Erpel nach dem anderen mit Schnabelhieben zurück ans Ufer. Dort angekommen, pickt er die drei einmal um den halben Teich und macht ihnen unmissverständlich klar, dass sie dort, am anderen Ufer, zu warten haben, bis unsere feinen Schlossenten ihr Bad beenden. Und kommt dann zurück zu Ottilie, um ihr zu bedeuten, dass sie jetzt unbehelligt durch die Prolls baden könne. Einfach nur göttlich!

Um eine Schar von fünfzehn bis zwanzig Enten durch den Winter zu bringen, ist unser Stall zu klein; und es wäre auch zu viel Aufwand für Futterbeschaffung und vor allem Stallreinigung, denn die Hinterlassenschaften der Laufenten sind sehr flüssig. Im Park ist das meist sogar ein Vorteil und eine Win-win-Situation, weil etwas Regen oder auch nur Nebel genügen, um sie als Dünger in den Rasen einzuarbeiten. Aber fünfzehn Enten verbreiten selbst in unserem großen Park zu viel Dreck. Deshalb landeten im Herbst 2015 die meisten Jungenten beim Schlachter – auch die drei Proll-Erpel. Aber eine Ente tauschten wir gegen eine neue Entendame namens Luise – die zweite Braut für Konrad.

So geht es jetzt jedes Jahr: Im Sommer haben wir zur Freude der allermeisten Gäste eine große Schar von Enten im Park, und im Winter dann ein paar feine Bratenstücke auf den Tellern.

Unsere Regel heißt: Wir schlachten nichts, was einen Namen hat. Nur einmal mussten wir eine Ausnahme machen. Die Ente Charlotte war zwar wunderschön weiß, aber unerträglich aggressiv. Sie konnte nicht bleiben – trotz ihres königlichen Namens. Merke: Schön aussehen alleine reicht eben nicht im (und zum) Leben.

Es gab schon Gäste, für die die Laufenten-Fotos bei Facebook der Auslöser waren, tatsächlich zu buchen – was Bruno bis heute nicht versteht, aber mit Freude registriert. Unsere Laufenten und ihre Küken sind auch das mit Abstand beliebteste Motiv für die knipsenden Gäste – wenn man die scheuen Tiere denn vor die Linse bekommt. Gerne kommen sie bei den Trauungen vorbei, weil dann alle Gäste still auf ihren Stühlen sitzen und sie keine Angst haben. Am liebsten würde ich ihnen dann Schmuckschleifchen um die Hälse binden, bevor sie am Brautpaar vorbeiwatscheln. Aber das ginge dann wohl doch zu weit.

Eine besonders vergnügliche Erinnerung ist der Dreh, den der NDR im Sommer 2022 bei uns machte, um vier meiner Einmach- und Einweckrezepte aus nachhaltigen und regionalen Produkten ins Bild zu setzen. Der Kontakt zum NDR war entstanden, als ich im Rahmen von *Jan kommt kochen* das Dessert eines Vier-Gänge-Menüs beisteuern durfte: den berühmten Brotpudding meiner Oma, der ebenfalls nachhaltig ist, weil er altes Brot und trockene Brötchen auf geniale Art verwendet und versüßt. Für die Einmachrezepte drehten wir zwei Tage lang – teilweise in der Küche des Cafés, aber manches auch im Park, an unserem secondhand erworbenen Gasgrill mit Kochplatte. (Übrigens war »Pflaumenketchup« am Tag nach der Ausstrahlung der meist gegoogelte Begriff – in ganz Deutschland. Ein kurioser Rekord für meine Memoiren ...)

Als der Regisseur weit hinten im Park unsere Laufenten entdeckte, war er sofort angefixt und wollte sie unbedingt in unsere Aufnahmen einbauen. Dafür mussten sie aber sehr viel näher herankommen. Zum Glück war Bruno gerade da – und wurde prompt zum ersten offiziellen Ententreiber des NDR-Fernsehens ernannt. Der natürlich im Film unsichtbar bleiben sollte. Mit strategischen Manövern versuchte mein Mann die aufgeregten Vögel in unsere Richtung zu treiben. Aber immer, wenn er das Gefühl hatte, mehr an Dompteurleistung gehe nun wirklich nicht, bettelte der Kameramann: »Noch einen Meter näher!« Was sehr schwierig war, weil die Enten umso beharrlicher auf der Bremse standen, je näher sie uns kamen. Am Ende ist es aber gelungen, unsere Hollywood-Watschler sehr schön in den Film einzubauen.

Unsere tollen Gäste

Begeistert von unseren Laufenten waren gleich unsere allerersten Gäste. Sie wohnten im Frühsommer 2015 in der »Linde«. Mandi und Motte kamen aus Norderstedt im Norden von Hamburg und entpuppten sich als die Köpfe einer Deutschrock-Band, die damals Beige hieß und heute als Frollein Motte auftritt. Und vor allem erwiesen sie sich als extrem nette Menschen. Wir haben sie zum Abendessen eingeladen, mit ihnen gegrillt und uns mit ihnen angefreundet. Und sie haben uns während ihres ersten Urlaubs im Gutshaus einen Moment geschenkt, der aus mehreren Gründen für Glücksgefühle sorgte. An einem Samstag verabschiedete Bruno sich nach unserem zweiten Kaffee in Richtung Park: »Ich muss den Rasen mähen.« Bei der Größe unserer Anlage war klar, dass das jetzt Stunden dauern würde, und ich überlegte gerade, mit welcher der tausend Sachen auf der To-do-Liste ich die Zeit füllen könnte. Umso überraschter war ich, als Bruno nach zehn Minuten wieder in der Tür stand. »Lissi, du musst mal kommen.« Ich dachte erst: »Oh Gott, ist der Rasentrecker kaputt?«, aber dann hätte Bruno nicht so gelächelt. Irgendwie wirkte er geradezu beseelt. Bruno flüsterte: »Mähen ist verschoben«, und legte den Finger auf den Mund, als er mich in den Park führte. Er zeigte auf unseren Kirschbaum. Darunter saßen Mandi und Motte mit einer Gitarre, nahmen nichts um sich herum wahr und komponierten offenbar gerade ein Lied. Es war ein Bild vollendeter kreativer Idylle. Mir kamen die Tränen. Und dann zeigte Bruno in Richtung des Zauns, der unser Grundstück von dem unseres Nachbarn Klaus abgrenzt. Der stand dort und beobachtete fasziniert das Geschehen. Hinter ihm stand sein Rasenmäher, ausgeschaltet. Er sah uns, legte den Finger auf die Lippen und reckte den Daumen hoch. Dann zeigte er auf den Mäher und machte mit beiden Händen eine verneinende Bewegung: Mähen ist verschoben. Wir waren beide total gerührt. Dass unser Nachbar diesen Moment respektierte und zu schätzen wusste, war eine schöne Geste, stellvertretend für das ganze Dorf. Fast alle Dorfbewohner schienen zu schätzen, was wir im Gutshaus unternahmen und was das dem Dorf an neuem Leben bringen würde. Klaus' Rücksicht in diesem Moment war ein großes Geschenk – überreicht ganz ohne Worte.

Und auch Bruno brauchte nicht viele Worte, um mir etwas zu signalisieren: Ich verstehe jetzt besser, was für einen Ort du hier schaffst. Hier sollen die Gäste zur Besinnung kommen, eine Zuflucht finden und Begegnungen erleben. Im Haus und im Park.

Und wie ging es weiter mit unseren beiden Musikern? Im Sommer 2016 waren sie zusammen mit Michel, den damaligen Gitarristen der Band, wieder bei uns. Die drei studierten im Saal im ersten Stock die Musik für ihre nächste CD ein. Wir duften es nur von Ferne miterleben, aber allein das Wissen darum war natürlich sehr aufregend. Und noch viel aufregender und ergreifender war der unvergessliche Moment bei unserem Hochzeitsfest im August 2016: Wir hatten Mandi und Motte dazu eingeladen – und die beiden spielten uns das Lied, das sie seinerzeit unter dem

Kirschbaum komponiert hatten. Und widmeten es uns und unserer Ehe.

Was wir an Mandi und Motte sowie an den meisten anderen Gästen so schätzen: Sie verstehen unser Projekt des »Work in Progress«. Das heißt, sie nehmen das Unfertige in Kauf – und sind gerne Teil dieses »Hauses im Werden«. Vor allem gilt das für die Menschen, die vor dem großen Umbau 2019 zu uns kamen. Das begann schon mit dem Entrée. Üblicherweise präsentiert sich ein Hotel oder auch ein privates Haus ja dort von seiner Schokoladenseite, wo die Gäste ankommen. Weil der erste Eindruck bekanntlich zählt. Aber in den ersten Jahren musste ich zu ankommenden Gästen immer sagen: »Augen zu – oben wird's besser!« Wenn sie durch unseren seitlich gelegenen Eingang hereinkamen, standen sie in einem Flur, dessen Fußboden aus einem hässlichen Fließestrich bestand. Um es etwas weniger aussehen zu lassen, haben wir IKEA-Teppiche drübergelegt. Die Tür links, die heute zum Café führt, war damals verschlossen. Und rechts vom Gang war damals unser Secondhand-Möbellager, in dem ich bereits seit 2017 alles für das Café stehen hatte. Die Begrüßung der Gäste fand vor der Tür statt und ich begleitete sie dann nach oben in die Zimmer. Eine Rezeption hatten wir noch gar nicht.

Nach dem Umbau von 2019 war dann klar: Der Kontrast zwischen dem Entrée und den wunderschön sanierten und eingerichteten Wohnungen war einfach zu groß geworden. So wollten wir uns nicht mehr präsentieren. Bei der Arbeit der Decke, deren Stuck wiederhergestellt wurde, entdeckten die Handwerker sogar zarte Reste einer Deckenmalerei. Diese haben wir fachgerecht konservieren lassen und zeigen sie gerne jedem, der ausreichend gute Augen hat. Auch die Türen unserer Büros sehen jetzt wieder aus wie die Originalteile im Haus.

Und im Flur vor der heutigen Rezeption durfte der wunderbare Fußbodenleger sich 2019 richtig austoben. Unter dem Fließestrich lagen elfeinhalb Meter lange Schlossdielen. Alle waren so durchgelatscht, kaputt und morsch, dass sie ausgetauscht werden mussten. Dafür lag der Baum, aus dem sie alle geschnitten werden sollten, acht Monate lang in einem Trockenapparat. Dass er mit diesen Dielen arbeiten durfte, machte den Mann richtig glücklich. Der Höhepunkt für ihn war, als er uns seine Lösung für ein »Problem« zeigte: Die letzte Diele war nur deshalb breit genug, weil er an einem Ende die Rinde nicht entfernt hatte. Diese kreative Lösung hätte ihn bei anderen Auftraggebern vielleicht in Schwierigkeiten gebracht. Aber wir mögen den Gedanken, dass eine prächtige Diele nicht nur deshalb aussortiert wurde, weil Rinde dran ist – wie es sich für einen Baum ja nun mal gehört. Die Rinde könnte man jederzeit sehen, wenn man die Fußbodenleiste wegnimmt, die sie verdeckt.

Die »Rindenlösung« passt zu unserer Leitidee für das Haus: Nachhaltigkeit. Abgesehen von den Betten und den Sanitäranlagen, wo Hygiene an erster Stelle stehen muss, ist Secondhand für uns immer die bevorzugte Lösung. Das Weiter- und Wiederverwerten von Dingen passt zu unserer Philosophie – und zu unserem Gutshaus, dem man seine fast 200 Jahre ja auch ansieht und ansehen soll. Und wir mögen es nicht, wenn man Dinge wegwirft, die noch brauchbar sind, daher kaufen wir möglichst wenig neu. Uns ist es lieber, wenn wir und unsere Gäste von Dingen umgeben sind, die eine Geschichte haben. Dieser Grundgedanke ist übrigens auch eine wunderbare Herausforderung bei einer meiner größten Leidenschaften: dem Gestalten und Einrichten. Ich liebe es, aus alten Dingen die oft verdeckte Schönheit wieder herauszukitzeln und ihnen geduldig den passenden Platz zu suchen. Und ich stöbere gerne auf Flohmärkten und im Internet, bis ich das farblich optimale alte Schränkchen, den perfekten Wandschmuck oder das ideale Gefäß für die Kochutensilien gefunden habe.

Apropos »passend«: Als wir 2015 die »Linde« ausbauten und noch völlig unsicher waren, ob unser Angebot angenommen wird und unser Plan wirtschaftlich betrachtet aufgeht, haben wir uns vorgenommen, die Möbel für die Ferienwohnung erst dann zu beschaffen, wenn die erste Buchung da ist. Allerdings brauchten wir ja für die Homepage Fotos der eingerichteten Wohnung. Eine klassische Zwickmühle: ohne Buchung keine Möbel, aber ohne Möbel keine Fotos und damit keine Buchung. Wir haben das gelöst, indem wir an einem sonnigen Tag eigens für die Fotosession die bereits vorhandenen Möbelstücke so geschickt hin- und hergeschoben haben, dass es auf den Fotos so aussah, als wäre alles vollständig eingerichtet. Brunos Spruch damals ist ein Running Gag: Mach erst mal die Fotos, dann schauen wir, ob überhaupt Gäste kommen.

Und dann wurde es hektisch: Schon kurz nach dem Freischalten der Homepage kam die erste Buchung. Und die Leute wollten schon zehn Tage später anreisen. Damals wussten wir noch nicht, dass es Mandi und Motte sein würden. Aber egal, wer die ersten Gäste waren: Wir waren total aufgeregt. Und wir hatten keine Möbel. Natürlich hatte ich schon recherchiert – aber jetzt mussten die Dinger her. Ich hatte Glück, es gab eine Sale-Aktion für die Betten, und eBay hatte passende Schnäppchen. Und so fuhr Bruno an seinem freien Sonntag nach Hamburg, um an der Elbchaussee eine Barockkommode abzuholen. Blöd war nur, dass genau an diesem Sonntag der Hamburg-Marathon stattfand und viele Straßen gesperrt waren. Unter anderem die Elbchaussee. Niemand käme auf die Idee, an genau diesem Tag einen Möbeltransport zu unternehmen – aber was sollten wir machen? Bruno hatte nur an diesem Tag Zeit – und am Wochenende darauf würden die Gäste schon da sein. Zum Glück hatte mein kluger Mann ein Rollbrett im Kofferraum – denn parken konnte er nur in sage und schreibe zwei Kilometern Entfernung vom Haus der Verkäufer. Er hat also an diesem Tag seinen ganz persönlichen Marathon absolviert. Und als er endlich am Auto ankam, erwies sich, dass die Kommode nicht passte. Das hatte nichts mit ihrer Optik zu tun, sondern mit der Größe: Bruno musste die Füße abschlagen, damit er sie in seinem Kofferraum unterbringen konnte. Man kann sich vorstellen, wie seine Laune war, als er wieder zu Hause ankam. Die Uhr lief. Wir trugen die Kommode hoch – kurz abgestaubt, Füße angeleimt, dekoriert, fertig. Und fünf Minuten später standen die Gäste im Hof. Punktlandung, wie so oft.

Eine andere spektakuläre Secondhand-Aktion war die Anschaffung der Pergola, unter der es sich auch an etwas feuchten Tagen gemütlich im Garten sitzen lässt – und genauso, wenn die Sonne zu heftig knallt. Sie ist eine italienische Handschmiedearbeit von Unopiù – neu kostet so was ein Vermögen. Aber wir haben bei eBay eine gebrauchte bekommen. Das gute Stück stand vorher im Außenbereich einer Konditorei in Radeberg. Wir haben sie dort selbst abgeholt und nach Hause transportiert. Zum Glück hatte der Verkäufer vor dem Abbau Fotos und eine Zeichnung gemacht, sodass wir das Wiederaufbauen und Einbetonieren gut hinbekommen haben. Übrigens gab es viele Bewerber für das Teil – und wir haben den Zuschlag wohl auch deshalb bekommen, weil wir erzählten, was wir vorhaben: den Erhalt eines alten Hauses und die Schaffung eines besonderen Orts. Das hilft uns manchmal, wenn unsere Konkurrenz Leute sind, die etwas nur für sich nutzen wollen. Nach Radeberg haben wir an dem Wochenende noch zwei Stationen angefahren, um die beiden anderen Pergolen abzuholen. Auch die Gartenstühle haben wir gebraucht gekauft; sie stammen aus einem Seerestaurant bei Oldenburg, haben also einige Kilometer bis zu uns zurückgelegt.

Auch wenn Secondhand also manchmal viel Arbeit macht: Nachhaltigkeit als Prinzip ist uns wichtig. Ich bin ja auch so aufgewachsen. Es ist also kein Zufall, dass mein Schreibtisch aus meinem Elternhaus stammt, wohin er gelangte, als meine Tante Mimi starb. Und auch der Empfangstresen, der besonders stabil sein muss, weil sich dort alle beim Reden und Ausfüllen der Anmeldung aufstützen, ist ein gebraucht gekauftes Stück. Schließlich zeichnet sich Qualität dadurch aus, dass Dinge auch gebraucht noch gut sind.

Und natürlich ergänze ich die Einrichtung gerne um qualitativ hochwertige Möbel und Einrichtungsgegenstände, etwa von Flamant, Riviera Maison und Loberon. Mein Ziel war, die Ferienwohnungen so einzurichten, dass ich jederzeit selbst einziehen würde. Die also unserem eigenen Anspruch an Wertigkeit, Qualität und Komfort genügen. Mit einem Kuschelfaktor, dank dessen man sich sofort zu Hause fühlt.

Ganz besonders zum Tragen kam meine Freude am Einrichten, als das Café fertig gebaut war. Die beiden früheren Wohnungen hatten wir während der Bauzeit zunächst als Notwohnung für helfende Familienmitglieder genutzt. Und haben so manchen Witz über die vermutete Körpergröße der früheren Mieter gehört. Dusche und Toilette der einen Wohnung waren auf so engem Raum untergebracht, dass man als normal proportionierter Mensch nur aufs Klo konnte, indem man sozusagen rückwärts einparkte. Sich vor der Toilette drehen oder auch nur die Arme anwinkeln ging nicht. Bei den Berichten unserer damaligen Schlafgäste von ihren Sanitärerlebnissen haben wir manchmal Tränen gelacht.

Später, als genügend Gästezimmer und Ferienwohnungen mit ausreichend geräumigen Bädern zur Verfügung standen, diente die alte Wohnung mit ihren zig Bodenschichten von Estrich bis Linoleum als Lagerraum. Bis ich mir 2019 endlich den Traum vom eigenen Café verwirklichen durfte.

Der Bau war allerdings ein Kraftakt. Die vorhandenen Leitungen konnten wir nicht nutzen, sodass das gesamte Schmuckkästchen buchstäblich aus dem Nichts entstand. Aber jetzt bin ich hier in meinem Element. Ich verwerte die Früchte unseres Gartens und experimentiere mit Zutaten und Rezepturen. Ich backe Kuchen und bereite Frühstück zu– übrigens in einer der Schürzen, die Brunos Mama uns geschneidert hat. Mittlerweile habe ich in der Küche wunderbare Unterstützung durch Anika und durch meine Tochter Pia, die oft am Wochenende zum gemeinsamen Backen kommt. Aber ich will mich nicht ganz zurückziehen aus der Küche. Ich liebe es, mich mit Gästen über alte Zubereitungsmethoden und die Freude am Herumprobieren auszutauschen. Wenn ich etwa eine neue Marmelade zubereite, habe ich immer einen Zettel neben mir liegen, um festzuhalten, was ich da nun eigentlich reintue. Denn nach einem feststehenden Rezept immer dasselbe zu machen, wäre mir angesichts der vielen Möglichkeiten viel zu langweilig. Ein Johannisbeersaft zum Beispiel ist für mich wie ein weißes Blatt. Was kommt da rein? Was habe ich gerade im Garten? Vielleicht ein Säckchen mit Rosmarinnadeln? Oder lieber Lavendel? Oder Vanille? Ich koche dann eine kleine Menge mit der neuen Zutat und lasse es eine Nacht stehen, um zu schauen, was funktioniert und schmeckt. Zum Glück liege ich selten völlig daneben. Auch wenn ich die Birnen aus dem Garten einwecke, die wir für die Kuchen oder für ein Gelee verwenden, experimentiere ich herum. Ich lasse sie in Zitronenverbene, Holundersirup und Zitrone ziehen. Und dann? Passt Rosmarin dazu? Lavendel? Quitten? Ich folge da meinem Bauchgefühl und gehe völlig intuitiv vor. Beziehungsweise stütze ich mich auf halbbewusstes Wissen. Wie schon erzählt, staune ich oft darüber, wie viel ich von meiner Mutter aufgeschnappt habe, ohne dass es mir bewusst war. Das hat mir schon früher genützt: Als etwa eine Kollegin in Köln mal Brombeeren übrig hatte, nahm ich die mit, um Brombeergelee zu machen. Ich habe es ohne Anleitung einfach gemacht – und es hat geklappt. Ähnlich war es später mit dem Hefeteig, für den meine Mutter berühmt ist. Ich habe mich da lange Zeit nicht rangetraut. Ich hatte erlebt, dass Bekannte meiner Mutter, die sie um das Rezept gebeten hatten, daran scheiterten – obwohl ein Hefeteigrezept ja wahrlich nichts Kompliziertes ist. Ich war überzeugt, dass ich das auch nicht hinbekommen würde. Als meine Tochter nach der Eröffnung des Cafés zu mir sagte: »Du musst fürs Café auch so leckere Hefeteigsachen backen wie Oma«, habe ich gesagt: »Nee, das ist Omas Baustelle, das kann ich nicht.« Aber irgendwann habe ich es dann doch gemacht – und hatte das Gefühl, es führe jemand meine Hand. Ich hatte es in der Jugend unbewusst gelernt. Und es gelang. Ein großes Dankeschön dafür an meine liebe Mutti.

Unser Café serviert zum einen das Frühstück für die Hotelgäste, zum anderen an den Wochenenden nachmittags Kuchen und Torten für alle, die kommen: Unsere Gäste, die einheimische Bevölkerung, Radwanderer und andere Ausflügler. Manchmal veranstalten wir auch einen Tea-time-Nachmittag mit einer Hausführung. Und wir stehen für Familienanlässe wie Hochzeiten, Konfirmationen, Tauffeiern und Babypartys, runde Geburtstage oder Trauerfeiern zur Verfügung. Eine Zeit lang haben wir auf Wunsch auch Abendessen angeboten, aber das ist wegen Corona nie richtig in Gang gekommen; außerdem habe ich gemerkt, dass ich mit meinen Kräften haushalten muss.

Woran sich viele Gäste erst gewöhnen müssen: Wir haben kein Frühstücksbuffet, wie man es inzwischen aus den meisten Hotels kennt. Ich habe schnell bemerkt, dass ein Buffet den Gästen zwar eine schöne Auswahl bietet, aber keine sehr nachhaltige Methode ist. Und zwar auch dann, wenn man auf die plastikverpackten Miniportionen verzichtet und Marmelade, Butter und so weiter offen anbietet. Am Ende bleibt einfach zu viel stehen, was man nicht mehr verwenden kann. Deshalb bekommen die Gäste bei uns eine individuelle Etagere, auf der das Frühstück entsprechend ihren Wünschen und in den Mengen serviert wird, die sie tatsächlich verzehren. Beim Check-in frage ich immer ab, was die Gäste sich wünschen. Es gibt nach Verfügbarkeit das von Bruno gebackene Körnerbrot ohne Treibmittel und dazu helle Brötchen von unserem Lieblingsbäcker aus Lübtheen (die ich teilweise vorgebacken einfriere, um nicht wegen vier Brötchen losfahren zu müssen), Wurst von einer Traditionsschlachterei aus Schwerin oder vom Schlachter im benachbarten Vielank, Käse, selbst gemachte Marmelade, regionalen Honig, Orangensaft oder regionalen Apfelsaft und auf Wunsch auch Müsli und Spiegel- oder Rühreier von glücklichen Hühnern.

Die meisten Gäste stellen sich problemlos und zustimmend auf unser Konzept ein. Zumal ich versuche, individuellen Ernährungsgewohnheiten entgegenzukommen. Wenn jemandem das Frühstück von unserer Etagere überhaupt nicht zusagt, lasse ich mir am folgenden Tag etwas für ihn einfallen: Joghurt mit Gartenfrüchten, Milchreis, oder für Veganer ein Mix aus Mandeln mit Banane als Milchersatz. Improvisieren gehört dazu und macht Freude.

Nicht alle Gäste kommen mit unserem Konzept klar. Manche erwarten bei »Hotel« und »Gutshaus« ein 5-Sterne-Haus: ein fertiges, perfektes Schloss mit Wellness und allen Schikanen statt eines Gutshauses, das zu seinem Alter steht. Sie sind unflexibel, was unser Angebot und unsere Philosophie betrifft. Oder sie wollen sich selbst wie Gutsherren fühlen und führen sich entsprechend auf. Einmal hatten wir einen älteren Gast, der allen Ernstes reklamierte, dass er nicht von Mädchen mit Schürzen und Hauben bedient wurde, und der sich sogar weigerte, seinen Aufenthalt zu bezahlen. Obwohl Bruno mir sagte: »Scheiß doch auf die hundert Euro!«, beharrte ich auf der Zahlung. Ich hätte ihn notfalls auch verklagt. Und zwar, weil mir ein Nachgeben als Verrat an unserer Idee erschienen wäre.

Auch dass wir als »Bed & Breakfast« firmieren und die Zimmer bei einem mehrtägigen Aufenthalt aus ökonomischen und ökologischen Gründen nicht täglich reinigen, leuchtet nicht allen ein. Natürlich bekommt, wer Bescheid sagt, bei Bedarf jederzeit frische Bettwäsche und Handtücher. Oder eine Zwischenreinigung. Aber das alles automatisch täglich zu tun, ist Unsinn. Und das sehen die meisten unserer Gäste genauso. Sie wären eher befremdet, wenn täglich eine Putzfrau käme und das Zimmer so hinterließe, als sei es unbewohnt. Das entspricht nicht dem Behaglichkeitsgefühl, das die meisten so schätzen. Ich mag es übrigens auch im privaten Umgang nicht, in eine Wohnung zu kommen, der man nicht anmerkt, dass darin jemand wohnt.

In manchen Dingen komme ich den Erwartungen unserer Gäste aber auch entgegen.

So verzichte ich an den Anreisetagen darauf, in meinen abgerissensten Jeans und in Gummistiefeln im Garten zu arbeiten wie sonst. Wenn Leute erstmals nach Volzrade kommen, erwarten sie, eine »Gutsherrin« zu sehen. Ich muss als Gastgeberin auftreten. Das habe ich gelernt, nachdem ich häufiger mal – teilweise ziemlich von oben herab – nach der Chefin gefragt wurde. Ich bat die Gäste dann, hineinzugehen und an der Rezeption zu warten; die Chefin komme gleich. Und lief dann durch eine andere Tür in unsere Wohnräume, wo ich die Gummistiefel abstreifte und mir schnell die Haare zusammenband, um dann zur Begrüßung der Gäste in den Flur zu treten.

Anfangs hat mich das Verhalten unzufriedener Gäste manchmal verunsichert. Ist das wirklich alles richtig so, wie wir es machen? Aber inzwischen kann ich dank unserer Erfahrung unser Konzept viel selbstbewusster und souveräner vertreten – so, wie wir es ja auch auf unserer Homepage tun. Letztlich kommen fast nur die Gäste, die zum Haus passen. Und erst recht gilt das fürs Wiederkommen. Und ich lerne wunderbar liebenswerte, interessierte und tolle Leute kennen.

Manchmal aber sind auch die tollsten Leute irritiert. Und fragen sich, ob man in Volzrade gefahrlos Urlaub machen kann. So erlebten wir es im Sommer 2019. Damals liefen, wie erwähnt, im ganzen Haus umfangreiche Bauarbeiten, worüber wir die Gäste, die gebucht hatten, natürlich informierten. Im Westflügel mit der »Kastanie«, der »Linde« und der Bibliothek war die Lärmbelastung gering, weil alle Umbauarbeiten im Ostflügel stattfanden – vom zweiten Obergeschoss (Hotelzimmer) über das Erdgeschoss (Café) bis zum Keller (Toiletten). Die »Akazie« konnten wir in der Zeit also nicht vermieten. Und Rosi Müller hatte einiges zu ertragen, mal wieder. Aber sie meinte, sie sei es nun wirklich seit fünfzig Jahren gewohnt, dass irgendwo am Haus immer rumgewerkelt werde.

Aber die Bauarbeiten waren gar nicht der Grund für die Sorgen unserer Gäste. Der Grund waren die Fernsehnachrichten. Ende Juni, während einer extremen Hitzewelle und Dürre, brach auf dem früheren Truppenübungsplatz Lübtheen ein Waldbrand aus, der sich schnell ausbreitete und für viel mediale Aufregung sorgte. Vor allem wegen der im Boden schlummernden Munitionsreste, die die Löscharbeiten sehr gefährlich machten. Letztlich mussten Bundeswehrpanzer Schneisen in den Wald schlagen, damit die Feuerwehr gefahrlos löschen konnte. Und weil Lübtheen nun mal nahe an Volzrade liegt und alle unsere Gäste es kennen, kamen bald die besorgten Fragen, ob das Haus denn noch stehe oder schon abgebrannt sei. Und vor allem stellten die Leute sich vor, dass Volzrade in dichten Rauch gehüllt sei. Oder evakuiert, sodass man gar nicht zu uns käme. Tatsächlich wurden drei Dörfer in unserer Nähe evakuiert, und auch ein Schülerferienlager. Und auch Volzrade war eines Tages dran. Allerdings mussten die Menschen nicht wegen unmittelbarer Brandgefahr weg, sondern damit die Feuerwehren ungehindert agieren konnten.

Die Frage der Urlauber nach dem Rauch war natürlich verständlich – denn der war Anfang Juli tatsächlich nicht nur in Berlin, sondern sogar in Leipzig und Dresden zu bemerken. Nicht aber in Volzrade. Wir lagen damals buchstäblich im Windschatten des Brandes. Der Wind kam aus Nordwesten, hielt den Rauch also konsequent von uns weg, denn der Truppenübungsplatz liegt südöstlich von uns. Ich habe am Tag vor unserer Evakuierung, als der Schwelbrand sich schon längst durch den Wald fraß, vor unserem Haus ein Video gedreht – es zeigt einen strahlend blauen Sommerhimmel. Man sieht und hört nichts vom Waldbrand. Und man roch auch nichts in diesen Tagen. Das Video zeige ich gerne Leuten, die mich auf das Feuer ansprechen – denn mit dem Namen »Lübtheen« verbinden manche bis heute die damaligen Meldungen. Kein Wunder – fast niemand kannte vorher diesen Ort. Also hat er sich eingeprägt als Ort des »großen Waldbrands«.

Natürlich war dieses Feuer keine Erfindung der Medien. Aber damals zeigte sich mal wieder, wie schlecht Menschen die Dimensionen einer Naturkatastrophe einschätzen können, wenn sie nur aus den Medien davon erfahren. Das gilt für Lawinen und Überschwemmungen genauso wie für Waldbrände. Man hört einen Ortsnamen, den man kennt, und stellt sich vor, dass der Ort und die ganze Umgebung verwüstet, verschüttet oder verbrannt sind. Man stellt sich ein Flammenmeer vor, auch wenn es »nur« ein Schwelbrand war. Und die Fantasien der Menschen haben auch mit dem Großalarm in den Medien zu tun, der manchmal ein Selbstzweck ist. Wenn man schon Live-Reporter in einen abgelegenen Winkel Mecklenburgs schickt, dann müssen sie wenigstens für ein bisschen Nervenkitzel sorgen. Auch wenn die Lage vor Ort sooo dramatisch gar nicht ist.

In Nachhinein weiß ich, dass es geradezu absurd ist, wie wenig wir durch den Waldbrand beeinträchtigt worden sind, obwohl wir sehr nah dran waren und es kein harmloser Brand war. Unser größter Schaden waren einige Stornierungen und die Verunsicherung der Gäste, die einige Wochen lang anhielt. Vielleicht ginge es mir genauso, wer weiß: Wenn ich erführe, dass es in meiner Urlaubsgegend gebrannt hat, würde ich mir vielleicht auch eine unattraktive Landschaft aus verkohlten Baumstümpfen vorstellen. Oder ich würde mich fragen, ob es nicht pietätlos sei, dort Urlaub zu machen, wo die Bevölkerung gerade von einer Naturkatastrophe getroffen wurde. Dabei ist bei uns in der Gegend niemand geschädigt worden, weder körperlich noch materiell. Zum Glück. Und auch viele Bäume haben das Feuer überlebt.

Das Drinnen und das Draußen managen

Unser Garten ist im Sommer und Herbst eine Quelle der Freude und der Vielfalt – für uns und für die Gäste des Cafés und des Hotels. Den Garten anzulegen, war und ist ein großes Vergnügen für mich.

Ich folge dabei zwei Prinzipien.

Das erste lautet: Was die Natur uns gibt, wird nicht weggeschmissen. Dieser Leitsatz stammt aus meiner Familie. Er hat sowohl mit der christlichen Prägung zu tun als auch mit dem Leben in der sowjetischen Mangelwirtschaft. Für mich bedeutet der Satz: Ich versuche, alles zu verwerten, was bei uns gedeiht. Auch Birnen, die am Boden liegen und angematscht sind, werden aufgesammelt, geputzt, ausgeschnitten und verarbeitet – sei es im Müsli oder Obstsalat beim Frühstück, sei es für diverse Kuchen und Torten. Das Ernten und Aufsammeln ist die Tätigkeit, die Bruno am meisten liegt, während die Blumenpflege nicht so seins ist. Er ist eben ein typischer Mann. Hab ich mir so ausgesucht. Kein Grund also zur Klage.

Das zweite Prinzip heißt: Was neu in unseren Garten einzieht, sollte idealerweise vier Kriterien erfüllen. Wenigstens aber einige davon.

1. Es soll schön aussehen.
2. Es soll die »richtige«, also eine zur Einrichtung des Hauses passende Farbe haben.
3. Es soll gut riechen.
4. Es soll gut schmecken.

Eine ideale Pflanze unter diesem Aspekt ist zum Beispiel der Lavendel – er erfüllt alle vier Bedingungen. Aber auch die Dahlien, Narzissen und Tulpen habe ich gezielt mit Blick auf ihre Farben ausgewählt. Bevor Leute anreisen, möchte ich rausgehen können, um etwas abzuschneiden und den Gästen zur Begrüßung in die Wohnung zu stellen. Taufrisch. Wenn mein Garten mir das schenkt, bin ich glücklich.

Für die Küche und die Bäckerei hält unser Garten so manches bereit: Wir haben einen Walnussbaum, zwei Birnenbäume, einen Zwetschgenbaum, einige Haselnusssträucher, sowohl rote als auch schwarze Johannisbeeren und Himbeeren. Mein Bruder Heinrich friert einen Teil seiner rheinischen Mirabellenernte ein und bringt sie mir regelmäßig mit. Außerdem habe ich die Kräuter aus der (jetzt nacktschneckenfreien) Spirale. Und der Vollständigkeit halber soll auch unser Olivenbaum erwähnt werden, auch wenn er keine Früchte trägt. Aber wenn es mit der Erderwärmung so weitergeht, wird das auch noch passieren. Die Wassermelonen, die ich für eines meiner Einmachrezepte brauchte, wachsen schließlich auch schon in Mecklenburg.

Trotzdem werde ich manchmal gefragt, woher ich das Wassermelonenrezept habe – denn eine typisch norddeutsche Frucht ist das ja nun wirklich nicht, trotz Klimawandel. Nun, wie so vieles ist es ein Familienrezept. Denn meine gärtnerischen Kenntnisse sind ein Erbe meiner Kindheit. Und wenn man weiter zurückgeht, stammen sie sogar aus dem 18. Jahrhundert. Damals rief die (selbst deutschstämmige) Zarin Katharina die Große deutsche Siedler ins Land, die es als Pioniere erschließen und bewirtschaften sollten, um Russland am westeuropäischen Fortschritt teilhaben zu lassen. Die Ankömmlinge erhielten Religionsfreiheit, Steuerfreiheit und Landbesitz beiderseits der Wolga. Und dem Ruf der Zarin folgte unter anderem eine Familie Neufeld aus Norddeutschland. Zusammen mit vielen anderen »Wolgadeutschen« gründeten sie Dörfer, die bis zur Revolution 1917 rein deutschsprachig waren und weitgehend autark lebten – mit eigenen Schulen, Ärzten und Kirchen. Nutzgärten natürlich inklusive.

Dann folgte die Sowjetifizierung mit der Bekämpfung der christlichen Überzeugungen sowie der Kollektivierung der Landwirtschaft. Und mit der reinen Deutschsprachigkeit war es auch vorbei.

Meine Mutter konnte kein Wort Russisch, bis sie in die Schule kam. Da hat sie es dann lernen müssen wie eine Fremdsprache. Zuhause sprachen sie übrigens kein Hochdeutsch – das war für sie eine Amtssprache und fast so fremd wie Russisch. Sie sprachen eine Art Platt – weshalb ich die Mecklenburger ganz gut verstehe, auch wenn sie Dialekt sprechen.

Der deutsche Überfall auf die Sowjetunion 1941 machte die Wolgadeutschen dann endgültig zu Feinden im eigenen Land. Meine beiden Großväter wurden während des Kriegs nach Sibirien deportiert. Wer konnte, kam in den 1970ern in die Bundesrepublik – wie auch meine Familie.

Meine Eltern gehörten damals zu den Ersten. Sie mussten viel Geld aufwenden, um die sowjetischen Beamten zu bestechen – sonst wäre die Ausreise nicht bewilligt worden. Und sie durften, wie erwähnt, ganze drei Koffer anmelden, die per staatlicher Spedition in die Bundesrepublik geschickt werden sollten. Zweihundert Jahre Familiengeschichte und mühsam erworbener Besitz reduziert auf drei Koffer. Und von diesen drei Koffern kam am Ende nur einer an.

Zum Überleben im Sozialismus gehörte zwingend die Fähigkeit, sich selbst das Notwendige zu organisieren. Wer in der DDR oder in der Sowjetunion gelebt hat, beherrscht Improvisation, Secondhand und Nachhaltigkeit notgedrungen. Und ein Garten war zum Überleben beinahe schon zwingend. Deshalb brachten meine Eltern viele Kenntnisse über Nutzpflanzen und das Konservieren mit nach Neuwied. Hier hatten wir anfangs nur eine Etagenwohnung, konnten dann aber übergangsweise einen Schrebergarten pachten. Schnell sprach sich außerdem bei Nachbarn und bei den Patienten meiner Mutter – sie war Altenpflegerin – herum, dass Familie Neufeld Überschüsse aus den Gärten gebrauchen und verarbeiten konnte. Ein Kollege meines Papas war Nebenerwerbsbauer. Bei ihm haben wir – die Eltern und alle sechs Kinder – im Oktober bei der Kartoffelernte geholfen und durften als Dank immer zwei oder drei Säcke voll für uns selbst sammeln. Auch wenn wir danach müde waren und klamme Finger hatten – es war herrlich zu erleben, wie meine Mutter die gerade aus der Erde geholten Kartoffeln zu Hause im Warmen direkt in Bratkartoffeln verwandelte! Und die vorhergehende Anstrengung hat das Glückserlebnis sicherlich noch intensiviert.

Nach ein paar Jahren konnten meine Eltern ein Haus mit Garten kaufen. Bis dahin war es ein reiner Zier- und Freizeitgarten gewesen, aber es gab immerhin einen Kirsch- und einen Pflaumenbaum. Und meine Mutter pflanzte umgehend Beerensträucher und Kräuter. Im Sommer und Herbst wurde dann eingelegt, Kompott und Marmelade gekocht und so weiter – und wir Kinder halfen immer mit. Und wir freuten uns, wenn es an Weihnachten die eingelegten Wassermelonen gab, die wir im Herbst mühsam nach Hause geschleppt hatten. Was man sich selbst erarbeitet hat, schätzt man eben besonders.

Außerdem registrierten wir staunend, wie begeistert andere Kinder, die aus sehr viel reicheren Elternhäusern stammten, sowohl von unserem Familienzusammenhalt als auch von der Küche meiner Mutter waren. Wir schwärmten für den Nesquik, den es bei ihnen gab – und sie liebten den Kakao meiner Mutter (den wir übrigens im Café genauso anmischen wie Mama damals). Der schmecke doch viel besser. Das war ein Aha-Erlebnis für uns Kinder: Wir haben nicht viel Geld und keinen Fernseher – aber wir haben etwas, das andere schätzen. Nicht nur die haben was Tolles. Meine damalige Freundin, ein Einzelkind, das von Verwandten alle (materiellen) Wünsche erfüllt bekam, war sehr, sehr gerne bei uns, inmitten des lebendigen, liebevollen Familienlebens mit sechs Kindern und meiner Mutter als Kraftzentrum, die Unglaubliches leistete. Sie trug die Hauptlast der Erziehung und der Hausarbeit und sorgte für den Zusammenhalt der Familie. Sie schlichtete Streit, sorgte für Ordnung, buk und kochte, regte Gemeinschaftlichkeit an – sie war der »family coach«. Man kümmerte sich umeinander und unterstützte sich immer gegenseitig – das galt auch für Verwandte. Weihnachten und Geburtstage werden bis heute in großer Runde zusammen gefeiert. Und meine Mutter hat außerdem als Altenpflegerin gearbeitet und sich in der Gemeinde engagiert. Ihr Leben bestand aus lauter 48-Stunden-Tagen. Sie managte den ganzen Laden.

An die Lebensleistung meiner Mama muss ich denken, als ich nach dem ersten Frühstück eines netten Paars mit ihnen ins Plaudern komme.

»Das Café, der Hotelbetrieb, der Garten … machen Sie das eigentlich alles allein?« Oops! Offenbar erzähle ich aus lauter Begeisterung manchmal etwas zu ichbezogen von mir und Bruno und der Grande Dame. Sonst würden sie diese Frage wohl nicht stellen.

»Natürlich nicht«, antworte ich lachend. »Das ist hier ja eine andere Dimension als eine Familie und ein Einfamilienhaus. Ohne eine ganze Schar guter Geister wären wir hier total aufgeschmissen.« Und ich fahre fort: »Wir haben seit jeher sowohl im Haus als auch im Park stunden- oder tageweise Leute beschäftigt. Außerdem sind in so einem Gutshaus praktisch immer irgendwelche Handwerker zugange, auch nach den großen Sanierungsaktionen der ersten Jahre.«

»Aber dieses köstliche Frühstück haben Sie gemacht, oder?«

»Ich würde das Kompliment ja gerne mitnehmen, aber: Nein, das Frühstück hat heute Anika gemacht. Und ich konnte schon ein Stündchen im Büro arbeiten.«

Anika ist unsere erste Festangestellte – seit Oktober 2021. Ich weiß noch, wie ungläubig meine Schwägerin Andrea damals war; mit ihr berate ich mich öfter in Personaldingen, weil sie mal einen eigenen Friseursalon hatte, sich also mit dem Thema auskennt. »Im Oktober fängt sie an?! Am Ende der Hauptsaison? Und wo wir gerade wieder in einen Lockdown laufen? Seid ihr irre?«

»Könnte man meinen, ja. Es ist sicher auch ein Wagnis. Aber wir haben es uns überlegt und es gibt ein paar gute Gründe, es so zu machen.«

»Na, dann lass mal hören.« Das ist das Angenehme an Andrea: Sie spielt sich nicht als allwissende Expertin auf, die andere Ansichten vom Tisch wischt, sondern sie ist offen für Argumente.

»Als einzige feste Kraft im Hotelbetrieb hat sie eine ziemlich Mammutaufgabe. Das Frühstück und die Zimmer machen, das ist eine Menge Holz. Und vor allem ist es eine Frage der Logistik. Ich hab es ja selbst lange genug erlebt: Man ist eigentlich nur am Rennen und Treppensteigen. Ich bin echt froh, dass ich das künftig nicht mehr alleine machen muss. Auch bei optimaler Planung macht man hier mindestens 5.000 Schritte am Tag. Wobei vieles keine Schritte sind, sondern Treppenstufen. Wenn du im Obergeschoss stehst und feststellst, dass du ein Putzmittel vergessen hast, das im Keller steht, kostet dich das mindestens zehn Minuten. Und jede Menge Kraft. Und Nerven.«

»Ja – und? Was hat das mit dem Oktober zu tun?«

»Meine Überlegung war: Um Anika in Ruhe anzuleiten und einzuarbeiten, braucht es Zeit. Aber die wäre in der

Saison einfach nicht da. Ich hatte Sorge, dass Anika ganz schnell wieder hinschmeißt, wenn wir sie ins kalte Wasser schubsen, also erst bei der Anreise vieler Gäste einstellen. Dann wäre sie nach ein paar Tagen so erschöpft und entnervt, dass sie vielleicht gleich wieder weg wäre. Und gutes Personal ist auch hier auf dem Land schwer zu bekommen.«

»Okay, das leuchtet mir ein.«

»Und dann kommt noch was dazu.«

»Und was?«

»Wertschätzung. Ich hätte es merkwürdig gefunden, Anika zu sagen, dass wir sie fest anstellen wollen, dass sie aber über den Winter, wo weniger zu tun ist, selbst sehen soll, wo sie bleibt. Es ist einfach ein anderes Signal, sie dann einzustellen, wenn Saisonkräfte sich arbeitslos melden müssen.«

Unsere Erfahrung aus den ersten acht Jahren als Arbeitgeber im Gutshaus lautet: Was Leuten mit einem betriebswirtschaftlichen Tunnelblick als Unsinn und Verschwendung erscheinen mag, ist in Wirklichkeit eine Investition in Beziehungen. Großzügigkeit, Freundlichkeit und Vertrauen zahlen sich aus. Dann bekommt man immer das zurück, was man gibt. Voraussetzung für einen fairen Umgang mit den Leuten ist aber Klarheit darüber, wer das Sagen hat. Dafür muss man selbst klar sein in seiner Rolle: Nur weil ich dem Handwerker einen Kaffee bringe, heißt das nicht, dass ich seine Tippse bin. Wobei man mittlerweile sagen kann, dass wir zu einigen unserer Handwerker ein freundschaftliches Verhältnis haben.

Unser Prinzip ist es übrigens, wann immer möglich regionale Firmen zu beauftragen und dafür auch mehr zu bezahlen. Wir versuchen also nicht, sie auf das Kostenniveau von Billiganbietern herunterzuhandeln. Den Lohn dafür haben wir zum Beispiel im Sommer 2022 geerntet: Eine Hochzeit stand an, aber kurz vorher fielen plötzlich beide Hausmeister aus. Wer sollte jetzt den Park schön machen? In meiner Not habe ich die Garten- und Landschaftsbaufirma angerufen, die wir schon häufiger beschäftigt hatten – und sie schickten tatsächlich ganz kurzfristig jemanden zu uns. Ich bin sicher: Das hätten sie nicht gemacht, wenn wir normale Aufträge an billigere Firmen vergäben und nicht an sie.

Und wir selbst profitieren nicht nur geschäftlich, sondern auch menschlich von unserer Art des Umgangs mit Arbeitskräften. Man kauft eben nicht nur eine Dienstleistung, sondern man lernt Menschen kennen und schätzen – auch jenseits der Geschäftsbeziehung. So kommt unser langjähriger Tischler zusammen mit seiner Frau und seinen Freunden immer ganz begeistert zu unseren Hauskonzerten. Und nach seiner Pensionierung, als wir nur noch privat miteinander zu tun hatten, hat er mir das Du angeboten. Das hat mich sehr gefreut. Und es war klug, dass wir das mit dem Duzen nicht gemacht haben, als wir noch über Preise und Nachbesserungen verhandeln mussten – das wäre eine ungute Vermischung gewesen.

Das entscheidende Stichwort bei unserer Personalplanung lautet: Arbeitsteilung. Anfangs habe ich noch zu der Illusion geneigt, nach der Sanierung gebe es ja nicht mehr sooo viel zu tun im Haus. Aber spätestens, seit wir die sechs Hotelzimmer haben, ist klar: Wir brauchen dauerhaft Leute. Und für den Park galt das sowieso schon immer. Hier haben wir unsere beiden Aushilfshausmeister zwei patente Rentner, die fürs Rasenmähen, das Zurückschneiden von Bäumen und Sträuchern, den Bau von Kletterhilfen und so weiter zuständig sind. Trotzdem bleibt auch für uns und den Familienbesuch noch eine Menge zu tun.

Aber auch unsere eigenen Kräfte versuchen wir so sinnvoll und ökonomisch wie möglich einzusetzen. Wir haben nicht nur begriffen, dass wir nicht alles selbst machen können – sondern auch, dass es unwirtschaftlich ist, wenn Bruno einen halben Tag lang den Rasen mäht, statt in seinem Job in derselben Zeit Geld zu verdienen und so die Baukasse aufzufüllen. Und Hobbygärtnern kommt bei ihm nicht in Betracht: In seinem Business ist nicht um sechzehn Uhr Feierabend, sodass er in seiner Freizeit im Garten arbeiten könnte.

Wir tun also nur das selbst, was wir nicht so einfach abgeben können: managen, konzipieren, Visionen entwickeln, den großen Überblick behalten und strategisch planen. Und jeder konzentriert sich auf das, was ihm besonders liegt. Zum Glück decken sich die Talente und Fähigkeiten ja meistens mit den Neigungen. Ein Beispiel: Wenn Bruno freitags den Backtag machen würde, hätten wir fürs Wochenende vielleicht zwei Kuchen, die wirklich schön genug sind für den Caféverkauf. Und einen ziemlich frustrierten Bruno. Aber zwei Kuchen würden nicht reichen. Das wäre also keine schlaue Arbeitsaufteilung. Und genauso blöd wäre es, wenn ich mich einen halben Tag mit dem verhassten Abrechnungs- und Steuerkram herumschlüge, den Bruno in einer Stunde erledigt, und zwar mühelos, sogar gerne und fehlerfrei.

Dass wir unsere Talente nutzen, ist für uns ein moralisches Gebot, das auch aus einer christlichen Haltung kommt: Wem viel gegeben wurde, von dem wird viel erwartet. Egal, ob du ein Händchen fürs Gärtnern hast oder fürs Malen oder als Manager: Wenn du mit deinen Talenten Schindluder treibst, hast du dich ihrer als nicht würdig erwiesen. Letztlich geht es um Verantwortung. Was du angesichts einer Aufgabe tun kannst, das solltest du auch tun. Und wir haben Verantwortung für das Gutshaus. Dafür wurde es uns als Aufgabe gegeben.

Je klarer uns wurde, dass wir Entlastung brauchten, desto genauer mussten wir über die Frage nachdenken: Wo können wir loslassen? Was können wir abgeben? Wenn es sich rechnen würde und das Ergebnis genauso gut wäre, würde ich sogar das Backen abgeben, wenn auch schweren Herzens. Denn es geht darum, unsere eigenen Ressourcen schonend zu behandeln. Auch und gerade mit einer geliebten Tätigkeit kann man sich in den Burn-out arbeiten.

Ein wichtiger Aspekt beim Delegieren ist: Wo kann großer und irreparabler Schaden entstehen, wenn etwas falsch läuft, wie zum Beispiel in Steuersachen? Und was ist beherrschbar vom Risiko her und erlaubt eine gewisse Fehlertoleranz? Die ist ein wichtiges Lernfeld für uns. Das habe ich zum Beispiel gemerkt, als ich die Arbeit an »meinem«

Garten Stück für Stück an einen der Hausmeister abgegeben habe. Für mich ist wichtig, dass er möglichst selbstständig arbeitet – sonst ist es keine Entlastung. Wir besprechen montags grob, was in der Woche ansteht, und dann arbeitet er eigenständig und selbstverantwortlich, bringt eigene Ideen ein uns so weiter. Müsste ich jeden Handgriff anweisen und kontrollieren, begutachten und loben, dann käme ich nicht zu meiner eigenen Arbeit. Und das Risiko, dass mal etwas schiefgeht, muss ich einkalkulieren. Wie damals, als er nichts ahnend alle Blümchen gejätet hat, die ich am Wochenende mühsam eingepflanzt hatte. In solchen Situationen muss ich mich auf eine Wahrheit besinnen, die meine Schwägerin mir mitgegeben hat: Leute können nur wachsen, wenn man sie lässt. Deshalb raste ich dann möglichst nicht aus (nicht so einfach für einen Temperamentsbolzen wie mich), sondern gehe erst mal ins Haus und brülle ins Kissen. Atme durch. Dann reflektiere ich und rufe notfalls meine liebe Andrea an: »Was soll ich mit dem Hausmeister machen? Er hat alle meine Blümchen rausgerissen.« Die Gegenfrage heißt dann gerne mal: »Hat er seinen Kopf noch?« Wir lachen gemeinsame und meine Anspannung löst sich. Und dann zeigt sie mir Möglichkeiten, darauf zu reagieren. Auf sich beruhen lassen aus Scheu vor dem Konflikt soll man Fehler natürlich nicht. Dann passieren sie wieder – und der Frust kommt irgendwann aus einem winzigen Anlass in völlig unangemessener Weise heraus. Außerdem haben Mitarbeiter und Mitarbeiterinnen das Recht, aus Fehlern zu lernen, also auch darauf hingewiesen zu werden. Das ist eine Frage des Respekts. Aber ich kann zum Beispiel zum Hausmeister gehen und sagen: »Wir reden morgen über die Sache mit den Blümchen«, weil ich mich dann hoffentlich beruhigt habe. Denn einmal ausgesprochene oder geschriene Sätze kann man nicht zurücknehmen. Ich merke, dass ich dann manchmal denken muss wie eine Mutter – auch bei Kindern bringt es ja nichts, wenn man ausrastet und sie anschreit. Dadurch lernen sie nichts, sondern werden unsicherer und unselbstständiger. Übrigens hat der Hausmeister später Pflanzenableger aus seinem Garten mitgebracht, als kleine Entschädigung. Das hat mich sehr gefreut.

Manche Vorgesetzte halten ihre Leute klein und unselbstständig, weil sie selbst unsicher sind. In diese Falle will ich niemals tappen. Ich will, dass man sich gegenseitig hochzieht und nicht runter. In Barbara Schönebergers Podcast habe ich mal gehört, wie sie Til Schweiger fragte, ob er sich lieber mit Leuten umgebe, die zu ihm aufschauen, oder mit solchen, die ihm auf Augenhöhe begegnen. Seine Antwort: »Die richtig guten Leute sind nur die, die mir auf Augenhöhe und angstfrei begegnen. Die selbstbewusst sind und nicht neidisch auf das, was andere haben und können. Dann entwickeln wir zusammen gute Sachen – jeder entsprechend seiner Talente. Wenn alle zu mir aufschauen, bin ich da oben doch total einsam.« Til Schweiger folgt also einem Prinzip, das die Amerikaner so ausdrücken: *First class men hire first class men – second class men hire third class men.* Das gilt natürlich auch für Frauen: Wer sich seiner selbst nicht sicher ist, umgibt sich lieber mit Menschen, bei denen er oder sie sicher sein kann, dass sie sich noch weniger zutrauen. So schafft man aber gemeinsam nichts Großes. Sondern belauert sich gegenseitig, damit bloß niemand aus dem Mittelmaß ausbricht.

Ein schönes Beispiel für Augenhöhe ist die Zusammenarbeit mit meiner Tochter Pia beim Backen für das Café. Ich habe mir früher nie Motivtorten zugetraut. Aber sie hat gesagt: »Das kannst du doch!«, und hat Ideen eingebracht. Und jetzt fördern, fordern und unterstützen wir uns gegenseitig, wenn wir in der Küche arbeiten. Und entwickeln uns gemeinsam weiter. Sie hilft mir und pusht mich – und ihr hilft meine Anerkennung für ihre Ideen.

Wichtig ist, dass Menschen mit der Zeit wachsen können. Anika hatte anfangs totalen Bammel, alleine für das Frühstück verantwortlich zu sein und etwas falsch zu machen. Wir haben es dann ein paar Mal zusammen gemacht. Anfangs hat sie sicherheitshalber immer ein Foto davon gemacht, wie ich die Teller und die Etagere angerichtet habe – und es dann am nächsten Morgen genauso »nachgebaut«. Bis eines Morgens keine Blaubeeren da waren. »Jetzt kann ich keinen Joghurt machen!«, sagte sie unsicher.

»Doch«, sagte ich. »Nimm einfach Himbeeren. Und wenn es wenig Wurst gibt, leg einfach mehr Käse drauf. Entscheide die Dinge selbst – das finde ich gut. Und du darfst Fehler machen. Ich reiße dir garantiert nicht den Kopf ab. Im Gegenteil: Ich stehe hinter dir, bei allen Entscheidungen, die du selbstständig triffst.«

Das war der Schlüsselsatz. Ein Türöffner und Kraftgeber. Seit diesem Tag trifft sie mit zunehmender Freude und Sicherheit eigene Entscheidungen. Sie improvisiert, denkt mit und macht Dinge mit guten Gründen anders, als ich sie gemacht hätte bzw. vorgeschlagen habe. Sie macht auch mehr und mehr eigene Vorschläge. Kurz: Sie ist in ihre Aufgabe hineingewachsen. Ich muss ihr jetzt auch keine Putzliste mehr schreiben, sondern sie informiert sich selbstständig über unsere App, wann wer an- und abreist und so weiter. Und das Wichtigste ist: Sie hat verinnerlicht, dass es darum geht, es den Gästen so angenehm wie möglich zu machen. Und nicht darum, mir zu gefallen, indem sie alles genauso macht wie ich. Sie arbeitet nicht mehr, um Fehler zu vermeiden, sondern um ihre Aufgabe gut zu erfüllen.

Und dann kam im Januar 2022 unser Urlaub. Zum ersten Mal haben wir es gewagt, wegzufahren, obwohl das Hotel in Betrieb war. Anika sollte den Laden nach guter Vorbereitung und Übergabe alleine schmeißen. Frühstück, Zimmerreinigung, Betten beziehen, Waschen. Für den Check-in neuer Gäste ist sie abends extra noch mal für eine Stunde wiedergekommen; sie wohnt zwei Dörfer weiter.

Vor unserer Abfahrt habe ich ihr Folgendes gesagt: »Die größte Erholung ist für mich, wenn ich nicht an die Arbeit denken muss. Deshalb: Ruf mich nur an und schreib mir nur eine Nachricht, wenn das Haus brennt. Alles andere entscheide einfach selbst. Ich werde deine Entscheidungen akzeptieren. Ich stehe hinter dir.«

Als wir zurückkamen, erzählte sie als Erstes, dass sie täglich mehrfach das Telefon in der Hand und die Nachricht schon geschrieben gehabt hätte, sich dann aber an meinen Satz erinnert habe. Und in der Tat hatte sie nur ein einziges

Mal angerufen, und das rücksichtsvollerweise bei Bruno statt bei mir. In einem Apartment ging die Heizung nicht. Es stellte sich heraus, dass der Mieter, ein Ingenieur (!), das Fenster gekippt und die Heizung auf fünf hatte – worauf unsere Heizkörper zum Glück mit einem energiesparenden Streik reagieren.

Am Morgen nach unserer Rückkehr, als ich mir alles im Haus angeschaut hatte, ging ich zu Anika und sagte nur einen Satz: »Wir hätten ja auch noch länger bleiben können.« Es war alles picobello. Und ich habe selten einen Menschen so strahlen sehen vor Stolz.

Teil 4: Das Haus und das Dorf

Das Gutshaus wäre nichts ohne das Dorf Volzrade. Und umgekehrt hat das Dorf, das so lange am Rande lag, im Grenzgebiet, durch die Wiederbelebung des Gutshauses beziehungsweise seines »Schlosses« einen Schub bekommen. Diese gegenseitige Belebung ist auch deshalb so wichtig, weil es in Volzrade nicht, wie in vielen Dörfern im Westen, jahrhundertelang gewachsene Strukturen und alteingesessene Familien gibt. Viele Dörfer in der späteren DDR erlebten 1945 einen heftigen Bevölkerungsaustausch: Die angestammten Familien flohen vielfach in den Westen, während aus den Ostgebieten Vertriebene nachströmten und in den Dörfern Mecklenburgs und Brandenburgs angesiedelt wurden. In Volzrade aber war es noch mal anders: Hier gab es, wie erwähnt, bis 1945 fast kein eigenständiges Dorf, sondern nur die Gutswirtschaft mit den unmittelbar dazugehörigen Landarbeiterfamilien. Erst nach der Enteignung siedelten sich hier Menschen an, die nicht für das Gut arbeiteten, sondern für die 1952 entstandene LPG.

Eine Beziehung zwischen Dorf und Gutsbesitzerfamilie gab es hier also früher nie. Das begann erst 1994 mit Hugo von Pentz; und seit 2014 haben wir diese Verantwortung übernommen. Dabei wollten wir ursprünglich nur ein altes Haus sanieren. Aber wir haben schnell begriffen: Wenn das Gutshaus verfällt, verfällt auch das Dorf – und wenn das Gutshaus aufblüht, dann lebt auch das Dorf auf. Inzwischen haben mehrere Nachbarn ihre Häuser renoviert oder junge Familien haben ganz neu gebaut, wie zum Beispiel Rosi Müllers Neffe mit seiner Familie, unser erster Entenlieferant. So etwas tut nur, wer auf Dauer hierbleiben will, weil er an die Zukunft des Dorfs glaubt und sich hier wohlfühlt. Wir waren ganz gerührt und dankbar, als uns bei einem unserer Dorffeste gesagt wurde, dass es hier wieder schön werde und Leben ins Dorf zurückkehre. Und dass das uns zu verdanken sei.

Manchmal denke ich: Gut, dass wir anfangs so naiv an die Sache herangegangen sind. Hätten wir von Beginn an gewusst, welche Verantwortung wir für das Wohlergehen des ganzen Dorfs übernommen haben, hätte mich das vielleicht erdrückt. Es war ja auch nicht klar, ob es nicht Widerstand geben würde gegen die Rolle, die uns zugewachsen ist. Wir haben uns von Anfang an bemüht, keinen Anlass dafür zu geben, indem wir eher zurückhaltend agiert haben und versucht haben, niemals prahlerisch und besserwisserisch aufzutreten. Wir suchen immer nach der Balance: die Nachbarn über alles informieren, was im und ums Haus geschieht, ohne ihnen zu sehr auf die Pelle zu rücken oder die Dorfruhe zu stören.

Heute haben wir unsere Rolle als Mittelpunkt des Dorflebens, die das Gutshaus schon ab 1945 unter anderen gesellschaftlichen Bedingungen hatte, freudig angenommen.

Damals diente es als Wohnraum, für die Nahversorgung gab es den Konsum und für die Volksbildung den Kindergarten, die Bibliothek und das gelegentliche Kino. Heute pflegen wir hier die Gemeinschaft mit der Familie, unseren Gästen und den Nachbarn: im Strickklub, beim Seniorenkaffee des Dorfes, im evangelischen Hauskreis und im Planungskreis für die Dorffeste. Und das Haus ist offizielle Bürgerbegegnungsstätte. Zu all diesen gemeinnützigen Aktivitäten später mehr.

Erst einmal schauen wir auf die Lage und die Anfänge der Besiedlung dieses schönen Fleckchens Erde. Unser Dorf liegt nördlich der Elbe, in der Jabeler Heide. In einem Buch über die Herrenhäuser der Region habe ich gefunden, dass man diesen Landstrich früher die »Griese (= graue) Gegend« nannte: Der sandige, staubige Boden habe die Kleider und die Haut während der Feldarbeit immer grau gefärbt. Wenn ich mal wieder barfuß im Garten gearbeitet habe, weiß ich genau, was gemeint ist. Heute, nach jahrhundertelanger mühsamer Bewirtschaftung und Düngung des Bodens, ist er zwar etwas besser und kann wenigstens ein bisschen Feuchtigkeit festhalten. Aber sandig ist es hier immer noch – und wegen der Dürren der jüngsten Zeit sogar wieder mehr. Eine Familie im Dorf lebt hinter hohen Hecken – und zwar nicht aus Kontaktscheu, sondern um einen Windschutz zu haben. Denn wenn es windig wird, machen alle Volzrader die Türen und Fenster zu. Dann »sind die Felder unterwegs«. Die kostbare Ackerkrume wird davongetragen und legt sich als »grieser« Staub überallhin. Hier Bauer zu sein war und ist ein hartes Geschäft.

Dasselbe Buch spekuliert übrigens auch über die Bedeutung des Namens »Volzrade« und kommt auf »Platz der Freien«. Allerdings gehen die meisten Namensforscher davon aus, dass die häufige Ortsbezeichnung »-rode« sich auf die Rodung des ursprünglich vorhandenen Urwalds zu Siedlungszwecken bezieht. Und »Volz« bedeutet einfach »Volk« oder »Leute«.

Auf der Homepage der Stadt Lübtheen, zu der Volzrade verwaltungstechnisch gehört, kann man einige Zeilen über die Geschichte des Dorfs nachlesen: Erste Besiedlung um 1200, erste urkundliche Erwähnung 1363. Das Lehen ging an die Familie von Pentz vom Gut Redefin, genauer: an den Ritter Ulrich von Pentzen. 1592 ließ sich Levin von Pentz als Erster aus der Besitzerfamilie in Volzrade nieder. Heutige Einwohnerzahl des Dorfs: etwas über hundert.

Es ist eine bunte Schar von Menschen und Charakteren, die hier leben – und die uns ganz überwiegend freundlich gesonnen sind. Wie schon angedeutet, ist etwa die Hälfte des Dorfes irgendwie verwandt, verschwägert oder verbandelt mit Rosi Müller. Sie kommt aus einer Familie mit elf Kindern, darunter neun Mädchen – die heißen also alle anders als Müller, sofern sie verheiratet sind. Ich werde nie Brunos zunehmend hilfloses Gesicht vergessen, als Rosi uns ziemlich am Anfang einmal auseinanderklamüserte, zu wem sie in welcher Beziehung steht: Geschwister, Neffen, Nichten, Cousins, Cousinen, Schwägerinnen … Er schaute so verwirrt wie manchmal beim Fernsehen, wenn er mich fragt, ob der Mann, der da eben zu sehen war, derselbe sei wie der am Anfang. Unglaublich, wie schlecht er sich Gesichter merken kann. Er hat es eher mit Zahlen und kann bei unseren Hausführungen die Geschichte des Hauses viel besser wiedergeben als ich.

Von Rosis Tochter Dagmar habe ich schon erzählt. Bevor sie im zweiten Obergeschoss des Gutshauses wohnen musste, war sie eine Zeit lang Mieterin der (irgendwann zu kleinen) Wohnung im Erdgeschoss, wo jetzt unser Café ist. Inzwischen wohnt sie schon lange mit ihrem Mann Roland im eigenen Haus im Dorf und ist Oma geworden. Dagmar hat viele Jahre ihrer Mutter Rosi bei den Vorbereitungen des Seniorentreffs geholfen und ist immer sehr hilfsbereit.

Auch Rosis Nichte Doris hat mal im Gutshaus gewohnt. Sie hilft auch gerne aus, ist immer sehr lustig und nimmt kein Blatt vor den Mund. Das Seniorentreffen nennt sie nur den »Dorffrauenkaffeeklatsch«.

Rosis Schwester Rita ist eine sehr engagierte Frau und echte Stimmungskanone. Sie ist festes Planungsmitglied des Festausschusses des Dorffestes, hilft dort unermüdlich beim Kuchenverkauf und auch beim Adventsgrillen. Sie hat das Herz auf dem rechten Fleck – und trägt es meist auch auf der Zunge. So begrüßte sie mich zum Beispiel mit erfrischender Direktheit einmal so: »Na, Lissi? Schlecht geschlafen? Siehst ganz schön zerknittert aus heute.« Sie wohnt gleich am Dorfeingang, weiß also über jeden Besucher Bescheid.

Ein bisschen tragisch ist das Schicksal von Rosis Schwägerin Karin: Die patente Frau, die als Berufsschullehrerin gearbeitet hat, bewohnt seit dem frühen Tod ihres Mannes das große Haus ganz allein und klammert sich auch an den großen Fuhrpark alter Autos, die ihr Mann im Garten gesammelt hat. Weil sie dort vor sich hin rosten und rotten, hat sie eine Hecke als Sichtschutz gepflanzt. Den Schrott stattdessen einfach mal abtransportieren zu lassen, bringt sie nicht übers Herz. Alle Bewohner des Dorfes wissen das, gehen verständnisvoll damit um und helfen, wo sie nur können.

Von einem von Rosis Brüdern, dem Bauern, habe ich schon erzählt – er lieferte das Stroh für unsere Laufenten. Der andere Bruder ist sehr freundlich und begeistert davon, was wir aus dem Gutshaus machen. Und sein Schwiegersohn, von Beruf Dachdecker, ist ein sehr patenter und hilfsbereiter Nachbar und mittlerweile Freund.

Der Umgang der Dorfbewohner miteinander ist zurückhaltend. Bei zwei Häusern frage ich mich bis heute, wer da eigentlich wohnt – offenbar sind es sehr scheue, alleinstehende Herren. Wenn sich Dorfbewohner miteinander verabreden, dann meist auf neutralem Boden. Gegenseitige Besuche zu Hause sind nicht üblich. Eine Ausnahme: Die Frau, die hinter den Hecken lebt. Ihr Mann ist blind und sie war lange sehr schwer krank und musste zu Hause im Bett liegen. Unsere Rosi hat sie regelmäßig besucht, um ihr eine Abwechslung zu bescheren. Vielleicht liegt es aber auch daran, dass die Dame nach hiesigen Maßstäben fast schon eine Ausländerin ist, dass sie das zuließ. Ich habe sie mal gefragt, ob sie von hier sei. Darauf antwortete sie ganz belustigt: »Aber nee! Ich komm doch von Alt-Jabel.« Zur Orientierung: das ist etwa vier Kilometer Luftlinie von Volzrade entfernt …

Diskretion ist eben wichtig in Volzrade. Der Mecklenburger hat gerne ein gutes Stück Abstand zum Nachbarn und schätzt die Ruhe.

Mit unseren direkten Nachbarn haben wir durchweg Glück. Von Klaus habe ich schon erzählt – er und seine Frau Petra sind immer zu haben für einen Gartenzaunschnack, geben Tipps zum Tomatenanbau und gaben unserer aggressiven Ente Charlotte zeitweilig Asyl.

Und dann sind da Falko und Susi, die Nachbarn an der Rhododendronhecke. Falko ist von Beruf Hauptkommissar, aber vor allem ein hilfsbereiter, leidenschaftlicher Schrauber. Seine Garage ist das reinste Schrauberparadies. Er ist auch der Werkzeugverleih des Dorfs – aber wir haben schon registriert, dass nicht jeder was bekommt. Hilfreich ist es immer, wenn man etwas zum Tauschen hat. Und wenn man freundlich ist. Susi arbeitet seit den Anfängen im Festausschuss des Dorffests mit, der Keimzelle des Dorfvereins, den wir gerne gründen wollen. Und sie hilft mir auch immer, wenn ich mal wieder streunende kranke Katzen einsammeln muss, um sie dann mit Hilfe eines Katzenschutzvereins tierärztlich versorgen und kastrieren zu lassen.

Hardy, der Sohn von Falko und Susi, gehört zu denen, die ihre Zukunft im Dorf sehen. Er renoviert ein leer stehendes altes Haus und baut dort eine Werkstatt mit Wohnhaus ein. Er mag sein Heimatdorf und hilft tatkräftig beim Dorffest mit.

Falkos Mutter war einst die Gemeindeschwester im Ort und kann viel von früher erzählen. Wie sie alles mit dem

Fahrrad abfuhr für ihre Hausbesuche. Bei medizinischen Notfällen musste sie ins Gutshaus kommen – dort stand zu DDR-Zeiten das einzige Telefon des Dorfs. Wenn es noch dringender war, betätigte sie die Feuersirene, die bis nach Lübtheen gehört wurde. Sie zählt ebenso zu den Urgesteinen des Dorfs wie die Inhaberin der Dorfkneipe, wo alle Volzrader einen geselligen Treffpunkt hatten. Oder, wie manche ungeschminkt sagen: wo die Löhne versoffen wurden.

Außer der Kneipe gab es auch den »Getränkestützpunkt«; er lag neben dem Gutshaus. Im Haus unter der alten Eiche, wo früher die Getränke verkauft wurden, wohnt jetzt eine freundliche Nachbarin. Sie hat uns erzählt, welche vergrabenen »Schätze« sie im Garten gefunden hat: containerweise Altglas und die Überreste von zwei oder drei Trabbis. Sie hat schon einige Male unsere Laufenten, wenn sie mal wieder ausgebüxt waren, nach Hause begleitet.

Ein kleines Beispiel für die Hilfsbereitschaft unserer Nachbarn: Als der Herd für unsere private Küche geliefert wurde, war Bruno mal wieder unterwegs – und die Männer von der Spedition waren leider nicht dazu bereit, dieses 240 Kilo schwere Teil die große Treppe hochzuwuchten. Was tun? Nach ein paar Telefonaten kam Falco mit seinem Radlader und hatte Holger mit seinem Trecker und Nils im Schlepptau. Alle packten tatkräftig mit an, und gemeinsam haben wir den Herd hochgewuchtet. Warum wir denn nicht einen »normalen« Ofen kaufen könnten, der auch geliefert würde, fragten sie scherzend nach getaner Arbeit. Auch beim alljährlichen Hereintragen, Aufrichten und Schmücken des großen Weihnachtsbaums helfen viele mit. So ein Zusammenhalt ist unersetzlich. Und der Weihnachtsbaum erleuchtet nicht nur den Saal, sondern auch die Gutshausallee und damit das Dorf.

Ein richtig guter Freund ist auch Holger geworden, der Schäfer. Er ist immer zur Stelle, wenn ein Trecker benötigt wird, eine Ente oder ein Lämmchen gebraucht werden oder ein Strauch umgesetzt werden soll. Und er nimmt auch an unseren Gutshausdinners teil. Mit ihm können wir tolle Gespräche beim Rotwein führen, bei denen auch viel gelacht wird. Vieles, was wir über das Dorf wissen, verdanken wir ihm, und ebenso die Kontakte zu so manchem Bewohner.

Ebenfalls befreundet sind wir mit Steffi und Nils. Steffi ist seit der Gründung im Strickklub dabei und organisiert mittlerweile mit Heide unser Frauentreffen. Nils ist begeisterter Jäger. Ihr Sohn Tim hat auch in Volzrade gebaut und mit seiner Frau Annemarie bei uns geheiratet – ihre Tochter ist das derzeit jüngste Dorfmitglied. Und Steffis Papa macht hobbymäßig Würste. Er hat schon mal die Grillwürste fürs Dorffest spendiert und alle mit seinem Mundharmonikaspiel unterhalten.

Überhaupt tun sich erstaunliche Bezugsquellen für Waren und Dienstleistungen auf. Der Viehhändler David zum Beispiel kann gutes Rindfleisch besorgen, und der Nachbar von der Schäfchenwiese ist Maurer und Verputzer; wir haben seine Fähigkeiten schon nutzen dürfen.

Eine große Freude und Zukunftshoffnung sind die jungen Familien, die nach Volzrade kommen oder hier die nächste Generation in die Welt setzen. Auf den Dorfstraßen gibt es tatsächlich noch oder wieder Kinder zu sehen, die miteinander spielen. Das können weiß Gott nicht alle deutschen Dörfer von sich behaupten.

Natürlich ist nicht alles Friede, Freude, Eierkuchen. Man hört auch unschöne und traurige Geschichten – teilweise könnten sie aus einem Roman stammen. Wie die von den beiden verfeindeten Brüder, die jahrzehntelang nicht miteinander gesprochen haben, obwohl sie beide in Volzrade wohnten. Erst kurz vor dem Tod des einen haben sie sich wieder angenähert. So viel verlorene gemeinsame Lebenszeit! Für mich ist das unvorstellbar.

Oder die alleinstehende Dame, ebenfalls ein Urgestein des Dorfes, die zunehmend verwirrt ist, woran Trauer und Einsamkeit sicher ihren Anteil haben.

Und dann erzählte mir mal ein Besucher, der früher selbst in Volzrade wohnte, von einer »Hexe«, die immer Unfrieden gestiftet habe. Ich nenne sie mal Anna Gutmann – wobei sie das »gut« angeblich nur im Namen trug. Ich glaube, der Mann hat maßlos übertrieben, als er sie schilderte: Sie sei herrschsüchtig und habe statt eines Herzens einen kalten Stein in der Brust. Sie meckere permanent an allem und jedem herum und sei mit niemandem befreundet. Sie entsorge Müll einfach im Wald und vermiete ihren Schuppen schwarz an Monteure. Deshalb sehe sie unser Gutshaus auch als »Kundenräuber«. Und sie sei eine Hochstaplerin: In der Von-Pentz-Zeit habe sie sich in deren Abwesenheit mal als »Dame des Hauses« ausgegeben und in der Presse mit Foto darstellen lassen, was ihr zu ihrer Empörung ein Hausverbot im Gutshaus einbrachte. Ich habe sie lange nicht zu Gesicht bekommen. Auch die Einladung zu den Dorffesten ignorierte sie am Anfang. Aber einmal tauchte sie zu später Stunde doch noch auf – allerdings nur, um zu krakeelen, dass die Musik zu laut sei und sofort ausgemacht werden solle. Ob der Besucher vielleicht doch recht hatte?

Die Dorffeste – sie sind das sichtbarste Zeichen für unsere Verbindung mit Volzrade. Nach dem schönen Begrüßungsgrillfest 2015, von dem ich im Prolog erzählt habe, war für alle klar, dass das kein einmaliges Erlebnis bleiben sollte. 2016 war unser Polterabend der besonders schöne Anlass für eine Wiederholung. Aber nach der Hochzeit sahen Bruno und ich uns glücklich, aber auch erschöpft an und sagten: »Nie wieder organisieren wir das allein.« Das Dorffest kann gerne weiter auf unserem Grundstück stattfinden – aber das Dorf darf mitmachen. Um uns zu entlasten – und um das Fest noch stärker zu einem gemeinsamen Projekt statt zu einer einseitigen Einladung aus dem Gutshaus zu machen.

Und so gibt es seit 2017 zwei Feste im Jahr, eins im Sommer und ein Adventsgrillen im Winter – und organisiert werden sie von einem Kreis von Frauen. Das Fest 2017 war noch arg improvisiert. 2018 und 2019 lief es dann schon professioneller. Für alle drei Feste konnten wir unsere Freunde von Beige beziehungsweise Frollein Motte als Band gewinnen. Aber vor allem die bürokratischen Angelegenheiten wie die behördliche Anmeldung, das Bestellen von Bier- und Toilettenwagen, die Genehmigung für den Ausschank und die Ausgabe von Essen trauen die Frauen eher mir als sich selbst zu. Vor unserer Zeit hat sich darum der Kindergarten gekümmert; die hatten auch Erfahrung mit Papierkram.

Weil sich aus dem Verkauf der Grillwürstchen und des Biers ein kleiner Überschuss ergab, stand plötzlich das Thema Finanzamt zur Debatte. Wir als offizieller Veranstalter der Feste hatten gehofft, den Überschuss für die Planung der nächsten Feste zur Seite legen zu können; so hatten wir es den Leuten vorher auch mitgeteilt, und so mancher rundete seine Zahlung für die Verköstigung deshalb großzügig auf. Aber das Finanzamt machte uns im wahrsten Sinne des Wortes einen Strich durch die Rechnung: Bruno und ich mussten den Überschuss als Gewinn versteuern. Und dann kam der entscheidende Hinweis: Nur ein Verein könne solche Überschüsse vollständig für den Vereinszweck verwenden. Wäre Corona nicht dazwischengekommen, gäbe es den Dorfverein Volzrade schon längst. Jetzt sind wir gerade damit beschäftigt, ihn zu gründen – um so Geld für die Dorffeste und die Sanierung der Fassade zu akquirieren.

Denn das Gutshaus ist nicht unsere Privatangelegenheit, das ist ja schon häufiger deutlich geworden. Es ist untrennbar verbunden mit dem Dorf. Daraus ist das Projekt »Bürgerbegegnungsstätte« entstanden. Die Öffnung des Hauses für gemeinnützige und gemeinschaftliche Zwecke ist die Voraussetzung dafür, EU-Gelder für die Dorferneuerung zu beantragen. Diese Gelder bedeuten nicht, dass wir uns gemütlich zurücklehnen könnten. Sie decken lediglich die Mehrkosten, die durch den Denkmalschutz entstehen – und für die Dinge, die wir nur einbauen, damit das Gebäude öffentlich nutzbar ist, wie etwa die Toiletten im Keller. Das ist natürlich eine große Hilfe – aber kein warmer Geldregen. Zumal wir immer alles vorfinanzieren müssen.

Konkret bedeutet »Bürgerbegegnungsstätte«, dass wir den weißen Saal im ersten Obergeschoss, das Café und die Toiletten unentgeltlich zur Verfügung stellen für Aktivitäten der Dorfbewohner und der evangelischen Kirche Lübtheen. Und wenn jemand aus dem Dorf eine kleine Feier im Saal machen möchte oder im Park eine Trauung feiern will, berechnen wir nur einen Betrag, der die Kosten deckt, handeln also auch hier als gemeinnütziges Haus.

Der monatlich stattfindende Strickklub ist durch Corona leider in einen Dornröschenschlaf gefallen, wird aber demnächst wiedererweckt. Aber der Hauskreis, den wir alle zwei Wochen haben, lebt – und ist mit seinen Diskussionen über Bibel- und Glaubensfragen auch für mich selbst eine wichtige geistige und spirituelle Inspirationsquelle. Die Kirchengemeinde Lübtheens ist seit jeher eng verbunden mit dem Gutshaus. Gutsherr, Staat und Kirche – das war im alten Preußen immer eine ganz enge Verbindung. So hat die Familie von Pentz 1820 die Orgel in Lübtheen finanziert; sie ist eine der größten in der Gegend und einzigartig in ihrer Bauweise.

Als ich 2014 nach Volzrade zog, suchte ich Anschluss. Die freiwillige Feuerwehr und der Schützenverein haben zwar enorme Verdienste um das Gemeinwohl und den Zusammenhalt erworben, passten aber zu mir persönlich nicht so gut. Doch bei einigen Menschen, die ich kennenlernte, dachte ich: Die sind bestimmt in der Kirche. Ich glaube, Christen haben etwas an sich, woran sie sich erkennen. Und so habe ich mich in die Gemeindearbeit eingebracht und, wie erwähnt, dank Pastor Holmer erstmals mein christliches Zuhause gefunden. Aus einem Workshop heraus entstand die Idee, dass man sich regelmäßig auch außerhalb der Gottesdienste treffen sollte. Denn im Gottesdienst ist man ja eher passiv und geht nach dem »Konsumieren« der Predigt nach Hause. Wenn es gut läuft, denken manche weiter über die Themen nach oder unterhalten sich mit dem Partner darüber. Aber man kann keine Fragen stellen. Das hat mich schon als Kind in den Gottesdiensten gestört. Ich saß da immer und wollte mich am liebsten melden, wie in der Schule. Mit dem Finger schnipsen und sagen: »Hallo, ich hätte da mal 'ne Frage!«

Dafür haben wir nun den Hauskreis, der im Gutshaus beheimatet ist. Die sieben oder acht Frauen (der parallel eingerichtete Männerkreis hat sich leider nicht gehalten) treffen sich seit 2016. Zuerst wird jede mal ihren Tag los, dann stimmen wir uns ein, nehmen uns ein biblisches Thema vor und stellen Fragen dazu. Ich sorge regelmäßig für Belustigung, etwa wenn ich die biblische Weihnachtsgeschichte kommentiere: »Diese paar dürren Zeilen kann nur ein Mann geschrieben haben. Eine Frau hätte doch einen halben Roman daraus gemacht, bei dem, was da alles passiert.« Oder wenn wir das Vaterunser Satz für Satz auseinandernehmen und fragen: Ist das wirklich ein Vater? Also ein Mann? Oder doch eine Mutter, wie im eindrucksvollen Film *Die Hütte: Ein Wochenende mit Gott?*

Die verschiedenen Perspektiven der Frauen sind immer hochinteressant. Eigentlich ist es etwas Ähnliches wie ein Salon, in dem Menschen sich regelmäßig über Fragen austauschen, die jenseits des Alltags liegen. Und auf die es keine einfachen oder gar eindeutigen Antworten gibt.

Diese Gespräche schaffen einen Austausch, den ich brauche. Eine vertraute, geschützte Runde, in der man auch mal Fragen stellen kann, mit denen man sich anderswo bloßstellen würde. Und keine Frage wird be- oder verurteilt, sondern alle werden fair diskutiert, von Gleich zu Gleich.

Einmal im Monat findet im Saal der Seniorenkaffee statt – wir stellen das Geschirr und Inventar und spendieren auch mal den Kaffee und einen Kuchen, den Rest bringen die Teilnehmerinnen mit. (Es kommen praktisch nur Frauen, immer so zwischen zehn und fünfzehn.) Wenn meine Zeit es erlaubt, setze ich mich sehr gerne ein Stündchen dazu.

Rosi Müller hat ihn bis 2020 organisiert, dann hat sie das an Heidi und Steffi abgegeben. Das Ansinnen der Frauen aus dem Dorf, dass die Lissi als Gutshausbesitzerin auch diese Aufgabe übernehmen solle, habe ich abgewehrt. Gemeinschaft heißt, dass jede was tut und nicht eine alles.

Unser Gutshausdinner entstand aus dem Gedanken, unsere Hausgäste mit dem Dorf und mit uns an einen Tisch zu bringen. Ich kenne das von zu Hause Am Tisch lässt es sich ungezwungen erzählen und austauschen und man ist im

Genießen verbunden. Vor dem ersten Dinner war ich extrem aufgeregt. Wer kocht denn bitte täglich für zwölf Personen? Natürlich sollte es nicht irgendein Schnitzel geben. Nein, bitte 5 Gänge, was Feines, was Regionales, aus dem Garten, selbst gemacht und leckere Weine dazu. Also stellte ich ein Menü zusammen und druckte die Menükarte aus:

WILLKOMMEN ZUM ITALIENISCHEN DINNER

Aperitif
Prosecco mit Aperol und Bruschetta

Gruß aus der Küche
Lachsterrine an blumigem Salat

Antipasti: Zucchine Bella Napoli
Gemüselasagne mit Parmesanhut an Bärlauchpesto

Primo: Tortelloni alla Mamma
Tortelloni gefüllt mit Steinpilz-Ricotta oder Bärlauch-Ricotta auf Gemüsebett

Secondo: Polpette di Agnello
Lammfrikadellen an Porree-Artischockengemüse mit Gnocchi

Dolce: Sorbetto al Limone
Zitronen-Sorbet mit Himbeeren

Espresso

Das Kochen war ein Fest, mit meiner wunderbaren Pia als Beiköchin und mit Bruno als weltbeste Schnippelhilfe und bester Sommelier. Von den manchmal misslungenen Testessen und den Resten hätte man eine zwanzigköpfige Familie ernähren können, wochenlang. Ich bin es ja von Haus aus gewohnt, dass für die Gäste nicht zu knapp gekocht werden darf. Daher kümmerte mich der Überschuss nicht so sehr. Wie Bruno damals so schön sagte: »Du musst ja keinen Gewinn machen mit dem Dinner, es soll den Gästen Spaß machen und schmecken.« Dass ausgerechnet er Wochen später das eingefrorene Zitronen-Sorbet aufgetaut und in einem Risotto verarbeitet hat, sorgt heute noch für Gelächter. Und ich muss mir anhören, dass ich mal lieber Etiketten auf die Tupperdosen kleben soll, damit so was nicht passiert. Herrlich sind die Erinnerungen an diese Abende.

Bruno ist der geborene Gastgeber. Er kann die Gäste wunderbar unterhalten und von der Geschichte des Hauses erzählen, sodass sich alle Gäste wohlfühlten und die Abende immer sehr lang gewesen sind.

Da solche Abende aber sehr aufwendig und anstrengend sind und zusätzlich zu unserem täglichen Job im Haus anfallen, haben wir unsere Dinnerabende seit jeher nur an ausgewählten Terminen geplant. Durch Corona sind sie dann ganz zum Erliegen gekommen. Manches hat seine Zeit und ist schön, so wie es gewesen ist. Man muss als Gastgeberin seine Grenzen kennen und seine Kräfte richtig einschätzen.

Ein absolutes Highlight sind die Gutshauskonzerte. Nach dem Konzert im Gutshaus Thurow, bei Leo und Marcel, haben Leo und ich den Plan geschmiedet, zusammen mit den beiden und mit Caleb Collins, einem Pianisten aus Denver, Weihnachtskonzerte zu veranstalten. Dann würde sich die Reise über den Atlantik mehr lohnen und Thurow und Volzrade könnten sich bestimmte Kosten teilen.

2019, vor dem ersten Konzert, war ich enorm nervös. Ich hatte eigens ein Klavier für unseren Saal angeschafft, obwohl ich selbst nicht spiele. Würden Menschen kommen oder säßen wir am Ende allein da mit unserem Snackbuffet, den Getränken und dem eigens angereisten Pianisten? Nun, es wurde ein voller Erfolg, die Karten verkauften sich schneller als gedacht. Es kamen Leute aus dem Dorf, aus Lübtheen und aus Ludwigslust. Und alle waren glücklich, Kultur zu erleben – und das in einem Saal, der wie dafür gemacht scheint.

Wir haben den 4,50 Meter hohen Christbaum mithilfe von Holger aus dem Wald geholt und mit vielen anderen Helfern aufgestellt und geschmückt. Die Lichter strahlten, die Kerzen brannten, und alle Gäste waren vom ersten Moment an wie verzaubert. Mit dem ersten Weihnachtslied, das Caleb spielte, hatte er gleich die Herzen der Mecklenburger gewonnen. Bruno und ich standen hinten an der Tür, hielten uns an den Händen und mir wollte das Herz schier zerbersten vor Dankbarkeit. Ja, das war der Inbegriff von Weihnachten. Wir sahen die verzauberten Gäste, Paare hielten Händchen, lehnten ihre Köpfe aneinander und lächelten beseelt. Sie alle hatten ihren Alltag draußen gelassen. Bürgerbegegnungsstätte – an diesem Abend fand das Wort seine Erfüllung.

Die Grande Dame war an diesem Abend ohne Zweifel sehr zufrieden mit mir. Und ich dankte dem Himmel für die Begegnung mit Leo, Marcel und Caleb. Irgendwie werden uns immer die Leute geschickt, die wir brauchen.

Noch berührender war das Konzert an Weihnachten 2021. Nach der Corona-Pause war es Calebs erster Live-Auftritt seit zwei Jahren. Wieder waren alle 45 Plätze besetzt – und alle Corona-Vorschriften erfüllt. Es war wie eine Wiederkehr des Lebens in unser so lange verwaistes Haus.

Caleb war gerührt und spielte mit ganzem Herzen für unsere Gäste. Er animierte sie zum Mitsingen, und der Saal war wieder verzaubert. Nach dem eigentlichen Konzert wurde Caleb von fragenden Gästen umringt, und er genoss die Gemeinschaft sehr. Meine Nichte Sontje, die eine supertolle Gutshaushelferin ist, fragte ihn nach Liednoten. Er gab sie ihr und bat sie, doch gleich mal etwas zu spielen. Sie war sooo aufgeregt, aber sie nahm die Herausforderung an. Alle verbliebenen Gäste reckten die Köpfe, um zu sehen, wer da wohl spielte – und plötzlich saßen sie alle rund um das Klavier und wollten mehr. Sontje spielte, unsere wunderbare Dörte aus der Kirche sang mit glockenklarer Stimme und mir ging die Gänsehaut den Körper rauf und runter. Caleb genoss es zu lauschen, und nach dem ersten Lied gab es noch eines und noch eines. Ein ganz eigener Zauber, ein ganz großer Glücksmoment. Wir saßen danach alle noch sehr lange beim Wein zusammen, und auch Caleb war dankbar für diese Begegnung.

Für die Konzerte verlangen wir übrigens nur Ticketpreise, die man hier in der Gegend auch bezahlen kann. Und Caleb, der auch gläubiger Christ ist, trägt die gemeinnützige Idee dieser Konzerte mit und verlangt nur so viel, wie er braucht, um seine Kosten zu decken.

Die Anschaffung des Klaviers hat mir übrigens auch jenseits der Konzerte einige sehr schöne Erlebnisse beschert. Natürlich fragen Gäste, wenn sie das Instrument entdecken, ob man darauf spielen dürfe. Vor allem Kinder werden magisch davon angezogen. Ich sage dann immer: »Wer spielen kann, darf spielen – aber es ist kein Spielzeug für Kinder.« Also kein Rumgeklimpere – das würde die Grande Dame nicht dulden und die Hausgäste wären genervt. Aber als der elfjährige, leicht autistische Sohn von Gästen einmal spielte, war es wunderbar für alle, die es hören durften. Und ein anderer Junge spielte einmal konzertreif Stücke von Ludovico Einaudi. Bei der Abreise sagte ich ihm: »Danke schön, du hast mir und dem ganzen Haus so eine große Freude gemacht!« Ich habe selten jemanden so strahlen sehen wie ihn.

Teil 5: Angekommen

Anja schweigt seit einer Weile. Sie sortiert ihre Gedanken. Ich lasse sie in Ruhe, während wir auf dem Forstweg in Richtung der Stixer Wanderdüne und der Elbe gehen. Der Schatten der Bäume tut gut an diesem warmen Junitag. Die Luft schmeckt selbst hier im Wald nach Staub, weil es seit Wochen nicht geregnet hat.

»Ich muss was ändern! Unbedingt!«, stößt Anja hervor. Sie und ihr Mann sind schon zum vierten Mal aus Hamburg zu uns ins Gutshaus gekommen für einen Kurzurlaub, und wir haben uns mit ihnen angefreundet. Auch für die beiden ist es die jeweils zweite Ehe – so was verbindet. Und wir sitzen abends gerne bei einem Glas Wein in unserer großen Bibliothek zusammen. Die ist schließlich für genau so was da: kennenlernen, Kontakt finden, Freundschaft schließen.

»Was ändern kann man immer«, antworte ich vorsichtig. Ich ahne schon, in welche Richtung das Gespräch gehen wird. Anja ist Mitte dreißig, verbeamtet, aber extrem auf der Suche. Ihr Mann hat ein Kind mit in die Ehe gebracht, sie ist bisher kinderlos. Soll sie Mutter werden? Will sie das? Oder etwas ganz anderes? Ich gehöre offenbar zu den wenigen Menschen, denen sie ihre Sinnsuche anvertraut, und leihe ihr dafür gerne mein Ohr.

Aber diesmal läuft es anders. Fast schon aggressiv antwortet sie: »Ja, du hast leicht reden! Du hast dir ja deinen Traum schon erfüllt!« Verblüfft bleibe ich stehen und sehe sie an: »Welchen Traum?« Anja stößt ein kurzes Lachen hervor: »Tss! Na, das Gutshaus. Dein Schloss!« Ich kratze mich am Kopf. »Wie kommst du darauf, dass das mein Traum war?«

Jetzt ist Anja an der Reihe mit dem erstaunten Blick: »War es nicht? Ich dachte immer, das sei ein typischer Kleinmädchen-Prinzessinnentraum gewesen. Wenn ich dich so erlebe, als Gutshaus-Besitzerin, wirkt es so, als sei dein Leben schnurstracks drauf zugelaufen.«

Ich schüttle ein bisschen unwillig den Kopf: »Anja, du weißt, dass mein Leben niemals gerade auf irgendwas zugelaufen ist. Die frühe Ehe mit den drei Kindern. Die Scheidung. Die Jahre als alleinerziehende Mutter. Der Kneipenjob. Was soll da schnurstracks sein? Und in der ganzen Zeit gab es nie einen Gedanken an ein Gutshaus. So viel Fantasie hatte ich gar nicht. Das lief mir über den Weg. Ich habe genauso nach meiner …« – ich suche nach dem passenden Wort – »… nach meiner Aufgabe gesucht wie du jetzt gerade. Und zwar viele, viele Jahre lang.«

»Aufgabe?«, fragt Anja. »Was meinst du? Wer gibt dir Aufgaben?«

»Tja …« Ich muss lachen. »Wer gibt uns unsere Aufgabe? Ist es das Leben? Ist es Gott? Sind wir es selbst? Ich habe keine Ahnung. Aber …«

»Ja?«, fragt Anja gespannt. Die überraschende Wendung des Gesprächs hat sie elektrisiert.

»… aber es ist doch eigentlich egal. Hauptsache, man ergreift die Aufgabe, wenn sie da ist, und lässt sie nicht vorbeitreiben. Aber ich konnte mich erst darauf besinnen, sie zu finden, als das Trauma meiner ersten Ehe verarbeitet war. Und als ich meine Beziehung zu dem da oben …«, ich zeige in die schütteren Wipfel der trockenen Kiefern über uns, »… wieder aktiviert hatte. Hat ganz schön gedauert.«

»Und was ist das – deine Aufgabe?«, fragt Anja neugierig, während sie ihren kleinen Proviantrucksack festzurrt.

»Alte Häuser retten«, sage ich wie aus der Pistole geschossen – so wie damals beim Italiener zu Bruno. »Ist mir erst vor ein paar Jahren klar geworden, aber seither ist es keine Frage mehr. Das alte Haus drohte zu verfallen und wollte geliebt und gerettet werden. Das ist meine Aufgabe.«

Ich muss daran denken, wie neulich eine Lokalzeitung eine Reportage über uns betiteln wollte: *Ein wahrgewordener Traum*. Ich habe gefragt, ob ihnen nichts Besseres einfalle. Weil es kein Traum war. »Das Haus ist zu mir gekommen«, habe ich dem Redakteur gesagt. »Ich habe nicht schon immer davon geträumt, Schlossbesitzerin zu sein. Ich wollte ein altes Haus retten. Es geht um das Haus – nicht um mich. Um einen schönen Ort für Begegnungen.«

Anja bleibt stehen und schaut mich an. »Na ja, schon auch um dich, oder? Irgendwie beneide ich dich jedenfalls, weil du so … angekommen bist. Aber es macht mir auch Angst. Wenn ich jetzt so ein Projekt starten würde wie du, dann müsste ich ja meine Sicherheit als Beamtin aufgeben.«

»Hä? Wieso denn das? Du musst doch nicht auch ein Gutshaus kaufen und aufs Land ziehen! Deine Aufgabe wartet vielleicht in der Stadt auf dich. In einem Tierheim. Oder in einem Orchester. Oder in der Kirchengemeinde. Oder als ehrenamtliche Vorleserin im Seniorenheim. Wo dein Herz dich eben hinführt. Und das kannst du alles mit der Sicherheit des Pensionsanspruchs im Rücken machen. Die Hauptsache ist …« Ich verstumme und muss dann plötzlich kichern.

»Ja? Was ist die Hauptsache?«

Statt zu antworten, frage ich: »Du warst doch gestern auch im Café, als dieser Mann zu mir sagte: ›Mal so ein Café zu haben – davon habe ich auch immer geträumt‹, oder?«

»Oh ja! Und ich vergesse nie, wie verdattert der geguckt hat, als du ihn ganz trocken gefragt hast: ›Und wieso machen Sie's dann nicht?‹« Jetzt müssen wir beide laut lachen beim Gedanken an das beleidigte Gesicht des Gasts. Und an seine gestammelte Antwort: »Aber … das ist ja …. ganz schön mühselig. Viel Arbeit. Und Risiko. Wo ist da die Sicherheit?« Worauf ich ihm fröhlich recht gegeben hatte: »Ja, genau. Ist viel Arbeit. Und riskant. Und weiter?«

»Aber ich wollte dir noch was erzählen zum Thema Aufgabe.« Anja nickt auffordernd. »In unserer Familie und in der Gemeinde, zu der wir gehörten …« Anja nickt. »Ich weiß. Mammoniten oder so.« Ich lache: »Nee, nix Mammon. Mennoniten. Also: In dieser Gemeinschaft, die mir unendlich viel mitgegeben hat und der ich so viel verdanke, da wurden Krankheit und Tod nicht tabuisiert. Und bei den Trauerfeiern stand immer eine Frage im Raum, die mich schon früh beschäftigt hat. Nämlich was ich antworten werde, wenn ich mal vor meinem Schöpfer stehe und er mich fragt: ›Was hast du gemacht mit deiner Zeit auf Erden und mit deinen Talenten? Hast du sie verplempert? Hast du sie für Böses eingesetzt oder Gutes getan? Bist du nur dem Geld nachgelaufen?‹ In der Gemeinde hat nie jemand darüber geurteilt, ob und wie die Gestorbenen ihr Leben genutzt und ihre Aufgabe gefunden und erfüllt haben – aber die Frage wurde uns bei dieser Gelegenheit in Erinnerung gerufen.«

Dann drehe ich mich zu ihr und sehe sie an: »Aber ich muss auch mal was klarstellen. Ich konnte mich damals leicht aus meinem Kölner Leben lösen und hierher aufbrechen, weil ich nichts zu verlieren hatte. Das war der ideale Ausgangspunkt für einen Neuanfang.«

Anja wirkt ganz in sich gekehrt. Als sie den Kopf wieder hebt, schaut sie mich dankbar an.

»Weißt du, dass du mir gerade sehr geholfen hast? Ich glaube, viele Menschen haben tolle Ideen und Träume, die mit ›Man müsste mal ...‹ anfangen – und dann nicht weitergehen, weil sie nicht den Schritt zum Machen schaffen. Und ich glaube, bisher habe ich auch zu denen gehört. Aus mir sprach eher so eine ... irgendwie diffuse Unzufriedenheit mit meinem Leben. So wie du es eben gesagt hast: so ein Gefühl, keine Aufgabe zu haben und mein Leben zu vergeuden. Aber die Energie reichte immer nur zum Träumen, Reden und Hadern, nicht zum Machen und Anpacken.« Sie seufzt. »Ich glaube, viele Leute wollen zwar etwas haben, aber nicht machen. Es soll irgendwie vom Himmel fallen. Ohne Risiko und ohne zu große Mühsal. Und dann wollen sie sagen: ›Das ist meins.‹ Ich glaube, so bin ich auch.«

Ich nehme ihre Hand und sage nichts. Nach einem kurzen Moment spricht sie weiter: »Ich weiß jetzt, was ich tun muss. Ich muss das Leben, das ich habe, mehr schätzen. Es ist nicht so schlecht, wie ich immer dachte. Und ich werde die Augen offen halten, damit ich die Aufgabe erkenne, wenn sie sich zeigt.«

Ich drücke ihre Hand und sage: »Gut. Aber halte nicht nur die Augen offen, sondern auch das Herz. Das muss am Ende entscheiden. Und jetzt gehen wir weiter. Sonst ist die Wanderdüne schon weg, wenn wir da ankommen. Und unterwegs erzähle ich dir von meiner Kölner Kollegin. Passt zum Thema.«

»Lass hören!«, sagt Anja fröhlich, als wir wieder auf dem Weg sind. Sie wirkt richtiggehend gelöst, hüpft mehr, als sie geht, und kickt Kienäppel vor sich her wie kleine Fußbälle. Und ich erzähle, wie es war, als ich in der Kölner Agentur kündigte. Ich sehe die Szene noch sehr plastisch vor mir.

Als ich der Kollegin, der ich jahrelang gegenübersaß, von meinen Plänen erzählte, fiel sie fast vom Stuhl. »Du machst was?!?«, fragte sie entgeistert. Ich wiederholte, dass ich kündigen und nach Mecklenburg ziehen würde, um ein altes Gutshaus zu retten. Sie war außer sich: »Wie kann man nur, als alleinerziehende Mutter?! Wie kannst du nur alle Sicherheiten aufgeben?! Das ist doch verantwortungslos! Und warum überhaupt? Was willst du denn da machen?« Ich sagte möglichst beiläufig: »Ach, erst mal das Haus renovieren und Ferienwohnungen vermieten; später vielleicht auch mal ein Café …«

Das mit dem Café war absichtlich ein kleiner Hinweis von mir. Denn die Kollegin hatte mir einige Monate vorher erzählt: »Hast du gesehen? Hier, zwei Straßen weiter, steht ein tolles kleines Ladenlokal leer und ist zu vermieten. Da könnte man so ein schönes kleines Café machen.« Ich hatte sie angestarrt und gefragt: »Und wieso machst du es dann nicht? Mach doch! Du kriegst sicher einen Kredit.« Dazu muss man wissen, dass sie in meinem Alter war, keine Kinder hatte, dafür einen gut verdienenden Partner und ein deutlich besseres Gehalt als ich, weil sie studiert hatte. Aber anders als Anja kreiste sie immer nur auf die oberflächlichste Weise um sich selbst und um ihren Konsum: die nächsten Schuhe, die nächste Handtasche, die neue Frisur und so weiter.

Anja hat zugehört, als ich diese Geschichte erzählte, aber trotz meiner amüsanten Lästereien hat sich ihre Laune wieder verdüstert. Sie fragt bedrückt: »Sag ehrlich: Bin ich auch so wie die?« Ich stocke kurz. Habe ich etwas gesagt, das diese absurde Frage rechtfertigt? »Nein, Anja, bist du nicht. Keine Flucht ins Selbstmitleid jetzt, ja? Ganz klipp und klar: Wärst du so wie die, würden wir hier nicht zusammen langlaufen. Und vor allem würde ich dir die Geschichte dann doch niemals erzählen.« Anja wird kurz rot und murmelt: »Entschuldige. Natürlich. Ich bin einfach etwas durcheinander.« Ich klopfe ihr kurz auf den Arm: »Ist schon okay. Ist dein gutes Recht. Aber willst du noch die Pointe hören?« – »Aber sicher!« – »Also, hör zu: In unserer Firma war es üblich, dass man zum eigenen Geburtstag einen selbst gebackenen Kuchen mitbrachte. Das taten auch alle – bis auf besagte Kollegin. Die hat an ihrem Geburtstag immer Urlaub genommen. Nur an diesem einen Tag. Meine starke Vermutung: Die Möchtegerncafébetreiberin konnte gar nicht backen. Uns ist also ein Kölner Café erspart geblieben, in dem TK-Torten aufgetaut werden.«

Anja lacht herzlich mit, als ich meine Geschichte unter Gepruste beende. Aber ich merke ihr an, dass sie mit den Gedanken woanders ist. Und höre sie dann Folgendes sagen: »Kürzlich habe ich eine alte Schulfreundin getroffen. Sie erzählte mir von dem Kneipenchor, in dem sie singt. Und fragte, ob ich nicht auch Lust hätte. Ich hätte doch immer so gern gesungen damals. Und vor allem gut. Das stimmt auch, aber ich dachte bis heute: Das ist ein Chor. Kein Gutshaus. Das ist mir zu popelig. Aber jetzt werde ich sie morgen mal anrufen, glaube ich.«

Ich bleibe stehen und sage streng: »Nein! Du rufst sie jetzt sofort an. Du hast recht, es ist kein Gutshaus. Aber es ist ein Anfang. Wovon auch immer.«

Hätte ich so ein Gespräch auch mit einem Mann führen können? Vielleicht. Aber eher unwahrscheinlich. Zum einen natürlich, weil die Kerle ungern zugeben, wenn sie solches »Empowerment« brauchen. Aber sie brauchen es anscheinend auch seltener. Woran liegt das? Ich glaube, es hat mit der gesellschaftlichen Struktur zu tun. Von Mädchen wurde und wird oft immer noch erwartet, dass sie lieb, nett und adrett sind. Wenn Jungs auf Bäume klettern und sich dabei die Knie aufschlagen und die Klamotten ruinieren, reagieren die Erwachsenen mit einem hilflos-amüsierten Achselzucken: »Es sind halt Jungs.« Wenn ich dasselbe tat, hieß es: »Benimm dich mal endlich! Ein Mädchen klettert nicht auf Bäume! Und gib keine Widerworte! Sei nicht so kompliziert.« So sind viele heute erwachsene Frauen geprägt worden – vor allem in weniger gebildeten Elternhäusern wurden sie kaum unterstützt und stattdessen im Sinne der traditionellen Rollenverteilung erzogen. Übrigens nicht zuletzt von den Müttern. Meine Kinder habe ich – auch aufgrund meiner eigenen Erfahrungen als »schwieriges Kind« – alle zur Selbstständigkeit erzogen, meine Tochter genauso unterstützt wie die Jungs und darauf gedrungen, dass alle sich mit einer Berufsausbildung ein eigenes Fundament schaffen und erst dann eine Familie gründen.

Aber viele Männer erwarten von ihren Frauen auch heute noch, dass sie zwar selbstständig sind, aber dennoch steuerbar. Und bitte schön unkompliziert. Ohne zu starken eigenen Willen. Viele Frauen geben ihre Ambitionen entmutigt auf und werden proseccotrinkende Heimchen, statt ihr Leben ihren Fähigkeiten entsprechend selbst zu gestalten. Auch für Bruno wäre es, wie erwähnt, vielleicht bequemer, eine Frau zu haben, die nicht so einen eigenen Kopf hat wie ich. Aber dann hätte er auch nicht Volzrade.

Wenn ein Mann eine Frau auf Augenhöhe will, muss er das auch aushalten. Zum Beispiel muss Bruno ertragen, dass ich nicht immer applaudiere, wenn er etwas von sich gibt, sondern etwas dagegensetze – und umgekehrt. Wenn das mit Liebe und Respekt geschieht, kann es sehr bereichernd sein. Wichtiger als ständige Harmonie sind für eine Partnerschaft Dialog und Kommunikation. Man darf sich nicht zurückziehen oder alleine heulen, sondern man muss seine Meinungen und Entscheidungen erklären – und klarstellen, dass es sich nicht gegen den anderen richtet, wenn man anderer Meinung ist.

An das Gespräch mit Anja habe ich auch aus einem anderen Grund noch oft denken müssen: wegen ihrer Vermutung, ich hätte mir doch meinen Traum erfüllt. Das war gleich ein doppelter Irrtum. Zum einen hatte ich früher nie einen Traum namens »Gutshaus«, und zum anderen war und ist das Leben, das ich jetzt führe, nicht durchgehend traumhaft und leicht wie im Märchen. Krisen und Rückschläge sind ständige Begleiter unseres Projekts. Manchmal wundere ich mich selbst darüber, welche Aufgaben seit 2014 auf mich zugekommen sind – und dass ich, dass wir, sie bewältigt haben. Obwohl ich mir so manches niemals freiwillig ausgesucht hätte. Ich denke oft an die bereits erwähnte Geschichte über den Beginn von Charlie Chaplins Karriere. Ich war offen für die Aufgabe, die mir über den Weg lief. Und ich war innerlich auf Rückschläge vorbereitet.

Der größte dieser Rückschläge war und ist die »Krisenserie«, die im Februar 2020 mit Corona begann und sich im Februar 2022 mit Krieg, Inflation und Energieschock fortsetzte. Diese Krisen kamen für uns extrem zur Unzeit, weil wir gerade erst den Schritt zur Vergrößerung unseres Betriebs gewagt hatten. Die benötigten Einnahmen, die die Investitionen ausgleichen sollten, sprudelten jetzt nicht, sondern tröpfelten allenfalls und blieben einige Monate lang ganz aus. Ein Lichtblick war es, als wir ab dem Frühsommer 2020 wieder Gäste empfangen durften, wenn auch mit strengen Corona-Auflagen. Zeitweise war das Haus voll, weil die Menschen dringend wieder raus wollten nach dem langen Lockdown. Dass Brunos Geschäft ruhte, war Glück im Unglück: Wir haben damals das Hotel mit drci Aushilfen allein gestemmt. Aber dann kam der nächste Winter und der nächste Lockdown …

Februar 2022 hatten wir monatelang keine einzige Buchungsanfrage. Die Leute standen unter Schock und hielten verständlicherweise ihr Geld zusammen, weil sie nicht wussten, wie ihre nächste Heizkostenabrechnung ausfallen würde. Und genau diese Frage beschäftigte uns auch sehr stark – das Gutshaus wird mit Gas geheizt, und wenn ich auf die Preise schaute, die im Sommer und Herbst teils schwindelerregende Höhen erreichten, wurde mir regelmäßig schlecht. Schließlich muss das Gebäude immer beheizt werden, damit die Bausubstanz nicht geschädigt wird. Auch ungenutzte Räume müssen wenigstens fünfzehn Grad haben – und zur Vermeidung von Schimmel ausreichend gelüftet werden. Ein Niedrigenergiehaus ist Volzrade weiß Gott nicht. »Immerhin«, so sagt Rosi, »pfeift es nicht mehr durch.«

Da wir auch im Winter Gäste haben, sind deren Zimmer und Apartments sowie die Bibliothek natürlich voll beheizt. In den Hotelzimmern geht die Heizung automatisch aus, wenn ein Fenster offen ist. In den Apartments haben wir das noch nicht. Anika ist gehalten, darauf zu achten, ob Fenster bei aufgedrehter Heizung offen stehen. Denn eine Unachtsamkeit von Gästen kann an einem kalten Tag richtig wehtun. Der große Gastank im Garten kommt mir manchmal so vor, als grinse er mich höhnisch an und sage: »Ätsch, schon wieder fast leer.«

Das Sommerhalbjahr 2022 war, was Gäste anging, ebenso unvorhersehbar wie die beiden Corona-Saisons. Zu planen, wie viele Arbeitskräfte und Aushilfen wir brauchten, war extrem schwierig. In den Sommerferien 2022 waren wir nicht ausgebucht, dafür herrschte zu anderen Zeiten ein Riesenandrang. Und im Herbst kamen plötzlich schon Buchungen für den nächsten Sommer rein – so als wollten die Leute sich für einen harten, düsteren Winter mit einer Portion wärmender Vorfreude wappnen.

Bei manchem mochte die Vorfreude ein wenig getrübt sein – denn wir mussten infolge der Krise unsere Preise erhöhen. Nach meinem Eindruck sind Teile der Zielgruppe kostenempfindlich, andere hingegen nicht. Generell überlegen die Leute jetzt genauer, wofür sie ihr Geld ausgeben, was ja nicht schlecht ist. Ich freue mich immer über Gäste, die sagen, dass sie sich Volzrade glücklicherweise leisten können – und dass sie dieses Glück auch als Verpflichtung empfinden, mit dafür zu sorgen, dass nachhaltige Unternehmen wie unseres weiterhin existieren können.

Aber nicht nur die Gasheizung geht verstärkt ins Geld, sondern auch der Strom für die Warmwasserbereitung und für die Waschmaschinen. Und wir wollen Löhne zahlen, die trotz der Inflation noch attraktiv sind. Die Geiz-ist-geil-Mentalität ist meiner Meinung nach vorbei: Hotels und Gastronomie müssen dazu stehen, dass eine Übernachtung kein Schnäppchen sein kann – erst recht nicht im Winter. Während der kalten Jahreszeit arbeiten wir mit reduziertem Personal. Die Gärtner-Aushilfen sind von Weihnachten bis Ende Februar nicht beschäftigt; die Café-Aushilfen ab November nicht. Dann mache ich das Café allein, von Dezember bis Februar war es 2022/23 geschlossen. Natürlich wäre eine ganzjährige Öffnung an den Wochenenden, wie viele aus der Gegend sie sich wünschen, schön – es gibt in der Umgebung nicht viele gemütliche Orte, wo man leckeren Kuchen bekommt. Aber dafür müssten die Leute dann auch regelmäßig kommen. An einem Novembersonntag 2022 waren mal insgesamt neun Gäste da. Und die meisten sagten beim Hereinkommen: »Oh, wie schön, dass Sie das ganze Jahr offen haben!« Aber leider wissen oder nutzen das zu wenige. Ich habe die Vermutung, dass wir Mecklenburger in einen Winterschlaf gehen und erst wieder rauskommen, wenn Fahrradwetter ist. Wenn dauerhaft zu wenige Gäste kommen, gehe ich künftig sonntags lieber mit meinem Mann spazieren, fahre mit ihm an die Elbe oder wir essen gemütlich Mittag. Das ist besser, als mit mehreren Kuchen auf Gäste zu warten und abends mit Mengen von Resten dazustehen. Nicht alles kann man schließlich einfrieren. Und ein aufgetauter Kuchen wäre zwar immer noch selbst gebacken, würde aber dem Anspruch der Grande Dame nicht genügen.

Die Pandemie mit den Lockdowns und die anschließende Ukraine- und Energiekrise haben uns in unserer Planung um fünf Jahre nach hinten geworfen. Wir konnten mangels

Umsatz nicht so am Haus weiterbauen wie geplant und haben 2020 nur die Rezeption fertiggestellt – die braucht es nun mal für den Hotelbetrieb. Corona-Hilfen haben wir übrigens praktisch keine bekommen. Und so versuchen wir einfach, den Kopf über Wasser zu halten, was an sich schon ein riesengroßer Kraftakt ist, vor allem finanziell. Dafür rackert Bruno sich ab. Nicht, damit wir mit dem Hotelbetrieb reich werden, sondern einzig und allein, um das Haus zu sanieren, zu erhalten und mit Leben zu füllen.

Unsere weiteren Pläne haben wir aber nur aufgeschoben, nicht verworfen. Und manchmal auf überraschende Weise verändert. Ursprünglich wollten wir 2020 den Teil der großen Doppeltreppe wiederherstellen, der beim Umbau 1863 verschwunden ist. Das fiel wegen Corona flach. Aber mittlerweile haben wir entdeckt, dass der vorhandene Schacht für den Einbau eines kleinen Aufzugs reicht, der bis ins zweite Obergeschoss zu den Hotelzimmern und der »Kastanie« führt. Wenn der Aufzug da ist, sind wir das einzige barrierefreie Gutshaus in Mecklenburg-Vorpommern.

Und wir planen auch weiterhin die Sanierung der Fassade. Die Wiederherstellung der Schmuckfassade, des Mittelrisalits und der Stuckelemente zwischen den Geschossen wird richtig teuer. Wir könnten EU-Gelder beantragen, werden aber darauf verzichten. Denn um sie zu bekommen, muss man einen Architekten engagieren, der die Planung macht, die Ausschreibung formuliert sowie drei gleichwertige Angebote einholt und sichtet. Allein diese Leistungen kosten einen fünfstelligen Betrag; und da ist die Bauleitung noch nicht drin. Nächstes Problem: Wenn Firmen das Wort

»Ausschreibung« lesen, dann wissen sie: Da sind Fördergelder im Spiel. Und schlagen entsprechend viel auf den Preis auf, der sich dadurch glatt verdoppeln kann. Diesem Problem versuchen die Behörden durch die Auflage zu begegnen, dass man das günstigste Angebot nehmen muss, um die Förderung zu bekommen. Theoretisch gut gedacht – aber was das praktisch heißt, haben wir beim Ausbau zur Bürgerbegegnungsstätte, also des Cafés, der Treppe und der Toiletten, erlebt: Der Betrieb mit dem günstigsten Angebot hatte vorher nie jemanden hergeschickt, gab es also »blind« ab. Das kann sich für ihn gar nicht rechnen, dachten wir; aber wir mussten ihn ja nehmen. Und dann versuchte er, trotzdem ein Plus zu erzielen, indem er jeden Handschlag, jedes Material und jedes Werkzeug als »Zusatzleistung«, »Zuschlag« oder »Nachtrag« berechnete. Er verwickelte uns permanent in Diskussionen darüber, ob ein bestimmter Arbeitsgang Teil des Angebots sei oder nicht. Das wollen wir nie wieder erleben und daher die Fassade lieber mit Betrieben sanieren, die wir kennen und denen wir vertrauen. Und wir hoffen, wenn der Verein gegründet ist, auf Geld von Stiftungen und privaten Förderern, aus Patenschaften und aus Spenden.

Wir haben schon so viel an Geld, Zeit, Kraft, Kreativität und Liebe in das Haus investiert. Und wir sind weiter in Aktion und haben noch viel vor. Neben der Fassade und dem Aufzug auch die Einfahrt, die noch nicht sanierte Hälfte des Kellers und manches mehr. Solange wir gesund und fit sind, können wir uns um die Grande Dame kümmern. Aber wenn wir mal weniger Kraft haben, dann müssen wir das Haus notfalls abgeben. Und zwar rechtzeitig. Den Kopf in den Sand zu stecken und das Gutshaus wieder in den Zustand zurückfallen zu lassen, in dem es 2014 war, das darf keine Option sein. Und Corona hat uns die Augen dafür geöffnet, wie schnell eine Situation eintreten kann, in der man sich eingestehen muss: Es geht nicht mehr.

Mehr als früher achte ich auf meine Kräfte. Wenn am offiziellen Ruhetag des Hotels, dem Montag, trotzdem lauter Leute vor der Tür stehen oder anrufen (»Ich weiß, Sie haben Ruhetag, aber …«), dann kann es passieren, dass ich mir spontan eine Jacke mit Kapuze schnappe, das Smartphone ausschalte und an den Ostseestrand fahre, um am Meer spazieren zu gehen. Dieses ungestörte Krafttanken ermöglicht mir meine Leistung für den Rest der Woche. Ich gebe jeden Tag. Ohne Pausen könnte ich das nicht. Letztlich tut man durch Pausen ja nichts anderes als jeder Mensch, der abends ins Bett geht, statt immer weiterzuarbeiten: regenerieren.

Während ich dies schreibe, weiß ich: Noch reichen die Kräfte. Und ich spüre in mir diese ganz besondere Kraft: meine Intuition. Sie hat das Haus zu dem gemacht, was es heute ist. Ich habe erst nach und nach entdeckt, was für ein Reichtum da in meinem Bauch schlummert. Meine Intuition führt mich oft zu guten Entscheidungen. Oft habe ich etwa das Gefühl, dass jemand einen Anruf brauchen könnte. Und dieser Mensch sagt dann ganz verblüfft: »Woher wusstest du denn, dass es mir heute nicht so gut geht?« Tja, woher? Frag meinen Bauch.

Viele Naturwissenschaftler hassen Bauchentscheidungen ja, so wie Globuli und Wünschelruten, weil sie es nicht rational erklären können. Aber wenn man sich statt der Messbarkeit mal die Ergebnisse anschaut …

Ein häufiger Denkfehler ist, dass »intuitiv« bedeute: ohne Verstand. »Schalt doch mal deinen Verstand ein!«, kriegt man dann zu hören. Aber der ist bei mir immer eingeschaltet. Und dennoch vertraue ich oft dem Bauchgefühl. Je länger ich lebe, desto mehr – weil so viele Entscheidungen richtig waren, die ich ihm verdanke. Das erkennt auch mein durch und durch rationalistischer Bruno an. Ich konnte ihm nicht rational erklären, warum ich eine (und gerade diese) Wohnung zur Bibliothek und zum Gemeinschaftsraum machen wollte. Und ökonomisch schien es falsch. Aber ich war sehr sicher, dass es richtig sein würde. Manchmal dauert es zwei oder drei Jahre, bis Bruno sagt (oder mich spüren lässt), dass er eine Entscheidung von mir versteht und gut findet. Auch dafür war die Bibliothek ein gutes Beispiel. Und die sechs Hotelzimmer im zweiten Obergeschoss ebenso. An meinen berüchtigten Visionen ist eben oft was dran. Und ich denke gerne an einen Satz, den unser Pianist Caleb Collins mal zu mir gesagt hat: »Wenn du eine Vision hast, schau nicht nur auf die Menschen, die noch nicht mitkommen, sondern behalte die Vision im Blick.«

Meine Familie findet Volzrade inzwischen toll und erkennt an, dass meine Intuitionen und Visionen gute Wirkungen hatten. Mein kleiner Bruder Hannes sagte mal: »War ja klar. Wenn jemand so was macht, dann die Lissi.« Und sie tragen freudig etwas bei. Meine Tochter Pia unterstützt und fordert mich im Café. Meine Schwester Lilli häkelt allerliebste Kuscheltiere und warme Socken, meine liebe Schwiegermama näht unsere Schürzen, Mutti häkelt Topflappen. All diese Dinge präsentiere ich in der Bibliothek – zum Verkauf oder als »Mitgebsel« für die Kinder unserer Gäste. Und meine älteste Schwester Erna, die lange in Irland lebte, wird künftig ihre wunderbaren Bilder bei uns ausstellen.

Bei meinen Geschwistern hatte ich früher den Ruf, dauernd umzuziehen. Aber das war keine innere Unruhe, sondern den wechselnden Gegebenheiten geschuldet. Weil das dritte Kind kam; oder die Scheidung; oder der Job in Köln … Das Umziehen war also kein Selbstzweck, eher im Gegenteil: Die Schulwechsel nervten die Kinder, und ich war manchmal neidisch auf die, die an einem festen Ort waren und dort jeden Stein kannten.

Ich weiß zwar inzwischen, dass »Heimat«, »Zuhause« und »Wohnort« nicht dasselbe sind – meine Heimat trage ich immer in meinem Herzen (in meinem Fall ist das: die Familie), das Zuhause ist dort, wo mein Herz ist, und ich nehme beides mit, auch wenn ich umziehe. Und das Gefühl, angekommen zu sein, hängt nicht nur an einem Fleckchen Erde. Aber ein solch schönes Fleckchen hilft schon dabei. Ich habe mein Fleckchen und meine Aufgabe gefunden. Und die haben jetzt eine Adresse: 19249 Lübtheen, Ortsteil Volzrade.

Wenn ich mal wieder eine Auszeit brauche, wie nach dem Saisonende 2022, weiß ich die Grande Dame bei Anika und Rosi in guten Händen. Bruno konnte damals nicht die ganzen zwei Wochen mitkommen, und so bin ich alleine mit dem Auto nach Südfrankreich vorgefahren. Mit jedem Kilometer fühlte ich mich immer freier. Ein paar Tage nur für mich – himmlisch! Und ich weiß jetzt: Ich kann das Haus guten Gewissens für ein paar Wochen loslassen und wegfahren. Weil ich angekommen bin.

Danksagung

Ich danke von ganzem Herzen meinem wunderbaren, liebevollen Ehemann Bruno, der diese Reise vor acht Jahren mit mir begonnen hat und immer an meiner Seite ist. Dieses Projekt hätte nie ohne uns als Team umgesetzt werden können. Wir ergänzen uns auf wundervolle Art und Weise.

Ein großer Dank geht auch an unser beider Familien.

Brunos Mama ist immer mit Gartentipps zur Stelle, näht fleißig Schürzen und motiviert uns dazu, nicht aufzugeben.

Meine Mama verdient das riesige Lob, mir so viele unschätzbare Werte mit auf meinen Weg gegeben zu haben, dass ich immer aus dem Vollen schöpfen kann.

Erika, meine kleine Schwester, und ihre ganze Familie haben die ein oder andere Tapete im Haus entfernt und wieder angeklebt, Unkraut gezupft, Steine geschleppt und das Haus mit Leben erfüllt.

Hannes, mein kleiner Bruder, hilft, wo er kann, und schenkt uns seine wertvollen Urlaubstage sowie wunderschöne Tassen und Gläser.

Lilli, meine ältere Schwester, begeistert alle kleinen und großen Besucher mit ihren herzigen Kuscheltieren, die schon im ganzen Land ein neues Zuhause gefunden haben.

Heinrich, mein großer Bruder, spendiert immer wieder sehr gerne seine köstlichen Mirabellen aus dem Garten, die ich zu leckerem Aufstrich verarbeiten darf.

Pia, meine Prinzessin, ist hier im Haus unersetzlich. Zu Beginn lehnte sie das Projekt ab, aber kurze Zeit später zog sie her und hilft seither überall. Die wunderschönsten Dinnerabende und Backtage haben wir schon gemeinsam erlebt, und sie bereichert jeden einzelnen meiner Tage.

Philipp, mein Jüngster, hilft überall, wo er kann, und hat uns dank seines Schraubertalents schon den einen oder anderen Supertipp gegeben.

André, mein Sohn, der den passenden Beruf fürs Haus gewählt hat, konnte mit seinen Fähigkeiten als Maler schon einige Male wertvolle Arbeit leisten.

Mario, Brunos Sohn, hat unserem Projekt einige Semesterferien geschenkt und mit voller Tatkraft so manch einem morschen Stück Holz in den Container geholfen.

Claudia, Brunos Tochter, hat in ihren Semesterferien unglaublich viel im Garten und tatkräftig in der Gutshausküche geholfen.

Liebste Andrea, ohne deinen liebevollen Rat und deine helfenden Hände wäre so manch ein Event nicht gelungen und ich schon verzweifelt. Du bist meine Schwägerin, meine Trauzeugin, meine beste Freundin und Herzensschwester.

In liebevoller Erinnerung danke ich auch meinem Papa, der diesen Ort sicher zu schätzen gewusst hätte.

Geri, unser Trauzeuge, liebte diesen Ort ebenso sehr wie wir und schaut nun von oben zu, wie wir tapfer weitermachen und nicht aufgeben.

Ein großes Dankeschön geht an die Handwerker aus allen Gewerken, die in den vergangenen Jahren an der Sanierung beteiligt waren. Es ist mir immer wieder eine Freude, dass ihr uns tatkräftig mit Fachwissen bei diesem Projekt unterstützt. Ein ebenso großes Dankeschön möchte ich unserer Architektin Frau Forejt aussprechen die bisher immer eine Lösung gefunden hat.

Ich danke allen Gästen, die wir in den vergangenen Jahren begrüßen durften, die uns ihr Vertrauen geschenkt haben und manchmal auch als Freunde wiedergekommen sind.

Ich bedanke mich bei allen Nachbarn und Dorfbewohnern, die uns bei unserer Arbeit hier unterstützen, uns in ihrer Mitte aufgenommen haben und auch mit uns feiern.

Ich bin von Dank erfüllt, dass ich dieses schöne Buch schreiben durfte, mithilfe von Oliver und den lieben Mitarbeitern des Verlags, dem klasse Fotografen Pascal aus Berlin, meiner Verlagsagentin Christine, die ich zuerst als Gast bei uns kennengelernt habe, meiner Redakteurin Sophie, der wunderbaren Lektorin Friederike und Stephanie aus der Presseabteilung, die das Buch hoffentlich überall bekannt machen wird.

Ich danke der Grande Dame, unserem Gutshaus, dass sie uns ein Zuhause ist und unseren Gästen ein Zuhause auf Zeit schenkt.

Mein Motto bleibt: Aufgeben ist keine Option.

Eure Elisabeth